인지 운동 사회·정서 언어 자존감

5가지 영역을 키워 주는

발달놀이 게임

발달 촉진 활동 200가지

FUN BABY LEARNING GAMES
ACTIVITIES TO SUPPORT DEVELOPMENT IN
INFANTS, TODDLERS, AND TWO-YEAR OLDS

Sally Goldberg 저
김주현 · 최한나 · 박혜원 공역

학지사

Fun Baby Learning Games:
Activities to Support Development in
Infants, Toddlers, and Two-Year Olds
by Sally Goldberg

Fun Baby Learning Games ⓒ 2018 Sally Goldberg.
Original English edition published by Gryphon House Inc. P.O. Box 10
6848 Leons Way, Lewisville, NC, 27023, United States.
Arranged via Licensor's Agent: DropCap Rights Agency.

Korean Translation Copyright ⓒ **2025** by Hakjisa Publisher, Inc.
This Translation published by arrangement with Gryphon House Inc.
through DropCab Rights Agency.

역자 서문

　아이를 기르는 일만큼 훌륭한 일이 있을까요? 미래의 주인공이자 희망인 아이들을 건강하고 행복한 사람으로 키우는 것이야말로 세상에서 가장 숭고하고 위대한 일일 것입니다. 아기가 잉태되어 어머니와 한몸으로 지내는 열 달 동안 부모는 아이를 어떻게 키울지 생각하고 준비합니다. 그리고 아기가 세상에 태어나 부모와 첫 만남을 하는 순간부터 행복한, 때로는 전쟁과도 같은 육아가 시작됩니다. 부모는 아이를 잘 키우기 위해 고군분투합니다. 출생 후 하루가 다르게 자라는 아이의 잠재력을 끌어내 주기 위해 무엇을 해야 하는지 고민하고, 발달 및 육아 관련 정보를 얻기 위해 인터넷, 육아서 등 정보의 홍수 속에서 길을 헤매기도 합니다.

　양육에 대한 연구를 분석한 결과에 따르면, 좋은 양육을 위해서는 올바른 양육 지식, 아이 기질에 대한 이해, 부모-자녀의 상호작용이 필요하다고 합니다. 부모가 아이의 발달과 성향에 대한 정확한 이해를 가지고 아이와 직접 상호작용하는 것이 중요한 것입니다. 부모는 아이에게 가장 많이, 그리고 가장 오랫동안 영향을 주는 대상으로 특히 유아기에 부모와의 상호작용은 아이의 발달에 큰 영향을 미칩니다.

　출생 후 첫 3년의 중요성은 이미 수많은 문헌과 자료에서 강조되어 왔습니다. 이 시기에 유아의 뇌는 가소성이 가장 커서 양적·질적으로 매우 급격한 발달이 이루어집니다. 발달에 취약성을 가진 유아의 경우 이 시기에 발달을 촉진하는 개입을 하는 것이 더욱 중요합니다. 유아에게 가장 친숙한 환경인 가정에서, 가장 좋아하는 대상인 부모와 함께 상호작용하는 것은 유아의 초기 발달을 돕는 가장 좋은 방법일 것입니다.

『5가지 영역을 키워 주는 발달놀이게임: 발달 촉진 활동 200가지(Fun Baby Learning Games: Activities to Support Development in Infants, Toddlers, and Two-Year Olds)』는 출생부터 만 3세까지 유아의 발달이정표를 제시함과 동시에 다양한 영역의 발달을 촉진할 수 있는 부모-자녀 상호작용 놀이활동을 담고 있습니다. 이책의 가장 큰 장점은 연령별, 영역별 발달이정표에 따라 연구 기반 활동이 체계적으로 정리되어 있다는 것입니다. 제1부는 3개월 단위로 1~4장으로 구성되었고, 제2~3부는 6개월 단위로 5~8장으로 구성되어 있습니다. 각 장에는 다섯 개발달 영역별(인지, 운동, 사회 · 정서, 언어, 자존감)로 놀이활동이 제시되어 있습니다. 각 놀이활동에는 활동에 대한 설명과 놀이 방법, 해당 놀이를 통해 촉진할 수있는 발달 정보와 활동에 근거가 되는 관련 연구가 포함되어 있습니다.* 이 책을 따라가다 보면 발달 정보를 지식으로서만 이해하는 것이 아니라 아이와의 직접적인상호작용을 통해 생생하게 체득할 수 있을 것입니다.

저자인 Sally Goldberg 박사는 미국의 유아교육 분야 선구자로 일찍이 초기 경험과 조기 중재의 중요성에 대해 깨달았습니다. 1976년, 그녀의 큰딸인 Cynthia가 장애를 가지고 태어났을 때 Goldberg 박사는 딸에게 적합한 지원 방법을 찾기위해 주변의 교사, 보육기관, 프로그램 등을 알아보았지만 여의치 않았습니다. 그래서 그녀는 모든 유아교육 관련 서적과 자료를 찾고, 교육용 장난감을 직접 만들어 그것을 딸에게 적용했습니다. 그 과정에서 축적된 노하우를 정리해『Teaching With Toys』라는 첫 책을 썼습니다. Goldberg 박사는 딸이 자신이 직접 고안하여만든 장난감을 가지고 놀며 즐겁게 배우는 모습을 보고 감명을 받았습니다. 그녀가 사랑과 열정으로 키운 딸 Cynthia는 현재 화가, 시인, 사진작가라는 직업을 가지고 있고, 지역 어린이 박물관에서 자원봉사를 하면서 기여하는 삶을 살고 있습니다. Goldberg 박사는 자신의 경험을 통해 부모가 자신의 아이에게 가장 좋은 교사가 될 수 있고, 아이는 부모와 상호작용할 때 가장 잘 배울 수 있다는 확신을 가지게 되었습니다. 어떤 어려움이 있더라도 부모는 자녀를 위해 최선의 노력을 다하기에, 누구라도 방법만 알면 자신과 같이 할 수 있다고 말합니다.

Goldberg 박사는 한국의 많은 전문가와 부모가 발달지침으로 사용하고 있는『골드버그 발달이정표』의 저자이기도 합니다. 읽기, 쓰기, 듣기, 생각하기, 수학, 운동 등 다양한 발달 영역으로 관심을 확장한 Goldberg 박사는 흥미로운 부모-자녀 상호작용 활동을 개발하여 『Growing with Games』라는 책으로 정리하였습니다. 이 책은 지금까지 Goldberg 박사가 수집하고 직접 개발한 유아용 학습놀이를 총망라하여 최신의 발달 정보와 함께 정리한 신간 『Fun Baby Learning Games』를 번역한 책입니다. 책의 일부 내용이 미국 가정의 소품이나 문화를 바탕으로 하고 있는데, 이는 얼마든지 한국의 실정에 맞게 우리 집에 있는 물건들로 바꿀 수 있습니다. 가령, 아이에게 후각 자극을 경험하게 하는 놀이에서는 한국에서 쉽게 구할 수 있는 과일이나 향신료로 바꿀 수 있고, 미국 동요나 운율은 한국 노래나 운율로 바꾸어 부를 수 있습니다.

지금도 사랑으로 아이를 돌보느라 밤낮으로 애쓰시는 모든 부모님께 이 책을 바칩니다. 더불어 보육, 유아교육, 특수교육, 조기 중재 치료실 등 다양한 장면에서 아이들의 발달을 위해 고민하고 계시는 예비 전문가 및 현장의 전문가분들께도 이 책이 유용한 자료로서 작은 보탬이 되기를 바랍니다. 책이 나올 수 있도록 해 주신 학지사 김진환 사장님을 비롯한 모든 학지사 관계자분께 감사의 인사를 드립니다. 책의 활동을 함께 하며 좋은 부모로서의 꿈을 꿀 수 있게 해 준 준혁이와 재형이에게도 고마운 마음을 전합니다. 책을 번역하는 동안 아이를 소중하게 대하는 부모의 섬세하고도 사랑스러운 마음을 느낄 수 있어 내내 따뜻하고 행복했습니다. 여러분도 저희와 같은 기쁨을 느껴 보시기를 소망합니다.

2025년 1월

역자 일동

추천사

첫 아이를 출산했을 때 저는 육아 지식을 마치 스펀지처럼 빨아들이고 있었습니다. 육아 잡지의 발행인으로서 제가 접할 수 있는 육아 관련 자료는 매우 풍부했고, 저는 제 손에 넣을 수 있는 모든 자료를 읽었습니다. 바로 이 시기에 저는 Sally Goldberg 박사를 만나는 행운을 얻었습니다.

Goldberg 박사와 저는 영유아 시기 교육 및 보육의 중요성을 부모들에게 알리는 것에 관심이 있었습니다. 저는 아이들의 어린 시절과 양육에 대한 Goldberg 박사의 신선한 관점에 흥미를 느꼈습니다. Goldberg 박사의 상식적인 접근 방식은 오늘날 부모들에게 쏟아지는 수많은 기법과 도구를 대신할 반가운 대안이 될 것입니다.

저는 Goldberg 박사의 창의적인 아이디어들을 저의 첫째 아이에게 실행해 보았습니다. 제 아들과 저는 같은 색의 가정용품들을 분류하고, 플라스틱 숟가락과 용기로 악기를 만들고, 우리만의 플래시 카드를 만들면서 시간을 보냈습니다. 아이의 어린이집 선생님께서는 우리가 이러한 활동을 하며 시간을 보낸 덕분에 아이가 뛰어난 기술들을 보인다고 칭찬해 주셨는데, 그건 저에게 정말 멋진 순간이었습니다. 제 막내아들 역시 학교에서 뛰어난 능력을 보여 주고 있습니다. Goldberg 박사께 감사드립니다.

부모들은 이 책에서 제공되는 '놀면서 배우는' 독특하면서도 신선한 접근을 기쁘게 즐길 수 있을 것입니다. Goldberg 박사의 제안은 집에서 아이를 돌보는 부모나 일하는 부모 모두에게 축복과도 같습니다. 우리가 아이와 가지는 시간이 충분하지 못하다고 느낄 때, Goldberg 박사의 활동은 부모-자녀 간 유대를 보다 잘 맺게 해 주어 우리의 소중한 순간을 최대한 활용할 수 있게 해 줍니다. Goldberg 박사는 놀이 학습 활동에서 아이가 주도적인 역할을 할 수 있다는 것을 보여 줍니다. 아이가 장난감 그 자체보다 장난감이 들어 있던 상자에 더 흥미를 보인다면, 바로 이때가 창의적인 놀이를 하게 할 수 있는 절호의 기회일 것입니다. 이 책을 읽은 부모와 양육자는 이제 재활용 분리수거함이 장난감이 되기를 기다리는 물건들로 가득 찬 보물 상자라는 것을 알게 될 것입니다. 부모나 양육자가 창의력을 가지고 시간을 투자하면 아이들에게 귀중한 기술들을 가르쳐 줄 수 있습니다.

Sally Goldberg 박사는 전문가로서, 자녀를 둔 부모로서 저에게 많은 영감을 주는 분입니다. 오늘날 저는 이 책을 참고하기 위해 잠깐 멈춰서, 21세기 새로운 육아의 돌풍에 갇혀 볼 필요가 있다고 생각합니다. 박사님, 우리가 실제로 얼마나 특별하고 선물 같은 양육을 할 수 있는지 알려 주셔서 감사합니다.

『Today's Family Magazine』 발행인

Victoria L. Grimes

저자 서문

이 책은 영유아기 아이들과 함께 노는 방법을 안내해 주는 이론 및 연구 기반의 놀이 지침서입니다. 여기 담긴 모든 놀이활동은 인지, 운동, 사회·정서, 언어, 자존감 다섯 가지 영역 중 한 가지 이상의 영역에서 발달을 촉진합니다. 그리고 각 놀이에는 활동 설명, 놀이 방법, 놀이하는 이유(발달 정보 및 관련 연구)가 나와 있습니다.

책에 담긴 활동은 아이들에게 특정 기술을 향상시키거나 새로운 발달이정표를 촉진하는 데 최선인 방법으로서 신중하게 선정되고 개발된 것입니다. 몇몇 놀이활동은 여러 세대를 거쳐 전해 내려오는 전래놀이 상호작용에서 따온 것이기 때문에 여러분이 잘 아는 것일 수 있습니다. 또 어떤 놀이활동은 여러분만의 새로운 방식을 더해 활용할 수 있도록 만들어져 있습니다. 이 책의 모든 활동은 여러분 자신만의 방법으로 변형될 수 있을 것입니다.

이 책을 통해 여러분은 자신이 놀이에서 매우 중요한 사람이라는 것을 알게 될 것입니다. 아이에게 여러분을 대체해 줄 수 있는 사람은 아무도 없습니다. 여러분은 날마다 아이에게 필요한 것들을 충족시키면서 돌보아 주는, 세상에 둘도 없고 꼭 필요한 존재입니다. 양육과 관련해 어떤 어려운 문제가 생겼을 때, 부모가 아닌 다른 사람들은 해결 방법을 잘 모를 수 있지만 부모라면 이야기가 달라집니다. 부모는 내 아이에게 생긴 문제를 어떻게 헤쳐 나가야 할지 알아낼 수 있습니다. 이것이 어떻게 가능하냐고요? 답은 매우 쉽습니다. 여러분은 바로 그 아이의 부모이기 때문입니다. '에필로그: 부모의 힘'에서 이 개념에 대해 더 알아보십시오.

　디지털 시대에 사는 우리는 많은 편리함을 누리게 되었습니다. 하지만 누구도 아이들의 성장과 발달의 전 과정을 더 빠르게, 더 쉽게, 덜 복잡하게 만들지는 못 했습니다. 결국 아이들이 양육자, 즉 사람의 손길을 받으며 자라야 한다는 것은 여전히 매우 중요한 사실입니다.

Sally Goldberg

들어가는 말

　인생에서 생후 첫 3년은 사람들이 생각하는 것보다 훨씬 더 중요한 시기입니다. 이때 아이들은 앞으로 살아갈 전 생애의 초석을 다지게 됩니다. 연구에 따르면, 3세 때 언어능력이 높은 아이는 이후 학교에서도 높은 성취를 할 가능성이 크다고 합니다. 여기서는 많은 연구를 통해 검증되어 문헌에서도 자주 인용되는 아주 중요한 개념을 소개하려고 합니다. 첫째, 3~5세의 풍부한 조기 학습 경험은 나중에 학교생활을 성공적으로 할 수 있는 발판이 됩니다. 둘째, 어린 아이들에게 R, S, T는 매우 핵심적인 활동입니다. R은 읽기(Reading), S는 노래하기(Singing), T는 말하기(Talking)를 뜻합니다. 양적·질적으로 높은 수준의 언어 자극을 주는 것은 어린 시절에 아이들이 받는 모든 자극 중 가장 큰 역할을 합니다.

　극동지역에서 사람들이 대나무를 심고 처음 4년 동안은 물을 주고 비료를 주어도, 나무에 아무런 변화가 보이지 않는다고 합니다. 그러다 다섯 번째 해에 다시 대나무에 물을 주고 비료를 주면, 단 5주 만에 나무의 높이가 27m로 자라게 됩니다. 아시아의 많은 사람이 이 이야기를 알고 있습니다. 그들은 이 이야기가 인간의 성장 그리고 탄력성과 비슷하다고 말합니다. 우리는 이 이야기를 통해, 처음 5년 동안 아이들에게 풍부한 조기교육 환경을 제공하는 것이 얼마나 중요한지 알 수 있습니다. 아이들에게 책을 읽어 주고, 노래를 불러 주고, 대화를 나누는 것 자체가 개별적으로는 큰 영향을 미치지 않을지도 모릅니다. 그러나 그것들이 모두 합쳐졌을 때는 매우 큰 가치를 가지게 되며 차이를 만들 수 있습니다. 아이를 둘러싼 매일의 환경을 풍요롭게 만들어 주어, 이제 인생을 시작하는 아이가 최상의 출발을 할 수 있도록 도울 수 있습니다. 이와 같은 중요한 사실들을 고려해 이 책에서는 신생아, 영아, 두 살부터 세 살까지의 유아를 위해 특별히 고안된 연구 기반 추천 활동들을 연령별로 제시했습니다.

발달 영역에는 다섯 가지 영역(인지, 운동, 사회·정서, 언어, 자존감)이 있는데, 각 영역은 독립적이면서도 일생에 걸쳐 서로 영향을 주고받습니다. 각 영역에 대해서는 다음에서 간략히 설명하겠습니다. 우리가 다섯 가지 식품군의 음식을 섭취하는 것처럼, 아이들은 이 다섯 가지 발달 영역 활동에 모두 참여할 필요가 있습니다. 첨단 기술들이 이들 영역에서의 학습을 향상시킬 수도 있겠지만, 무엇보다 중요한 것은 직접 상호작용하며 하는 놀이입니다. 각각의 활동은 각 영역에 맞추어 개발되었지만, 동시에 다른 영역 모두에도 영향을 미칩니다.

• 인지: 세상에 대한 학습

다양한 방법으로 환경을 경험하면서 세상에 대한 학습이 일어납니다. 모든 인지 발달 과정은 오감(시각, 청각, 미각, 촉각, 후각)을 통해 이루어집니다.

• 운동: 대근육과 소근육을 사용하는 목표지향적 동작

대근육 운동을 통해서 전신 발달이 이루어지고, 소근육 운동을 통해 손가락과 손의 기술이 생겨납니다. 큰 근육과 작은 근육 운동이 자기주도적으로 나타남에 따라 대근육과 소근육 운동 발달이정표가 달성됩니다.

• 사회·정서: 적절한 대인관계 및 자아의 성장

우리가 조약돌을 연못에 던지면 동심원이 생기는 것을 볼 수 있습니다. 자기개념도 이와 비슷합니다. 특정한 관계를 연속해서 확장해 감에 따라 자아개념이 함께 나타나게 됩니다. 제일 중요한 첫 번째 관계는 바로 부모-자녀 관계입니다. 부모-자녀 관계는 가장 기본적이면서도 중요한 관계입니다. 아이들이 발달하면서 보여 주는 작은 기적과도 같은 행동 하나하나에 부모가 감탄하며 일관적인 반응을 보이면, 부모-자녀 간에 수용적인 관계를 구축할 수 있습니다. 또 때가 되면 형제 간에 우애가 나타나고, 이는 조부모, 이모, 삼촌, 사촌 등 친척들과의 관계로 이어져 친지들과도 유대감을 가지게 됩니다. 마지막으로 가족의 가까운 친구들,

선생님들, 아이돌보미 등 여러 양육자와의 관계가 나타납니다. 아이들은 이러한 관계를 통해 헌신을 배우게 됩니다.

이 모든 관계의 공통점은 아이에게 안전하게 가르치는 환경을 제공한다는 것입니다. 이들은 성격과 스타일, 나이와 관심사가 각각 다르지만, 모두 아이를 사랑해 준다는 공통점이 있습니다. 이들은 앞으로 아이가 사회에서 만나게 될 다양한 사람의 특성을 안전하고 보호된 상황에서 보여 주는 집단입니다.

• 언어: 수용언어(듣기, 읽기), 표현언어(말하기, 쓰기)

인지, 운동, 사회 · 정서, 자존감 영역의 다양한 활동을 통해 아이들의 언어능력이 자라납니다. 언어능력은 읽기 활동, 노래 부르기, 말하기 활동을 통해서도 키울 수 있습니다. 부모와 다른 사람들이 아이에게 들려주는 언어의 내용이 풍부할수록, 또 어른들끼리 아이들 앞에서 사용하는 언어의 수준이 높을수록, 아이의 언어능력도 높아질 것입니다.

• 자존감: 자기인식과 자긍심 발달

언어 발달과 마찬가지로 어른이 아이를 어떻게 대해 주느냐에 따라 자존감이 발달합니다. 처음은 자기인식에서 시작하여 이것이 점차 자긍심으로 자라고, 마침내 자존감이 됩니다. 아이들이 자기 자신을 가치 있고 필요하며 중요한 사람이라고 느끼게 할 수 있는 좋은 방법이 있습니다. 바로 '나를 좀 도와주겠니?' '~해 주어서 고마워.'와 같은 표현이 그 예입니다. 첫 번째 문장은 존중을 표하는 마법의 표현(~해 주겠니?)을 포함하고 있고, 두 번째 문장은 감사를 전하는 마법의 표현(고마워)을 포함하고 있습니다. 아이들이 가치 있는 일, 필요한 일, 중요한 일을 해 줄 때 존중을 담은 표현, 감사의 표현을 해 주십시오. 이를 통해 아이의 내면의 힘을 끌어내 줄 수 있습니다.

이 개념의 연장선에는 조건 없는 사랑이 있습니다. 부모는 어떤 일이 있더라도 조건 없는 사랑을 멈추지 않아야 합니다. 발달에 관한 다음 격언을 떠올려 봅시다. "아이가 자기 스스로에 대해 어떻게 생각하는가는 당신이 아이를 어떻게 생각하는가와 같습니다."

활동의 이해

이 책은 아이를 위한 놀이활동을 총망라하여 프로그램으로 구성했습니다. 다른 놀이 학습 책들과 달리, 각 활동에 대한 배경 정보와 놀이 방법, 그리고 각 놀이가 필요한 이유를 함께 수록했습니다. 또한 놀이 설명에는 해당 놀이 상호작용과 관련된 연구에 대한 간략한 출처가 포함되어 있습니다.

이 책은 연령, 발달 단계, 흥미 등 여러 측면을 고려하여 사용할 수 있습니다. 즉, 전형적인 발달 촉진, 조기개입 제공, 심화 보충 교육 등으로 다양하게 활용될 수 있습니다. 책에 담긴 모든 놀이활동은 재미와 흥미를 유발하며, 각 아이에게 개별화될 수 있도록 만들어졌습니다. 책의 주요 목적인 영유아 발달 및 놀이에 대해 안내하기 위해, 각 장은 해당 발달 연령과 단계의 발달 특성을 설명하는 것으로 시작합니다. 모든 지침은 평균적인 발달을 기준으로 하며, 현재 교육 이론과 연구에서 일반적으로 받아들여지는 사실에 근거하여 기술되었습니다.

스마트 기기 등 첨단 기술이 아이들의 생활에서 큰 역할을 해 줄 것 같지만, 영유아 시기에는 그것이 꼭 필요하지 않습니다. 오히려 아이들이 직접 체험하고 상호작용하는 경험이 더욱 중요합니다. 경험을 통한 활동은 아이가 스마트폰이나 패드 화면에 반응하게 하는 것보다 더 의미 있고 재미도 있습니다. 직접적인 상호작용과 경험은 정상적이고 균형 잡힌 발달을 위해 없어서는 안 될 필수 요소입니다. 이 책의 모든 놀이 학습 프로그램은 기초적인 인지, 운동, 사회·정서, 언어, 자존감의 학습 기회를 제공하도록 만들어져 있습니다. 요즘 아이들에게 널리 퍼져 있는 첨단 기술을 활용한 활동은 이처럼 다양한 영역에서의 학습 경험을 제공하지 못합니다. 어떤 점에서는 스마트 기기를 활용한 접근이 유용할 수도 있습니다. 하지만 아이가 깊이 생각하고, 손과 손가락을 사용하며, 적절한 방식으로 사회화하고, 듣고, 말하며, 내면으로부터 자기 자신에 대해 마냥 좋게 느끼게 해 주는 데 있어서 첨단 기술 활용 활동은 제한점이 많습니다.

놀이활동은 연령대별로 구성되어 있고, 각 연령대 내에서는 발달 단계에 따라 차례대로 제시되어 있습니다. 놀이활동을 정할 때, 아이의 연령에 해당하는 부분부터 시작하십시오. 아이가 전형적인 발달을 보인다면 아이의 연령에 맞는 장으로 바로 가면 됩니다. 아이에게 재미있고 유익할 것으로 생각되는 활동을 찾아서 함께 놀이해 보십시오.

각 연령대에서 제시된 발달이정표는 전문가들로부터 해당 연령에서 기대되는 발달 행동으로 여겨지는 것이지만, 이를 너무 엄격하게 적용할 필요는 없습니다. 다양한 연령대의 발달이정표를 활용해 아이와 놀이하는 것도 매우 좋습니다. 아이가 자신의 연령대보다 높거나 낮은 발달 단계에 있다고 생각되면, 차례에서 아이에게 맞는 발달이정표를 지원하는 활동을 찾으십시오. 모든 아이는 저마다 다르고 각각의 아이가 서로 다른 영역에서 서로 다른 속도로 발달하기 때문에 여러분은 다양한 연령대의 활동들을 동시에 활용할 수 있습니다. 가령, 한 연령대에서 어떤 활동을, 다른 연령대에서는 또 다른 활동을 선택할 수도 있습니다.

한편, 특별한 도움이 필요한 아동의 경우, 발달이정표를 그대로 따라 활동을 선택하는 것이 좋습니다. 특별한 도움이 필요한 아동은 하나 또는 그 이상의 발달 영역에서 자신의 연령보다 낮은 수준의 성취를 보입니다. 이러한 경우에는 아이의 생활 연령에 국한하지 않고, 아이에게 제일 적합한 활동을 찾으면 됩니다. 특정 발달이정표를 목표로 할 때에는 차례로 바로 가십시오. 제시된 모든 활동이 해당 발달이정표를 증진하는 데 도움이 될 것입니다.

활동이 연령대별로 제시된다고 할지라도, 꼭 그 연령대에만 한정되는 것은 아닙니다. 많은 활동은 아이가 커 가는 동안 같은 방식이나 또 다른 방식으로 반복되어 사용될 수 있습니다. 책 읽기, 노래 부르기, 간단한 게임하기와 같은 활동은 어린 시절 내내 활용해도 좋은 활동입니다.

시간이 지남에 따라 아이가 특정 활동에 참여할 수 있는 범위도 확장됩니다. 만약 다섯 가지 발달 영역(인지, 운동, 사회·정서, 언어, 자존감) 중 특정 영역에서의 발달을 촉진하거나 즐기게 하고 싶으면 한 연령대의 원하는 영역 활동을 찾아서 시작하십시오. 그런데 만약 그 활동이 아이에게 너무 수준이 높거나 너무 낮다면, 여러분의 아이에게 도움이 되고 재미있을 것으로 생각되는 활동을 찾을 때까지 다른 연령대의 같은 발달 영역으로 가면 됩니다.

각 활동을 하는 주요 목표는 놀이와 학습입니다. 이 두 가지 요소는 항상 함께 갑니다. 이 프로그램은 아이가 긍정적인 발달을 하도록 자극하는 적절한 놀이활동을 쉽게 찾을 수 있게 해 줍니다. 여러분이 일단 놀이활동을 활용하여 즐거운 놀이 일과를 만들어 가기 시작한다면, 부모–자녀 간에 유대감이 증진되고, 긍정적인 관계가 이루어지는 것을 경험하게 될 것입니다. 이처럼 뜻깊은 어린 시절의 경험은 여러분, 아이, 그리고 부모–자녀 관계 전체에 지속적으로 영향을 미칠 것입니다.

차례

제1부 출생에서 1세까지

제1장 출생~3개월 23

제2부 1세에서 2세까지

제5장 12~18개월 211

제6장 18~24개월 259

제1부

출생에서 1세까지

먼저, 놀라운 놀이의 세계로 들어가기에 앞서, 여러분이 특히 좋아할 것으로 생각되는 양육의 네 가지 원칙에 대해 알려드리겠습니다. 이 지침들을 작은 선물처럼 생각하고 즐긴다면, 우리 아이의 첫 1년 양육이 더욱 풍요로워질 것입니다. 지금부터 이 원칙들을 실천하기 시작하면 앞으로의 양육을 더욱 멋진 경험으로 만들어 갈 수 있을 것입니다.

- 놀기─즐기기!
- 자연스럽게 행동하기─나 자신이 되기
- 반응하기─주의집중하기
- 스킨십하기─꼭 안아 주기

아이를 진료하는 소아과 의사는 아이에 대해 알게 될 것입니다. 아이돌보미, 어린이집이나 유치원 교사, 아이를 돌보는 다른 양육자들도 아이에 대해 알게 될 것입니다. 하지만 부모보다 아이에 대해 더 잘 아는 사람은 없을 것입니다. 여러분은 내 아이의 여러 가지 울음소리가 각각 무엇을 의미하는지 알고 있을 것입니다. 배고플 때, 목마를 때, 기저귀가 젖었을 때, 다쳤을 때, 관심이 필요할 때 내는 울음소리는 각기 다릅니다. 또 여러분은 아이가 자라는 동안 아이의 성격에 대해 확실히 알게 될 것입니다. 여러분의 아이는 지금까지 태어난 다른 어떤 아이와도 같지 않고 새롭습니다. 여러분은 이제 내 아이의 특별함과 개성이 눈앞에서 펼쳐지는 것을 매일 볼 수 있는 특권을 가지게 되었습니다. 다른 사람들이 아이의 양육에 대해 조언을 해 줄 수 있겠지만, 내 아이를 가장 잘 아는 사람은 바로 부모라는 것을 항상 기억하십시오.

제1장 | 출생~3개월

우리 가족의 새로운 식구가 이제 막 집에 도착했습니다. 부모–자녀의 상호작용을 통해 서로에 대해 흥미롭게 알아 가며 아이를 환영해 주십시오. 여러분이 아이와 놀아 주고 대화하고 무언가를 만드는 동안, 아이의 삶에 평생 지속될 상호작용 패턴이 만들어지고 있다는 사실을 기억하십시오. 우리가 가장 우선으로 해야 할 것은 아이에게 사랑과 관심을 보여 주고 존중해 주는 것, 또 때로는 단호하지만 긍정적으로 아이를 지도하는 것입니다. 아이의 부모인 여러분이 바로 그것을 제일 잘할 수 있는 사람입니다. 이 책의 놀이 학습 체계를 활용하면 즐거운 놀이, 많은 움직임, 높은 수준의 학습을 위한 활동을 계속 찾아낼 수 있습니다. 이 책은 연구 기반으로 만들어졌고, 첫 장은 영아의 초기 발달에 대해 설명하고 있습니다.

매일 아이가 성장한 모습을 발견할 때마다, 여러분이 느끼는 행복을 아이에게 표현해 보십시오. 조그마한 성장의 흔적도 놓치지 않도록 가능한 한 많이 아이와 함께 있으면서 사소한 것, 새로운 것 등 모든 것을 계속해서 즐기십시오. 생후 첫 몇 개월간 보살펴 주고, 사랑해 주고, 이끌어 주고, 지지해 주고, 보호해 주며, 가르쳐 주는 모든 것을 아이도 분명 좋아할 것입니다.

재미있게 놀고 배우며 기술 습득하기

여러분에게 맞는 방식으로 놀이를 시작하십시오. 연령대별 활동, 장별 활동, 또는 하나 이상의 장에서 마음에 드는 영역을 찾아 활용할 수 있습니다. 다음의 발달이정표를 보고 내 아이에게 꼭 적합하다고 생각하는 활동을 선택하거나, 차례에서 각 발달이정표에 맞추어 제안하는 활동을 볼 수도 있습니다.

출생~3개월 발달이정표

- 소리 및 촉감에 반응하기
- 사람의 얼굴, 패턴, 물체를 보기
- 움직이는 물체를 눈으로 따라가기
- 주변 환경 탐색하기
- 팔과 다리를 구부리고 주먹을 꽉 쥔 상태를 유지하기
- 엎드린 상태에서 머리와 가슴을 들어 올리기
- 몸을 바로 세운 상태에서 머리를 안정적으로 유지하기
- 안았을 때 꼭 껴안기
- 목소리에 반응하기
- 사람들에게 미소 짓기
- 즐거울 때 목소리를 내어 반응하기
- 소리를 듣고 목소리를 내어 반응하기
- 웃음소리를 내며 즐거움에 반응하기
- 모음 비슷한 소리 내기
- 큰 소리에 목소리를 내어 반응하기
- 말하는 소리에 목소리를 내어 반응하기

자, 이제 시작해 볼 시간입니다!

인지 인지 기술 도입: 다섯 가지 감각

안고 흔들어 주기

신생아들은 사람의 얼굴을 보는 것을 좋아하는데, 그중에서도 부모의 얼굴에 가장 큰 관심을 보입니다. 아이를 품에 안고 흔들어 주면, 아이가 여러분의 얼굴을 분명하게 보려고 눈을 정확한 위치에 두고 바라보고 있다는 것을 알 수 있습니다.

🍼 준비물

없음

🏀 놀이 방법

1. 아이를 요람 자세로 품에 안고 눈을 맞춥니다.
2. 다음 가사에 맞추어 아이를 흔들 준비를 합니다. 가사의 한 줄을 부를 때마다 괄호 안의 행동을 따라 하며 아이를 부드럽게 흔들고 움직여 줍니다.
   Rock-a-bye baby in the treetop. (아이를 흔들며)
   When the wind blows, the cradle will rock. (아이를 흔들며)
   When the bough breaks, the cradle will fall. (아이를 아래로 낮추며)
   And down will come baby, cradle and all. (아이를 낮추었다가, 다시 위로 올려 주세요)

● **우리말 노래 <자장자장 우리 아가>**[1]
자장자장 우리애기 자장자장 우리애기
꼬꼬닭아 우지마라 우리애기 잠을깰라
멍멍개야 짖지마라 우리애기 잠을깰라
금자동아 은자동아 우리애기 잘도잔다
금을주면 너를사며 은을준들 너를사랴
나라에는 충신동아 부모에는 효자동아
우리애기 잘도잔다

---

1) 역자 주: 아이를 안고 편안하게 부를 수 있는 우리말 노래로 대체할 수 있습니다.

검둥개야 짖지마라 우리애기 잠을깰라
앞집개야 짖지말고 뒷집개도 짖지마라
자장자장 우리애기 자장자장 잘도잔다

발달정보

시각은 학습을 할 수 있게 하는 주요 감각이며, 눈맞춤은 부모와 자녀 사이의 연결고리를 만들어 주는 역할을 합니다.

이 노래에는 부모와 아이를 연결해 주는 특별한 비법이 녹아 있습니다. 대부분의 부모가 그 비법이 안아 주는 자세에 있다고 생각하지만, 이 활동을 해 보면 아이가 여러분을 바라보는 것이 가장 핵심이라는 것을 알게 될 것입니다.

관련 연구

Teresa Farroni와 동료들에 따르면, 제대로 된 눈맞춤은 일반적으로 생후 1개월 반에서 2개월 정도에 일어난다고 합니다. 하지만 미국국립과학원(The National Academy of Sciences)의 2002년 연구에 따르면, 출생 후 이틀만 지나도 눈맞춤이 시작될 수 있다고 합니다.

딸랑이

대부분의 신생아가 처음 접하는 놀잇감 소리는 딸랑이 소리입니다. 예전에는 불투명한 색의 플라스틱으로 만든 딸랑이가 많았는데, 요즘 딸랑이들은 투명하게 속이 보여서 어떤 것들이 소리를 만들어 내는지 아이가 볼 수 있습니다. 은은한 종소리와 열쇠를 딸깍거리는 소리도 아이들이 좋아합니다.

준비물
딸랑이, 은은한 소리가 나는 종 또는 열쇠

놀이 방법

1. 딸랑이나 종, 열쇠 등을 교대로 사용합니다. 먼저 장난감 중 하나를 흔들면서 아이가 반응하도록 유도해 보세요.
2. 이번에는 아이가 직접 장난감을 흔들어 여러분의 반응을 살피도록 격려해 보세요.
3. 장난감을 계속 바꿔 가면서 흥미로운 소리를 만들며 놀아 보세요.

발달정보

청각은 학습을 위한 강력한 통로가 되어 줍니다. 수 세기 동안, 부모들은 아이들의 주의를 끌기 위해 간단하면서도 은은하고 매력적인 소리를 만들어 왔습니다. 조개껍데기와 구슬 같은 것들을 엮어서 마주 부딪치거나 흔들어 기분 좋은 소리를 만들기도 했습니다. 요즘 시판되는 딸랑이들은 다양한 색깔, 크기, 모양으로 나오며, 다양한 재료로 만들어집니다.

관련 연구

대표적인 아동 발달 전문가인 Penelope Leach는 자신의 저서 『Your Baby & Child: From Birth to Age Five』에서 아기의 감각은 엄마 배 속에 있을 때부터 어떤 식으로든 작동하고 있으며, 태어났을 때 이미 아기들의 감각은 세상을 느낄 준비가 되어 있다고 했습니다. Mayo Clinic에 따르면, 태아가 엄마의 자궁에서 냄새를 맡거나 맛을 느낄 일은 많지 않고, 촉각을 느낄 만큼의 마찰은 거의 없지만, 태내기 18주 정도부터 소리는 잘 들을 수 있게 된다고 합니다.

모유/분유 수유

아이에게 수유하는 것은 그것이 모유이든 분유이든 간에 자연스럽게 아이와의 유대감을 갖는 기회가 될 수 있습니다. 자연스러운 수유 자세는 아이의 눈이 여러분을 가능한 한 분명하게 볼 수 있도록, 여러분의 얼굴에서 아이의 눈 사이의 거리를 적절하게 만들어 줍니다. 모유 수유는 원시시대부터 눈맞춤을 할 수 있는 기회였고 지금까지도 분유보다 더 선호되기는 하지만, 분유 수유 또한 훌륭한 대안이 될 수 있습니다. 수유할 때 하루에 한 번 이상 또는 항상 눈맞춤을 시도해 볼 수 있습니다. 아이를 전통적인 수유 자세로 안고, 가능하면 자동수유기는 사용하지 않는 것이 좋습니다.

준비물
- 분유 수유의 경우 깨끗한 젖병
- 유축한 모유 또는 분유

놀이 방법
1. 요람 자세로 아이에게 수유합니다. 아이를 사랑스럽게 안아 주며 가능한 한 많이 눈맞춤을 합니다.
2. 생후 몇 개월 동안에는 수유 간격이 자주 돌아오는데, 이는 강력한 애착을 만들어 줍니다. 이 시간은 부모가 아이에 대해 배울 수 있는 가장 좋은 기회가 될 수 있습니다.

발달정보
모유는 산모가 먹는 모든 음식의 혼합물로 만들어지므로, 아이가 추후 특정 음식만 선호하는 것을 막아 줍니다. 이처럼 모유 수유는 추후 미각 발달의 토대를 마련합니다. 자연의 섭리는 정말 지혜롭습니다.

관련 연구

미국소아과학회(The American Academy of Pediatrics)에 따르면, 모유는 아이에게 가장 좋은 식품이라고 합니다. 모유는 주요 성분인 유당, 소화가 잘되는 단백질, 지방이 아이에게 알맞게 적절한 균형을 이루고 있습니다. 또 모유에는 전염병, 알레르기, 많은 소아기 질병 등 질환으로부터 아이의 건강을 키워 주고 보호해 주는 효소, 항체 및 기타 좋은 성분이 함유되어 있습니다.

분유는 우유, 두유, 특수한 요구를 지닌 유아들을 위한 특수 분유 등이 있는데, 이 모든 것은 가장 좋은 영양소의 놀라운 조합을 보여 줍니다. 모유 수유와 분유 수유에 대한 더 많은 정보는 저명한 책인『Caring for Your Baby and Young Child: Birth to Age 5』에서도 찾을 수 있습니다.

솜뭉치 놀이

신생아에게 부드러운 느낌은 매우 훌륭한 감촉인데, 특히 면은 자연적이면서도 부드러운 소재입니다. 여러분이 가지고 있는 아기용품 중에 솜뭉치가 있다면 그것을 활용하시면 됩니다. 솜뭉치는 큰 사이즈가 적합합니다.

준비물
대형 솜뭉치[2]

놀이 방법
1. 천천히 그리고 부드럽게 아이의 주먹을 펴세요.
2. 솜뭉치를 아이의 손 안쪽에 닿게 해 주세요.
3. 아이의 반응을 관찰하세요. 아이는 부드러운 질감을 느끼며 즐거워할 것입니다.

발달정보
"사람은 듣는 것의 10%를 기억하고, 보는 것의 50%를 기억하며, 경험한 것의 90%를 기억합니다." 여러분, 이 격언을 아시나요? 촉감은 엄청난 학습 기제라고 할 수 있습니다. 촉감책과 촉감놀이를 이 시기부터 시작하면 아이에게 큰 도움이 됩니다.

관련 연구
Tiffany Field와 동료들에 따르면, 양육자가 아이를 마사지해 주는 것이 아이의 건강을 증진시키고 질병 치료에도 도움이 된다고 합니다. 연구자들은 조산아의 체중 증가를 돕기 위해 마사지 요법을 개발했습니다.

---

2) 역자 주: 원어 cotton ball, 화장을 닦거나 상처를 소독할 때 사용하는 탈지면 공.

꽃 향기

신생아들은 후각이 잘 발달해 있습니다. 후각을 자극하는 것이 매우 중요하지만, 종종 간과되기도 합니다. 싱싱한 꽃이 있다면 그것을 사용하십시오. 생화가 없다면 말린 꽃이나 무독성의 향을 뿌린 조화를 대신 사용할 수도 있습니다.

준비물

- 향기가 나는 생화 또는 말린 꽃
- 조화(선택 사항)
- 레몬/라임 주스, 계피/육두구/마늘 등 독성이 없는 향신료(선택 사항)[3]

놀이 방법

1. 아이가 편안하게 꽃을 볼 수 있는 위치에 있게 합니다.
2. 이제 아이와 함께 냄새를 맡아 보세요. 주의사항: 꽃에 인공 향이 뿌려졌으면 아이 코 가까이에 꽃을 두지 마세요. 안전한 거리에서 냄새를 맡을 수 있도록 앞에 놓아두세요.
3. 아이의 반응을 관찰합니다. 만약 아이가 이 활동을 즐기지 못하는 것 같으면, 다른 날 다시 시도해 보세요.

발달정보

모든 학습은 오감을 통해 이루어집니다. 더 많은 감각이 활성화될수록, 학습 경험도 더 강력해집니다. 특정 사건과 관련된 어떤 냄새는 관련 기억을 불러올 수도 있습니다.

관련 연구

Penelope Leach의 책 『Your Baby & Child: From Birth to Age Five』에서 보고

---

3) 역자 주: 깻잎, 쑥갓, 솔잎, 파, 귤, 생강 등 주변에서 구할 수 있는 향신료를 활용할 수 있습니다.

한 후각 연구에 따르면, 아기들은 냄새를 구별할 수 있으며, 심지어 어른보다 더 강한 후각 능력을 갖추고 있다고 합니다. 그녀는 만약 아이의 어머니가 착용한 브래지어 패드를 아이의 머리 한쪽에 놓고 다른 엄마가 사용하는 패드를 다른 쪽에 놓으면, 아이는 자신의 어머니 냄새를 선택할 것이고, 75%의 확률로 머리를 그쪽으로 돌릴 것이라고 설명합니다.

운동 운동 기술 연습: 대근육/소근육 운동

이완시키기

이 활동은 신생아가 태아 자세에서 벗어나도록 도와주는 것으로 잘 알려진 방법입니다. 보통 몸을 펼치는 자세에서 다리만 생각하는데, 아이 몸의 모든 부분이 새롭고 자유로운 환경에 적응하기 위해 이완과 스트레칭이 필요합니다.

 준비물

없음

🌐 **놀이 방법**

1. 침대나 바닥에 부드러운 요를 깔고 아이를 눕힙니다.
2. 아이의 팔, 다리, 배를 천천히, 규칙적으로, 부드럽게 주물러 줍니다. 아이의 몸이 편안해지는 것을 느낄 수 있을 것입니다.
3. 아이의 가슴을 중심으로 양팔을 천천히 펴고 모아 줍니다.
4. 페달 밟는 동작처럼 아이의 다리를 천천히 위아래로 밉니다. 무릎 아래에서 잡아 번갈아 움직입니다.
5. 아이의 팔을 위아래로 움직여 팔을 늘이는 동작을 합니다. 먼저 양팔을 동시에 움직인 다음, 번갈아 가면서 늘려 봅니다.
6. 여러분과 아이가 모두 충분히 즐길 수 있을 때까지 동작을 반복합니다.

👶 **발달정보**

이 활동의 운동 목표는 아이의 팔다리를 쭉 펴 주는 것이지만, 또 다른 목표는 휴식입니다. 여러분은 아이의 손과 발을 주무르고, 부드러운 음악을 들려주며, 부드럽게 마사지하고, 달콤하고 사랑스러운 말을 들려줄 수도 있습니다.

관련 연구

반사 요법 전문가 Mildred Carter는 공저자 Tammy Weber와의 책『Body Reflexology: Healing at Your Fingertips』에서 좋은 이완 자극을 주기 위해 아이들의 손과 발을 마사지해 주는 것에 대해 이야기합니다. 아이의 발을 주물러 주는 것은 울거나 산통으로 괴로워하는 아이들에게 효과적인 방법이라고 합니다. 또한 손톱으로 아이의 손등을 부드럽게 또는 긁어 주듯 만져 주면 안절부절못하는 아이가 진정된다고 합니다.

손 펴기

신생아는 반사적으로 주먹을 꽉 움켜쥐는데, 이때 손을 느슨하게 펴는 것이 도움이 됩니다. 작은 블록만 한 크기의 안전하면서도 사용하기 편리한 물건을 이 활동에 활용할 수 있습니다. 물체가 깨끗한지, 면 외의 첨가물이 없는지, 삼킬 수 없을 만큼 큰 것인지 확인합니다.

준비물
작은 블록

놀이 방법

1. 아이가 물체를 쥐도록 도와주세요.
2. 아이의 손에서 부드럽게 물체를 떼어 내세요.
3. 물체를 다시 아이에게 쥐여 주세요.
4. 여러분과 아이가 원하는 만큼 반복하세요.

발달정보

아이의 손 펴기 활동을 위해서, 부모들은 여러 세대에 걸쳐 이 활동에 적합한 물체를 찾아 왔습니다. 아이에게 쥐여 주는 물체가 어떤 것이든 반사적으로 쥐는 것을 펴 준다는 목표는 변하지 않았습니다.

관련 연구

메릴랜드 대학교 의학 센터의 연구에 따르면, 모든 신생아가 반사적으로 손을 움켜쥔다고 합니다. 이 반사는 아이가 손을 펴고 있을 때 손바닥에 손가락을 갖다 대면 나타납니다. 아이의 손은 갖다 댄 손가락을 감싸며 주먹을 쥡니다. 손가락을 떼려고 하면 더욱 꽉 잡습니다. 갓 태어난 아기들은 강한 쥐기 반사를 보이는데, 아이가 양손으로 어른 손가락을 잡으면 아이가 끌어올려질 정도입니다.

동그란 모양

신생아의 눈 근육은 계속 발달하고 있습니다. 제 책『Baby and Toddler Learning Fun: 50 Interactive and Developmental Activities to Enjoy with Your Child』에 따르면, 신생아들은 이곳저곳 할 것 없이 모든 곳을 보려고 하지만 특히 둥근 형태를 선호한다고 합니다. 우리가 신생아들이 꼭 사람 얼굴을 보는 것 같다고 느끼는 것과 같은 맥락입니다. 한 걸음 더 나아가, 다른 연구자들은 신생아들이 단지 둥근 것보다는 둥글고 빨간 것을 더 선호한다는 것을 발견했습니다. 신생아들의 시선을 따라가 보니 동그랗고, 빨갛고, 얼굴이 있는 것을 가장 좋아했습니다.

준비물

- 종이 접시 또는 빨간색 마분지
- 검은색 크레용 또는 무독성 마커
- 가위
- 마스킹 테이프 또는 강력 접착 테이프
- 혀누르개 또는 아이스크림 막대

놀이 방법

1. 종이 접시나 빨간색 마분지에 무독성 마커나 크레용으로 둥근 얼굴을 그립니다.
2. 접착력이 강한 마스킹 테이프나 강력 접착 테이프를 사용하여 종이 뒷면에 아이스크림 막대나 혀누르개를 붙입니다. 막대기가 손잡이 역할을 할 것입니다.
3. 아이의 관심을 받고 싶을 때, 이 직접 만든 얼굴 가면을 들고 있어 보세요.
4. 얼굴 가면을 등 뒤에 숨겼다가 아이에게 보여 줄 수도 있습니다. 아이가 놀이를 즐길 때까지 계속해서 이 활동을 반복하세요.

발달정보

아이가 눈으로 초점을 맞추기 시작할 때, 눈 따라가기 운동을 위해 얼굴 가면을 사용할 수 있습니다. 아이 앞에서 얼굴 가면을 왼쪽에서 오른쪽으로 움직여 보면 도움이 됩니다. 우리는 왼쪽에서 오른쪽으로 읽고 쓰는 것을 배우기 때문에, 왼쪽에서 오른쪽으로 움직이는 이 특별한 움직임은 어려서부터 중요합니다.

관련 연구

미국검안협회(The American Optometric Association)에 따르면, 생후 첫 몇 달 동안 두 눈이 같이 움직이기 시작하고 시력도 빠르게 향상된다고 합니다. 신생아들은 점차 눈으로 움직이는 물체를 추적하기 시작합니다. 이러한 발달은 아기들의 눈과 손의 협응 능력도 길러 줍니다. 미국소아과학회는 영유아 정기 검진 시, 모든 아동에게 시력검사를 할 것을 권고하고 있습니다. 영유아 검진은 의사들이 유아의 안구 이상을 발견하는 데 도움이 되는데, 이는 유아의 시력 문제를 신속하게 치료하는 데 중요한 요소가 됩니다.

위로 쳐다보기

신생아의 대근육 운동 발달이정표 첫 번째는 바로 머리 들어 올리기라고 할 수 있습니다. 따라서 머리 들어 올리기 운동을 자극하는 자세와 놀이를 해 주면 좋습니다.

준비물
부드러운 베개

놀이 방법

1. 부드러운 바닥에서 아이가 엎드린 채 여러분을 향하게 하세요. 가슴을 들어 올리는 것을 돕기 위해 아이의 배 아래에 작고 부드러운 베개를 놓으세요.
2. 아이의 관심을 끌기 위해 자연스럽게 행동하세요. 아이가 머리를 위로 들려고 노력할 것입니다. 아이의 움직임을 격려하기 위해 등을 쓰다듬어 줄 수도 있습니다.
3. 아이가 머리나 몸을 들려는 순간, 기뻐해 주면 아이도 매우 즐거워할 것입니다.
4. 함께 즐거운 시간을 보내면서 아이와 같은 놀이를 계속 반복하세요.

발달정보

요즘 아이들은 다양한 종류의 유아용 보조도구에 등을 대고 있는 경우가 많습니다. 그래서 배를 바닥에 대고 누워서 시간을 보내는 것이 특히 더 중요해졌습니다. 보조기구들은 아이를 진정시켜 주고 보호해 주기도 하지만, 아이의 움직임을 장시간 동안 제한합니다.

관련 연구

『Taking Care of Your Child』의 저자인 Robert Pantell에 따르면, 아이가 배를 바닥에 대도록 하는 것은 아이의 등 위쪽 힘을 키워 주는 간단한 방법이라고 합니다. 아이가 바닥에서 담요나 놀이매트에 배를 깔고 놀게 하고, 여러분 배 위에도 엎드리게 해서 같이 놀아 보십시오. 또한 Pantell은 웃고, 말하고, 노래하고, 재미있는 표정을 짓고, 열쇠 꾸러미를 흔들거나, 장난감을 놓아 보라고 말합니다. 이 활동은 아이를 더 활동적으로 만들 것이고, 결국 구르고 기어가는 데 필요한 근육을 만들게 도와줄 것입니다. 미국의 교육 캠페인인 Safe to Sleep은 아이가 배로 엎드려 있는 시간(터미 타임)을 하루 두세 번씩 갖게 하면서, 이를 3분에서 5분씩 늘려 갈 것을 권장하고 있습니다.

거기 누구예요?

신생아가 일단 스스로 머리를 가눌 수 있게 되면, 아이의 등 근육은 점점 강해져 마침내 뒤집기를 할 수 있을 정도가 될 것입니다. 따라서 등 근육을 강화하는 이 자세는 아이에게 도움이 됩니다.

준비물

거울

놀이 방법

1. 아이의 등이 여러분 몸 쪽으로 향하도록 하고 아이를 들어 전신 거울 앞으로 데려갑니다.
2. 한 손으로 아이의 가슴을 최대한 아래쪽에서 받쳐 줍니다. 다른 손으로 아이의 하체에서 무릎 또는 지지가 필요한 곳을 받쳐 줍니다.
3. 거울 앞에 서서 여러분과 아이가 거울 속에 비친 자신들의 모습을 쉽게 볼 수 있도록 해 보세요. 아이는 거울에 비친 자신의 모습을 보기 위해 상체를 들면서 자연스럽게 등 운동을 할 것입니다. 아이가 까르륵 소리를 내며 웃어도 놀라지 마세요. 그것은 아이와 함께 시간을 보낼 때 여러분에게 주어진 많은 특전 중 일부에 불과하니까요.

발달정보

거울은 이 시기의 아이들에게 놀라움을 선사합니다. 거울 속의 비친 이미지가 계속해서 움직이면, 아이는 거울 속 두 사람 모습을 보는 것을 즐기게 될 것입니다.

관련 연구

유명한 아동심리학자 Burton White의 저명한 책인 『The New First Three Years of Life』에서 거울은 발달을 위한 최고의 장난감 중 하나로 묘사됩니다. 손거울을 사용할 생각이라면 깨지지 않는 것으로 사용하는 것이 좋습니다.

사회·정서 사회 · 정서 발달: 사랑으로 발달 장려

Where Is Baby? (○○이 어디 있나?)

아이들이 가장 좋아하는 단어는 자신의 이름입니다. 아이에게 들려줄 만한 다양한 노래가 있지만, 아이의 이름이 들어간 노래만큼 재미있고 즐거운 곡은 없을 것입니다. 아이에게 맞게 맞춤화된 노래는 초기 애착을 직접적으로 강화해 줍니다.

 준비물

없음

🏐 놀이 방법

1. 아이를 무릎에 앉히고, '엄지 어디 있나'의 가락에 맞춰 두 손을 맞잡으세요.
2. 노래를 부르면서 괄호 안의 지시 사항을 따라 하세요.

    ○○이(아이 이름) 어디 있나?

    ○○이(아이 이름) 어디 있나?

    여기 있지 (아이가 자신을 가리키도록 합니다)

    여기 있지 (아이가 자신을 가리키도록 합니다)

    반가워요 안녕 또 만나요 안녕

    오른손 들어 (아이의 오른손을 들어 주세요)

    왼손 들어 (아이의 왼손을 들어 주세요)

👶 **발달정보**

학습은 태어나자마자 시작되는데, 반복과 익숙함이 아이의 발달에 가장 큰 역할을 합니다. 만약 여러분이 아이가 어릴 때부터 어떤 노래와 동작을 계속해 주면, 아이는 그 노랫말과 동작을 앞으로 몇 년 동안 기억할 것입니다.

관련 연구

『National Geographic』에 실린 Yudhijit Bhattacharjee의 「Baby Brains: The First Year」는 중요한 학습 연구를 보여 줍니다. 신생아의 뇌는 거의 1,000억 개의 뉴런을 가지고 태어납니다. 성인만큼이나 많은 뉴런을 가지고 있는 것입니다. 아이가 자라는 동안 감각 자극이 넘쳐 나게 되고, 이때 뉴런이 다른 뉴런과 연결되어 만 3세쯤에는 수백조 개의 연결부가 만들어집니다. 서로 다른 자극들은 다른 신경망을 형성하는 데 도움을 주고, 반복적인 활성화를 통해 신경회로가 강화됩니다. 이때 활성화되는 각 회로는 학습을 나타냅니다. 이처럼 유아기 수준의 학습은 반복에 의해 영향을 받으며 매일, 온종일, 빠르게 진행됩니다.

Pat-a-Cake

이 노래는 단순한 음과 동작으로 아이가 좋은 리듬감을 가지는 데 도움을 줍니다. 신생아들에게 할 때는 부드럽고 규칙적으로 손뼉을 쳐 주는 것이 좋습니다.

 준비물

없음

🎲 놀이 방법

1. 아이의 손과 팔이 자유롭게 움직일 수 있도록 자세를 잡아 주세요.
2. 아이에게 노래를 들려주고 아이의 손을 잡고 손뼉을 치게 합니다.

   Pat-a-cake, pat-a-cake, baker's man. (박자에 맞춰 손뼉 치기)

   Bake me a cake as fast as you can. (손뼉 치기)

   Roll it. (팔을 교차하며 굴리기)

   And stir it. (손으로 젓는 동작)

   And mark it with a 아이 이름의 약자. (아이 손으로 글자를 따라 쓰기)

   And toss it. (팔을 툭 던지기)

   In the oven for 아이의 이름. (아이를 가리키기)

   And me. (부모를 가리키기)

● **우리말 노래 <쎄쎄쎄>**[4]

쎄쎄쎄 아침바람 찬 바람에 울고 가는 저 기러기

우리 선생 계신 곳에 엽서 한 장 써 주세요

구리구리구리 가위바위보

발달정보

이 활동에 숨겨진 비밀은 바로 놀이에서 나타나는 사회적 상호작용입니다. 잘 알려진 이 노래를 활용하면 어떤 사람이든 아이를 쉽게 이끌 수 있습니다. 환한 미소를 보여 주고 행복한 목소리를 들려주면 아이와의 눈맞춤을 더욱 촉진할 수

---

4) 역자 주: 손유희 활동을 할 수 있는 우리말 노래로 대체할 수 있습니다.

있습니다. 손뼉 치기, 손 구르기, 젓기 동작은 좌뇌와 우뇌의 통합을 자극합니다. 신생아들이 따라 하기는 아직 이르지만, 나중에 이런 동작을 할 수 있게 하려면 미리 알게 해 주는 것이 도움이 됩니다.

관련 연구

미국의학연구소(The Institute of Medicine)의 『From Neurons to Neighborhoods: The Science of Early Childhood Development』에 따르면, 영유아에게는 부모와 중요한 관계를 형성하기 위해서 '서두르지 않는' 편안한 시간이 필요합니다. 아이에게 편안한 분위기를 제공하는 것은 사회 · 정서, 인지 발달을 위한 긍정적인 토대를 만들며, 이는 어린 시절 발달을 위한 최적의 환경이 되어 줍니다. 이와 같은 느슨한 구조는 부모가 아이의 건강한 성장과 발달을 촉진하기 위해 무엇이 필요한지 알게 해 주는 미묘한 단서들까지도 인식하게 하며, 이를 통해 자신의 아이를 더 잘 알 수 있는 기회를 가지게 합니다.

If You're Happy and You Know It 1(우리 모두 다 같이 손뼉을 1)

이 노래는 단순한 동작으로 쉽게 행복한 분위기를 만드는 멋진 노래입니다.

 준비물

없음

🎱 놀이 방법

1. 아이의 손과 발이 자유로이 움직일 수 있게 자세를 잡아 주세요.
2. 이 노래를 부르면서 괄호 안의 동작을 따라 하세요.

   우리 모두 다같이 손뼉을 (손뼉 치기)
   우리 모두 다같이 손뼉을 (손뼉 치기)
   우리 모두 다같이 즐거웁게 노래해
   우리 모두 다같이 손뼉을 (손뼉 치기)

   우리 모두 다같이 고개를 (부드럽게 머리 쓰다듬기)
   우리 모두 다같이 고개를 (부드럽게 머리 쓰다듬기)
   우리 모두 다같이 즐거웁게 노래해
   우리 모두 다같이 고개를 (부드럽게 머리 쓰다듬기)

   우리 모두 다같이 발 굴러 (가볍게 발 구르기)
   우리 모두 다같이 발 굴러 (가볍게 발 구르기)
   우리 모두 다같이 즐거웁게 노래해
   우리 모두 다같이 발 굴러 (가볍게 발 구르기)

   우리 모두 다같이 차례로 (손뼉 치고, 쓰다듬고, 발 구르기)
   우리 모두 다같이 차례로 (손뼉 치고, 쓰다듬고, 발 구르기)
   우리 모두 다같이 즐거웁게 노래해
   우리 모두 다같이 차례로 (손뼉 치고, 쓰다듬고, 발 구르기)

발달정보

누구나 행복해지는 것을 좋아하며, 행복한 것에 대한 노래는 행복을 느끼게 합니다. 마지막 부분에서 세 가지 동작을 한꺼번에 하는 것은 재미를 더해 주고 기억력 발달에도 도움이 될 것입니다. 연속되는 세 가지 동작은 아이들에게 적당히 도전적인 기억 과제를 제공합니다. 두 가지는 기억하기 쉽고, 네 개나 그 이상은 너무 어렵기 때문입니다.

관련 연구

학교에서 성공적인 아이들과 그렇지 않은 아이들의 삶에서 차이점은 무엇일까요? 1971년, 하버드 대학교의 Burton White는 이 질문에 관한 30년간의 연구를 마쳤습니다. 그는 이 모든 것이 생후 처음 3년 동안의 긍정적인 경험에 바탕을 두고 있다는 것을 발견했습니다. 생후 3년 동안 잘 발달한 아이들은 만 6세에 학교에 갔을 때 더 성공적일 가능성이 컸습니다.

Skida Marink(스키다마링크)

이 노래의 가사에 있는 단어들은 사랑을 뜻하는데, 이것은 여러분과 아이의 관계를 키우는 데 매우 좋습니다. 만약 이 노래의 음을 모른다면, 시를 낭송하듯이 단어를 말해 주십시오.

 준비물

없음

🏀 놀이 방법

1. 아이를 편안한 자세로 안아 주세요.
2. 노래를 부르거나 단어를 말하면서 아이를 리듬에 맞춰 가볍게 흔들어 주고, 괄호 안의 지시에 따라 행동합니다.

   스키다마링카딩카딩크
   스키다마링카두
   사(자신을 가리키기) 랑(팔을 교차하기) 해(아이를 가리키기)
   스키다마링카딩카딩크
   스키다마링카두
   사랑해
   어제보다 오늘 더
   너를 사랑해
   하늘만큼 땅만큼
   너를 사랑해
   오 스키다마링카딩카딩크
   스키다마링카두
   사(자신을 가리키기) 랑(팔을 교차하기) 해(아이를 가리키기)

👶 발달정보

이 노래는 부모와 아이가 애정 어린 상호작용을 할 수 있게 해 줍니다. 여기 나오는 동작들은 여러분이 나중에 아이에게 가르치려고 하는 조직적인 손동작들의 기초가 됩니다.

🍼 관련 연구

밸도스타 주립대학의 심리학자 William G. Huitt와 Courtney Dawson은 사람이 선천적으로 사회성을 가지고 태어난다고 했습니다. 그들은 이론가 John Bowlby의 말을 인용하여 양육자에 대한 아이의 애착은 추후 모든 사회성 발달의 토대가 된다고 말합니다. 또 다른 이론가인 Erik Erikson은 아이가 따뜻하고 여유롭고 반응적인 양육자와의 상호작용을 통해 신뢰를 발달시킨다고 했습니다. 저명한 연구자인 Mary Ainsworth가 발견했듯이, 애착 유형은 한 사람의 일생 동안 '상당히 안정적으로' 남아 있기 때문에 유아기에 안정된 애착을 형성하는 것은 필수적입니다.

까꿍놀이

부모라면 누구나 이 유명한 사회적 놀이를 알고 있을 것입니다. 'Pat-a-Cake' 놀이나 'If You're Happy and You Know It'과 마찬가지로, 여러분은 아이와 간단한 수준으로 상호작용을 시작할 수 있고, 아이가 자라면서 점차 놀이를 확장해 갈 수 있습니다.

준비물

없음

놀이 방법

1. 서로를 볼 수 있도록 자세를 잡습니다.
2. 손으로 부모의 눈을 가리세요.
3. 손을 떼고 "까꿍"이라고 말하세요.
4. 두 사람이 함께 즐거운 시간을 보내며 활동을 반복합니다. 아이는 여러분이 사라졌다가 다시 나타나는 것을 보는 것을 좋아할 것입니다. 깜짝 놀라는 부분이 이 놀이의 핵심입니다.

발달정보

이 놀이는 매우 상호적인 놀이입니다. 손으로 부모의 눈을 가리고 다시 보여 주는 것으로 시작해서 다양한 변화를 시도할 수 있습니다. 손수건으로 아이의 얼굴 전체를 가려 숨기는 놀이를 해도 좋습니다. 부모가 직접 숨는 것은 좀 더 나중에 해 볼 수 있습니다. 마침내 까꿍놀이는 아이들이 어린 시절 가장 좋아하는 놀이인 숨바꼭질로 바뀔 것입니다.

관련 연구

런던의 버크벡 대학의 Caspar Addyman 박사는 아이의 웃음에 대해 연구하면서 까꿍놀이에 주목했습니다. 물론 신생아들은 물체가 보이지 않아도 여전히 존재한다는 것을 아는 '대상영속성'을 아직 이해하지 못합니다. 그러나 여러분이 나타났다가 사라지고, 다시 한번 빠르게 나타날 때 느끼는 순수한 기쁨을 좋아합니다. Addyman 박사는 까꿍놀이가 최고의 놀이라고 말합니다. 시작 단계에서는 그저 깜짝 놀라는 경험에 불과하지만, 점점 놀이가 진행될수록 아이는 기대하는 경험도 하게 될 것입니다.

언어 언어 학습 촉진: 소리, 운율, 책 읽기

소리 따라 하고 미소 짓기

아이가 내는 소리에 같은 소리로 반응해 주면 아이는 더 많은 소리를 냅니다. 같은 원리로 아이가 미소 지을 때 함께 미소 지어 주면 더 많이 웃게 할 수도 있습니다.

 준비물

없음

놀이 방법

1. 아이와 함께 있을 때마다 아이가 내는 소리를 잘 들어 보세요.
2. 아이가 내는 소리를 듣고 따라 하세요.
3. 아이가 미소 지을 때, 같이 미소를 지어 주세요.

발달정보

인간의 언어는 상호적입니다. 의사소통은 또 다른 의사소통으로 이어지고, 많은 반응을 보여 줄수록 또 많은 응답을 끌어낼 수 있습니다. 오늘날에는 사람 간의 상호작용을 할 수 없는 전자기기와 스크린에서 많은 언어를 접하기 때문에, 아이에게 반응해 주고 함께 교감하는 시간은 매우 중요합니다.

관련 연구

Alice Honig은 저서 『Keys to Quality Infant/Toddler Care: Nurturing Every Baby's Life Journey』에서 신생아들이 비록 단어의 의미를 이해하지는 못하지만, 부모의 목소리가 매력적이고 행복하게 들리면 그 말의 뉘앙스와 그 안에 담긴 사랑을 느낀다고 했습니다. Honig은 아이와 가능한 한 많이 의사소통하며 양육할 것을 강조합니다.

편안한 소리

부드러운 음악이나 종소리와 같은 편안한 소리를 들려주는 것은 아이가 발성하도록 하는 데 도움이 됩니다. 또 여러분이 다른 사람들과 즐겁게 대화 나누는 것을 듣게 하는 것도 아이가 다양한 소리를 만드는 데 토대가 되어 줍니다.

준비물

오르골 뮤직박스, 종, 숟가락과 유리컵, 블록 2개, 딸랑이, 종이 클립이나 생쌀, 생국수를 넣은 플라스틱 밀폐용기 등 편안한 소리를 낼 수 있는 사물

놀이 방법

1. 편안한 소리를 만들 수 있는 도구를 최대한 많이 모읍니다. 도구를 고를 때, 아이가 삼킬 수 있을 정도로 작은 것은 절대로 사용하지 마세요.
2. 한 가지 소리를 내고, 아이가 내는 소리를 들어 보세요.
3. 여러분만의 방식으로 아이에게 행복하게 반응해 주세요.
4. 아이와 함께 이 활동을 충분히 즐길 때까지, 다양한 소리를 들려주면서 순서대로 반복하세요.

발달정보

즐거운 소리는 아이의 주의를 끌고 발성을 자극해 주는 훌륭한 수단입니다. 이때 아이가 내는 소리는 언어능력의 전조이기 때문에 매우 중요합니다.

관련 연구

Alice Honig에 따르면, '신체적 사랑(physical loving)'이란 흔들의자에서 아이를 흔들어 주고 아기띠로 품에 안아 주는 것을 통해 사랑을 신체적으로 경험하게 하는 것입니다. Honig은 아이의 애정 어린 반응을 보려면 부모가 먼저 온화하게 행동하라고 말합니다. 아이에게 차분하게 말해 주거나 서로 뺨을 맞대고 느린 왈츠 음악에 맞춰 춤을 추면서 친밀감을 키울 수 있습니다. 또 부모가 즐겁고 세심

한 대화 상대가 되어 줄 때 아이가 더 잘 반응한다고 말합니다. Honig은 Ashley Montagu의 1971년 연구를 가리키며, 다른 사람에게 상냥하고 다정하고 배려할 수 있으려면, 그 사람이 어린 시절에 누군가로부터 다정하게 사랑과 보살핌을 받아야 한다고 했습니다.

전래동요

전래동요는 여러 세대에 걸쳐 아이를 키우는 데 활용되어 왔습니다. 리듬과 박자 그리고 가사의 의미 등은 언어 발달을 위한 기초가 됩니다.

준비물

없음

놀이 방법

1. 오랜 사랑을 받아 온 한국의 전래동요로는 '두껍아 두껍아' '잘잘잘' '여우야 여우야'[5] 등이 있습니다.
2. 동요에 맞는 손동작 또는 손가락 동작을 알고 있다면, 노래를 부르며 동작을 함께 해 주세요.
3. 만약 아이가 동요에 맞춰 옹알이한다면, 노래를 멈추고 비슷한 소리로 반응을 보여 주세요.

발달정보

반복은 학습 과정에서 큰 역할을 하며, 이는 아이에게 더욱 중요합니다. 여러분이 좋아하는 동요를 한두 개쯤 선택해서 다양한 때에, 또 다양한 장소에서 재미있게 불러 보십시오.

관련 연구

영국 케임브리지 대학교 연구자들에 의하면, 아이들은 전래동요에 익숙하다고 합니다. 서정적인 동요들은 엄마와 아이 간의 긍정적인 상호작용을 하게 하는데, 이는 언어 발달에 매우 도움이 됩니다. Victoria Leong의 연구에 따르면, 전래동요를 부르는 것은 엄마와 아이가 친해질 수 있는 좋은 방법입니다. 또한 연구팀은

---

5) 역자 주: 한국 전래동요로 교체.

더 오랫동안 엄마와 눈맞춤을 한 아이들이 더 많은 반응을 보였다고 보고했습니다. 아이의 눈을 직접 바라보며 전래동요를 부른 엄마들이 다른 곳을 바라본 엄마들보다 아이들의 관심을 훨씬 잘 끌어냈습니다.

다양하게 손뼉치기

손뼉치기는 신생아에게 매우 흥미로운 활동입니다. 다양한 패턴으로 손뼉치기를 하면 소리의 차이를 구별하는 데 도움이 됩니다.

준비물

없음

놀이 방법

1. 아이의 손과 여러분의 손을 이용해 함께 손뼉치기 놀이를 할 수 있도록 아이의 위치를 잡아 주세요.
2. 센 소리의 박수, 여린 소리의 박수로 나누어 짧은 박수 패턴을 들려줍니다.
3. 아이의 손을 잡고 똑같은 패턴으로 손뼉을 칩니다.
4. '세게, 여리게, 여리게'나 '세게, 세게, 여리게'와 같이 손뼉을 치면서 '세게' '여리게'라는 단어를 말해 줍니다.
5. 다양한 박수 패턴을 활용하면서 여러분과 아이가 충분히 즐길 때까지 반복하세요.

발달정보

청각적 · 시각적 패턴을 인식하는 것은 아이의 학습에서 중요한 부분입니다. 다양하게 손뼉치기는 듣기 이해에 도움이 됩니다.

관련 연구

April Benasich와 루트거스 대학교의 동료 연구자들에 따르면, **청각 지도**(acoustic mapping)를 만드는 것은 언어 발달지연을 예방하며, 아이의 청각 체계가 향상되도록 해 줍니다. 아주 이른 신생아기의 아이는 자신의 말소리로 뇌에 '지도'를 만듭니다. 이 청각 지도는 더 많은 소리를 빠르고 쉽게 조합해서 구어로 이해할 수 있게 해 줍니다. 말과 언어습득 과정은 청각적 패턴을 1,000분의 1초 길이 단위로 구별해, '베이(bay)'와 '비이(bee)' 같은 개별 말소리를 즉각적으로 인식한 다음, 다시 그 말소리들을 합쳐 '베이비(baby)'와 같은 단어로 합치는 매우 복잡한 과정입니다. 특정 소리를 아이에게 일찍부터 노출하면 청각 정보를 뇌의 경로로 바꾸어 효과적으로 처리하는 데 도움이 됩니다.

읽기 시간 1

아이에게 책을 읽어 주는 것은 나중에 아이가 스스로 읽기를 할 수 있도록 준비시키는 데 가장 좋은 방법입니다. 아이에게 책 읽어 주기를 시작하는 데 너무 이른 시기란 없습니다. 빠를수록 좋습니다. 이 활동에서는 말의 리듬, 어휘, 감정 등의 모든 요소가 주요한 역할을 합니다.

준비물
그림책

놀이 방법

1. 간단한 그림과 크고 분명한 단어가 있는 책을 선택하세요. 어떤 책이나 사용할 수 있지만, 내구성이 있는 튼튼한 책을 사용하면 더 좋습니다. 영유아에게 읽어 주기 좋게 만들어진 책들이 많이 있습니다. 아이가 직접 손으로 만져 볼 수 있게 촉감 자극을 가지고 있는 책이 있는데, 이러한 촉감책을 활용하는 것도 매우 좋습니다.
2. 아이를 무릎 위에 편안하게 앉힙니다. 여러분이 쉽게 책을 읽어 줄 수 있도록 아이를 안아 주세요.
3. 책에 있는 그림에 대해 이야기해 주고 단어를 손가락으로 가리키면서 읽어 줍니다.

발달정보

여러분이 아이와 더 많이 읽고, 노래하고, 이야기할수록, 아이의 이해 수준도 더 높아질 것입니다. 언어는 아이의 이해력을 길러 주고, 이는 나중에 말하기, 읽기, 쓰기 능력의 기초가 됩니다.

관련 연구

저는 박사학위 논문에서 어른과 아이 간 높은 양과 질의 언어가 아이의 성취와 높은 상관을 보인다는 것을 밝혔습니다. **높은 질의 언어**란 칭찬을 통해 인정을 나타내기, 즐거운 어조로 말하기, 정확한 문법의 언어를 시범하기, 아이의 말을 확장해 주며 구문을 완성해 주기, 아이의 표현에 새로운 정보를 추가하기, 아이의 반응을 촉진하는 언어를 사용하기, 개방적인 질문 사용하기와 같은 주요 특징을 가지고 있습니다.

[자존감] 자존감 향상: 자기인식 노래와 운율

Head, Shoulders, Knees, and Toes 1(머리, 어깨, 무릎, 발 1)

이 노래는 신체의 네 부분(머리, 어깨, 무릎, 발)에 대한 노래입니다. 아이의 각 신체 부위에 관심을 보여 주면 아이의 행복한 반응을 볼 수 있을 것입니다.

준비물

없음

놀이 방법

1. 아이의 두 손이 자유롭도록 편안한 자세를 만들어 주세요.
2. 노래를 부르며 가사에 맞추어 아이의 해당 신체 부위를 가리킵니다.
3. 시간이 지나 아이가 자라면, 두 사람이 자신의 신체 부위를 직접 가리키며 노래를 불러 볼 수 있습니다.
   머리 어깨 무릎 발 무릎 발
   머리 어깨 무릎 발 무릎 발 무릎
   머리 어깨 발 무릎 발
   머리 어깨 무릎 귀 코 귀

발달정보

아이에게 관심을 기울여 주는 것은 아이의 자존감을 높이는 데 매우 중요한 역할을 합니다. 아이의 여러 신체 부분을 가리킴으로써 아이에 대한 관심을 보여 줄 수 있고, 아이는 그것을 매우 좋아할 것입니다.

관련 연구

Melissa Balmain의 「Boost Your Baby's Self-Esteem」에 따르면, 아이와 함께 시간을 보내면 아이의 자존감을 높여 줄 수 있다고 합니다. 애착의 개념을 연구한

뉴올리언스의 Tulane 영유아 정신건강 연구소 Neil Boris의 말에 따르면, 아이가 포옹, 젖병, 깨끗한 기저귀와 같이 자신이 원하는 것을 즉각적으로 얻을 수 있을 때, 자신감의 기초가 되는 질서 의식과 예측 능력이 발달한다고 합니다. 그는 이 과정을 애착이라고 설명합니다. 그의 연구에 따르면, 안전하게 애착이 형성된 아이는 추후 학령전기, 초등학생이 되었을 때 자신감을 가지게 될 가능성이 더 크다고 합니다. 부모들은 종종 우는 아이를 달래 주거나 너무 많이 안아 주면 버릇이 나빠질까 봐 걱정하지만, 연구는 민감한 양육이 아이가 안정감을 느끼게 하는 데 매우 중요하다는 것을 보여 줍니다. Boris에 따르면, 아이에게 민감하게 주의를 기울이면 애초에 아이가 울 필요성이 줄어들 것이라고 말합니다.

Where Is Thumbkin? (엄지 어디 있나?)

이 노래는 아이의 손과 손가락에 초점을 맞춥니다. 손가락을 펴고 손가락 이름을 소개합니다.

준비물

없음

🌀 놀이 방법

1. 두 사람이 함께 아이의 손과 손가락을 볼 수 있도록 편안한 자세를 잡습니다.
2. 노래를 부르면서, 손가락을 하나씩 펴고 엄지, 검지, 중지, 약지, 소지와 같이 손가락 이름을 불러 주세요.
   엄지 어디 있나 엄지 어디 있나 (아이의 엄지손가락을 펴 주세요)
   여기 여기 있어 여기 여기 있어 (엄지손가락을 만져 주세요)
   반갑다고 안녕 또 만나요 안녕
   들어간다 들어간다 (아이의 엄지손가락을 부드럽게 접어 주세요)
3. 다른 손가락들도 같은 동작을 반복해 주세요.

발달정보

'Where Is Thumbkin?'은 'Head, Shoulders, Knees, and Toes'의 다음 단계로 기억 발달과 자아인식에 좋은 활동입니다. 이 활동은 아이의 손, 특히 각 손가락에 긍정적인 관심을 주도록 합니다.

관련 연구

아이의 생후 3년간 발달을 연구하는 단체인 Zero to Three는 아이와의 긍정적인 상호작용이 아이의 자존감을 높이는 데 매우 중요하다고 말합니다. 비록 아이가 여러분이 사용하는 모든 말을 다 이해하지는 못할 수도 있지만, 여러분의 표정이 자신을 좋아해 주는 것인지 아닌지는 알고 있습니다.

This Little Piggy Went to Market

이 노래는 아이가 발에 관심을 가지도록 해 줍니다. 이 활동은 아이가 자신의 발가락이 10개라는 것을 잘 인식할 수 있도록 돕습니다.

 준비물

없음

🏀 놀이 방법

1. 아이가 편안한 자세를 하도록 해 주세요.
2. 아이에게 노래를 한 줄씩 불러 주면서, 아이 왼쪽 발의 가장 큰 발가락부터 가장 작은 발가락까지 하나씩 만져 주세요.
3. 새끼발가락까지 다 하면, 다음 지시를 따라 해 보세요.
4. 오른쪽 발에도 전체 과정을 한 번 더 반복합니다.

   This little piggy went to market. (엄지발가락을 만져 주세요)

   This little piggy stayed home. (검지발가락을 만져 주세요)

   This little piggy had roast beef. (중지발가락을 만져 주세요)

   This little piggy had none. (약지발가락을 만져 주세요)

   And this little piggy cried, "Wee! Wee! Wee!" all the way home. (새끼발가락을 만져 주세요. 그다음, 여러분의 손가락으로 아이의 턱까지 온몸을 쓸어 올라가 주세요)

● **우리말 노래 <코끼리와 거미줄>**[6]

한 마리 코끼리가 거미줄에 걸렸네 (엄지발가락을 만져 주세요)

신나게 그네를 탔다네

너무 너무 재미가 좋아좋아 랄랄랄

다른 친구 코끼리를 불렀네

두 마리 코끼리가 거미줄에 걸렸네 (검지발가락을 만져 주세요)

신나게 그네를 탔다네

---

6) 역자 주: 수 세기가 포함된 우리말 노래로 대체할 수 있습니다.

너무 너무 재미가 좋아좋아 랄랄랄
다른 친구 코끼리를 불렀네

세 마리 코끼리가 거미줄에 걸렸네 (중지발가락을 만져 주세요)
신나게 그네를 탔다네
너무 너무 재미가 좋아좋아 랄랄랄
다른 친구 코끼리를 불렀네

네 마리 코끼리가 거미줄에 걸렸네 (약지발가락을 만져 주세요)
신나게 그네를 탔다네
너무 너무 재미가 좋아좋아 랄랄랄
다른 친구 코끼리를 불렀네

다섯 마리 코끼리가 거미줄에 걸렸네 (새끼발가락을 만져 주세요. 그다음, 여러분의 손가락으로 아이의 턱까지 온몸을 쓸어 올라가 주세요)
신나게 그네를 탔다네
너무 많은 코끼리가 올라탔네 랄랄랄
그만 그만 툭하고 끊어졌대요

🍼 발달정보

노래는 아이와 함께하는 시간을 즐겁게 보낼 수 있게 합니다.

🍼 관련 연구

Zero to Three는 아이의 자존감을 높이기 위한 가장 중요한 방법으로 아이에게 중요한 순간에 곁에서 함께 있어 줄 것을 권고합니다. 아동 발달 전문가 Stefanie Powers는 Melissa Balmain의 논문을 인용하며, 아이가 뒤집기를 하거나 '빠이빠이'를 하며 손을 흔드는 것 등을 배울 때, 아이를 충분히 격려해 주고 아낌없이 안아 주라고 말합니다. 아이의 성취에 대해 기뻐하면 할수록, 아이는 부모가 자신을 정말로 소중하게 여긴다는 것을 알게 되고, 자신이 지금 하는 행동이 중요하다는 것을 알게 됩니다.

Hickory Dickory Dock

이 노래는 아이에게 '위' '아래' '한 개'와 같은 기초 개념을 알게 해 줍니다. 이러한 경험적 학습을 통해 부모와 아이 모두 즐거움을 느낄 수 있습니다.

 준비물

없음

놀이 방법

1. 아이를 위아래로 쉽게 움직여 줄 수 있도록 편안한 자세를 잡습니다.
2. 아이에게 다음의 노래를 불러 주면서, 위라는 단어가 나오면 아이를 위로, 아래라는 단어가 나오면 아이를 아래로 움직여 주세요.
   Hickory dickory dock.
   The mouse ran up the clock. (아이를 위로 올리세요)
   The clock struck one.
   The mouse ran down. (아이를 아래로 내리세요)
   Hickory dickory dock.

   ● **우리말 개사**[7]
   히코리디코리덕
   ○○이/가(아이 이름) 위로 (아이를 위로 올리세요)
   시계가 한 번
   ○○이/가 아래로 (아이를 아래로 내리세요)
   히코리디코리덕

3. 이번에는 아이를 무릎에 앉히고 동요를 다시 반복합니다. 아이가 여러분의 행동을 보기 편한 자세로 앉게 하세요.
   히코리디코리덕
   손가락이 위로 (손가락을 꼼지락거리며 손을 아래로 올립니다)
   시계가 한 번 (손가락 하나를 보여 줍니다)
   손가락이 아래로 (손가락을 꼼지락거리며 손을 아래로 올립니다)

---

7) 역자 주: 역자가 한국어로 개사.

히코리디코리덕
4. 노래를 끝까지 다 한 다음, 순서대로 다시 한번 하세요.

🍼 발달정보

아이를 위아래로 움직이며 이러한 개념들을 행복하게 배우고 온몸으로 느끼게 하면, 아이의 자존감과 언어 발달에 직접적인 영향을 줄 수 있습니다.

🍼 관련 연구

어쩌면 여러분은 아이가 웃는 모습을 이미 보았을 수도 있고, 아닐 수도 있습니다. Maureen Connolly의 「Your Baby: 10 Milestones for the First 2 Years」에서는 아이가 생후 3개월경에 사회적 미소를 짓기 시작할 것이라고 말합니다. 사회적 미소는 상호적인 것으로, 다른 사람의 미소에 반응하여 함께 웃는 것을 의미합니다. 이는 뇌의 다양한 부분이 성숙하고 있다는 신호입니다. 단지 여러분의 목소리를 들려주거나 얼굴을 보여 주는 것만으로도 아이를 웃게 만들기에 충분합니다.

Little Boy Blue

이 활동은 노래를 통해 아이에게 '아래에' '잔다'와 같은 자기 신체 인식 개념을 소개합니다. 또한 즐겁게 잠자리에 드는 과정을 다룹니다.

 준비물

작은 이불(담요)

🏀 **놀이 방법**

1. 아이와 눈을 맞출 수 있는 편안한 자세를 취하세요.
2. 아이에게 다음의 노래를 불러 주고 **'아래에'**라는 단어가 나오면 아이에게 이불을 덮어 주며 '아래' 개념을 알려 줍니다.
3. 취침시간이나 낮잠시간이 되면 아이에게 이불을 덮어 주면서 여러분의 두 손을 아이의 뺨에 대며 **'잔다'**라는 단어를 강조해 줍니다.

   Little boy blue.

   Come blow your horn.

   The sheep's in the meadow.

   The cow's in the corn.

   But where is the boy who looks after the sheep?

   He's under. (아이에게 이불을 덮어 주며 안아 주세요)

   The haystack fast asleep. (볼 옆에 손을 대고 자는 척합니다)

   ● **우리말 노래 <잘자라 우리 아가>**[8]

   잘자라 우리아가 앞뜰과 뒷동산에

   새들도 아가양도 다들 자는데

   달님은 영창으로 은구슬 금구슬을

   보내는 이한밤 잘자라 우리아가

   잘자라 우리아가 앞뜰과 뒷동산에

   새들도 아가양도 다들 자는데

   달님은 영창으로 은구슬 금구슬을

   보내는 이한밤 잘자라 우리아가

---

8) 역자 주: 우리말 자장가로 대체할 수 있습니다.

👶 발달정보

'**아래에**'와 '**잔다**'라는 단어는 자기 신체 인식과 관련된 개념입니다. 이 노래는 아이들을 즐겁게 만들어 줍니다. 아이에게 이불을 덮어 주며 잠자리에 드는 것에 집중하게 하는 이 노래는 아이가 취침시간이나 낮잠시간을 즐길 수 있도록 해 줍니다.

👶 관련 연구

자존감은 여러 단계에서 나타납니다. 그런데 신생아는 아직 자존감을 가지고 있지 않습니다. 이는 신생아들이 아직 자신의 부모로부터 분리되어 있다고 느끼지 않기 때문입니다. 아이와 부드럽게 교감을 나누고, 아이가 울 때 반응해 주며, 많이 안아 주고 미소를 지어 주면서 자존감을 위한 토대를 마련해 주세요. 『Psychology Today』에 실린 「Simple Ways to Build Your Baby's Self-Esteem」에서 육아 전문가 Meri Wallace는 부모가 아이의 자존감을 높이기 위해 다음과 같은 행동을 수행해야 한다고 말합니다.

- 아이에게 가능한 한 많이 웃어 주십시오.
- 아이와 함께 시간을 보내십시오.
- 아이 자체에 대해, 또 아이가 성취를 보일 때 반복해서 칭찬해 주십시오.
- 대화할 때 단어를 신중하게 선택하십시오. 아이에게 항상 긍정적인 방식으로 말하려고 노력하십시오.

제2장 | 3~6개월

생후 첫 3개월 동안 여러분이 관찰했던 아이의 반응들은 이제 점점 더 세련되게 변화하기 시작합니다. 아이에게 책을 읽어 주고, 노래를 불러 주며, 말을 걸어 주면, 여러분은 아이가 '이해'의 초기 반응을 보인다는 것을 알게 될 것입니다. 만약 무언가가 바닥에 떨어지면, 아이는 그것을 알아차릴 것입니다. 이때 '시끄러운' '부드러운' '큰' '작은' '가까운' '먼' 등 여러 가지 다양한 개념에 대해 인식하게 되면서 자신의 세계를 채워 나갈 것입니다. 아이는 이제 자신의 집에 익숙해지기 시작합니다. 더 이상 여러분이 보여 주는 것에만 만족하지 않고, 스스로 새로운 정보를 찾아다니면서 탐험을 시작할 것입니다.

아이는 손에 잡히는 대로 만지기 시작하고, 잡히는 것 대부분을 입에 넣을 것입니다. 이것이 무엇을 의미하는지 잘 알고 있을 것입니다. 이제 여러분은 아이 주변의 사물에 대해 매우 주의하고, 그것이 깨끗한지, 삼킬 수 있을 만큼 작지는 않은지 확인해야 합니다. 아이가 여러분이 하는 것을 모방하기 시작하고, 똑같은 소리를 내기 시작할 때 미소를 지어 주세요. 또 여러분은 아이가 손을 뻗어 어떤 물체를 잡는 모습을 자주 보게 될 것입니다. 아이가 자신의 눈앞에서 사람과 사물이 움직이는 것을 관찰하는 모습도 자주 보게 될 것입니다. 이러한 아이의 모습을 지켜보는 것은 매우 즐겁습니다.

다양한 활동을 통한 기술 발달

이전처럼 아이와 여러 가지 활동을 계속 이어 가십시오. 책에 제시된 순서대로 해도 좋고, 더 해 보고 싶은 영역을 선택해도 좋습니다. 다음의 발달이정표를 참고하는 것도 좋은 방법입니다.

3~6개월 발달이정표

- 자신의 손가락과 손을 쳐다보기
- 사물을 입에 넣어 탐색하기
- 사물보다 사람에게 더 관심을 가지기
- 보이지 않는 곳에서 나는 소리에 반응하기
- 손을 뻗어 사물 잡기
- 사물을 사용하여 소리를 내기
- 부분적으로 숨겨진 사물을 찾아내기
- 사물이 다시 나타나는 것을 예상하기
- 두 개의 사물을 동시에 쥐기
- 떨어지는 사물을 눈으로 따라가기
- 말소리를 흉내 내기
- 눈으로 보고, 손을 뻗으며, 잡기(동시에)
- 도움받아서 앉기
- 누워 있다가 뒤집어서 엎드리기
- 기쁨을 표현하기
- 사회적 상호작용을 모방하기
- 몸짓을 사용하여 좋고 싫음 표현하기
- 다른 사람의 말소리 변화에 목소리를 내면서 반응하기

- 다른 사람의 표정에 목소리를 내면서 반응하기
- 친숙한 사물을 명칭으로 인식하기
- 사람을 이름으로 인식하기
- 자음과 모음 소리를 내며 옹알이하기
- 소리를 흉내 내기
- 장난감이나 거울에 비친 모습을 보고 말소리 내기

인지 인지능력 확장: 일상 놀이

 놀람(Surprise)

우리는 시각, 청각, 미각, 촉각, 후각의 오감을 활용하여 새로운 것을 배웁니다. 아이는 대부분의 시간 동안 여러분을 바라보거나 여러분 주변의 물체를 바라보고 있습니다. 만약 여러분이나 물체가 아이의 시야에서 벗어나 움직이면 더 이상 보이지 않을 때까지 그 대상을 따라가며 바라볼 것입니다.

준비물

- 작은 종이컵, 플라스틱 숟가락, 작은 상자, 딸랑이, 작은 공과 같은 안전하면서 아이의 관심을 끄는 사물
- 손수건

🌏 놀이 방법

1. 아이의 관심을 끌 만한 사물을 준비합니다. 이때 준비한 사물이 아이가 삼키지 못할 만큼 충분히 큰 것인지 주의 깊게 확인하세요.
2. 각 사물 위에 손수건을 덮으면서, "공은 어디 있을까?"와 같이 말하세요.
3. 손수건을 치우면서 말하세요. "여기 있네!"

발달정보

'놀람'은 좋은 놀이에서 나타나는 네 가지 기본 요소 중 하나입니다. 나이와 상관없이 놀람은 재미를 느끼게 합니다. 이때 시력을 사용해 집중하게 되는데, 여기서 발전된 형태인 까꿍놀이는 더 큰 재미를 선사할 것입니다.

😀 **관련 연구**

　lnfantSEE®는 미국검안협회(American Optometric Association: AOA) 재단의 공중
보건 프로그램입니다. lnfantSEE®는 가족의 수입이나 의료보험 보장 범위에 상관
없이, 모든 아이의 건강을 위해 눈과 시력 관리가 필수적이도록 했습니다. 협회의
웹사이트에 따르면, 아이의 눈과 시력의 문제는 발달지체를 유발할 수 있으며, 성
장하고 배우는 데 필요한 시각적 능력을 발달시킬 기회를 얻도록 하기 위해서는
어떤 문제라도 조기에 발견하는 것이 중요하다고 합니다.

3
~
6
개
월

인
지

거울 놀이 1

이 놀이의 핵심은 '창의성'입니다. 아이와 함께 거울을 보고 놀이할 때마다 여러분은 새로운 행동이나 말을 생각할 수 있을 것입니다.

👶 준비물
벽거울 또는 손거울

🎾 놀이 방법

1. 거울 앞으로 아이를 데리고 가서, 두 사람 모두 편안한 자세가 되도록 하세요.
2. 아이에게 질문을 하세요. "저 사람이 누굴까?" "저건 뭘까?"
3. 아이가 보다 많은 말을 하고 소리를 낼 수 있도록 행동을 취해 보세요. 예를 들어, 머리를 끄덕일 수도 있고, 왁자지껄한 소리를 낼 수도 있고, 발을 구르고, 손뼉을 치거나 우습거나 재미있는 행동을 할 수도 있습니다. 여러분과 아이는 함께 놀면서 새롭고 멋진 아이디어를 나눌 수 있을 것입니다.

👶 발달정보

거울은 엄청난 재미를 선사합니다. 거울은 계속해서 움직이면서 상호작용하는 표정과 언어 경험을 비춰 보여 줍니다. 두 사람 모두 같은 장면을 보거나 똑같이 반응하는 경우는 없을 것이므로, 두 사람이 만들어 낼 수 있는 행동과 소리는 무궁무진합니다.

👶 관련 연구

Penelope Leach는 저서 『Your Baby & Child: From Birth to Age Five』에서 놀이는 아이들에게 '단순한 재미' 이상의 것이라고 말합니다. 또한 놀이는 아이들이 스스로 할 수 있는 것을 배울 수 있는 시간입니다. 아이들은 무언가를 하고, 주변에 무엇이 있는지 알아내고, 주변을 탐험하는 연습을 할 것입니다. Penelope Leach는 놀이를 특별한 것으로 생각할 수도 있지만, 아이는 일상적이고 즐거운 모든 일에서 놀이의 가치를 얻을 수 있다고 설명합니다.

보고! 만지고! 맛보기!

신생아들은 주로 입으로 물건을 탐색하기 때문에 놀이에 사용하는 준비물들은 청결해야 합니다. 아이가 탐색할 물건이 날카로운 모서리가 있는지, 삼킬 수 있을 만큼 작지는 않은지 확인하십시오. 이러한 준비가 되면 행복한 놀이를 할 수 있습니다.

준비물

탐색할 사물[예: 매끄러운 나무로 된 빨래집게(스프링이 없는 것), 밝은색의 머리끈, 딸랑이, 플라스틱 숟가락, 작은 플라스틱 컵, 두꺼운 리본(20~50cm) 등]

놀이 방법

1. 탐색할 흥미로운 사물들을 아이 앞에 둡니다. 주의사항: 사물을 탐색하는 동안 아이를 혼자 두지 말고 지켜보아야 합니다.
2. 아이가 사물을 집어 들고 놀기 시작하면, 반드시 사물의 이름을 말하고 설명해 주세요.
3. 색깔, 질감, 사용법이나 기타 생각나는 사물의 특징을 아이에게 말해 주세요.
4. 각 사물의 이름을 말해 주고 설명하는 것은 소리 감각과 언어 발달을 통합시킴으로써, 아이의 입을 사용하는 경험을 풍부하게 해 줄 수 있습니다.

발달정보

오감은 배움의 길이며, 한 번에 사용하는 감각이 많을수록 그 놀이 경험은 더욱 가치가 있어집니다. 아이가 이 간단한 탐색활동을 할 때, 여러분은 풍부한 언어를 사용함으로써 놀이를 향상시켜 줄 수 있습니다.

관련 연구

미국소아과학회(The American Academy of Pediatrics)에 따르면, 6개월쯤부터 아이의 이가 나기 시작합니다. 보통 위쪽이나 아래쪽의 앞니 두 개가 먼저 나고, 뒤이어 반대쪽 앞니가 납니다. 이가 나는 시기는 매우 다양하지만, 보통 다음으로 첫 번째 어금니가 나고, 송곳니가 납니다. 아이가 이 시기가 지나도록 이가 나지 않아도 괜찮습니다. 이가 나는 시기는 유전적 요인에 따라 다를 수 있으므로 이가 늦게 난다고 해서 문제가 있는 것은 아닙니다. 이가 새로 나면서 느끼는 불편감 때문에 장난감과 사물을 입으로 가져가는 행동을 합니다.

잡아당기기

이제 아이는 눈에 보이는 물건에 다가가서 그것을 쥐고 떨어뜨리기 시작할 것입니다. 부모가 이런 것들을 제지하고 싶을 수 있지만, 이 시기는 이런 것들을 즐기게 하고 격려할 때입니다.

준비물

• 40~50cm 길이의 줄, 리본, 실
• 줄에 달 수 있는 사물(예: 종이나 컵, 플라스틱 숟가락, 아기용 큰 구슬, 작은 동물 인형 같은 안전하고 아이가 좋아하는 장난감)

놀이 방법

1. 줄이나 리본, 또는 두꺼운 실을 선택한 사물에 묶으세요.
2. 리본과 사물을 여러분과 아이 앞에 있는 테이블 위에 놓으세요. 리본을 잡고 아이가 보이지 않는 쪽으로 사물을 떨어뜨리세요.
3. 아이와 함께 사물을 끌어당깁니다. 주의사항: 이 놀이를 하는 동안 아이를 혼자 두지 마세요. 아이는 묶인 사물을 되찾아오는 활동을 함께 하는 것을 즐거워할 것입니다.

발달정보

손을 뻗고, 사물을 쥐고, 떨어뜨리는 것은 자연스러운 발달 현상입니다. 여기에 '놀람'을 더함으로써, 이상적인 놀이를 위한 훌륭한 기회를 가질 수 있습니다.

관련 연구

이제 눈-손의 협응이 발달하고 있고, 아이는 스스로 잡고 싶은 것들을 생각하기 시작합니다. Psychology.jrank.org에 기술된 바와 같이, '3개월까지' 대부분의 아이가 중요한 눈-손 협응을 시작하고, 시야 안에 자신의 손을 의도적으로 가져올 수 있습니다. 또한 이 단계의 아이들은 그들의 관점에서 거리를 예상하고 손을 움직이는 반복적인 활동을 하며 사물을 쥐고 흔듭니다.

재미있는 손가락

이 놀이에서는 사용하던 장갑을 사용하십시오. 놀이가 끝나면, 다음 번 놀이를 위해 장갑을 세탁하십시오.

준비물

- 사용하던 장갑
- 레몬, 라임 주스 또는 식초와 같이 독성이 없는 향

놀이 방법

1. 여러분의 한쪽 손에 장갑을 끼우세요.
2. 손가락마다 다른 향을 뿌리거나 액체에 손가락을 담그세요. 주의사항: 독성 화학 물질이 없는지, 아이가 냄새 맡기에 안전한지 확인하세요.
3. 아이의 얼굴로부터 안전한 거리에서, 한 번에 한 손가락을 부드럽게 흔들어 아이가 각각의 향기를 맡을 수 있도록 하세요.
4. 모든 향기를 맡은 후, 아이가 어떤 냄새를 더 맡으려고 하는지 보세요.

발달정보

어린아이들에게 자연의 냄새를 맡게 하는 것은 어렵기 때문에, 이 쉬운 활동을 통해 아이에게 그러한 경험에 노출되게 할 수 있습니다. 화학약품 냄새가 나는 많은 장난감이 있지만, 이것들은 아이에게 안전하지 않고 권장되지 않습니다.

관련 연구

Penelope Leach에 따르면, 아기가 자궁에서 나오는 순간, 자극이 모든 감각에 쏟아지고, 그 순간부터 감각을 통한 학습이 계속된다고 합니다. Penelope Leach 는 신생아들도 성인과 비슷하게 나쁜 냄새나 좋은 냄새에 반응하며, 싫어하는 냄새는 거부하고 좋아하는 냄새는 맡으려 한다고 설명합니다. 심지어 그녀는 어떤 면에서는 신생아가 냄새를 구별하는 능력이 성인보다 훨씬 뛰어나다고 말하고 있습니다.

운동 운동 기술 연습: 동작

당겨서 앉기

이것은 당겨서 앉는 활동입니다. 최종적으로는 당겨서 서는 자세까지 될 것입니다.

준비물

없음

놀이 방법

1. 부드러운 카펫이나 침대에 아이를 눕히세요.
2. 아이가 여러분의 두 손을 잡으면, 천천히 앉은 자세로 당겨 올리세요. 아이를 부드럽게 다시 눕히고 다시 반복하세요.
3. 두 사람이 즐길 수 있는 만큼, 이 활동을 사랑스럽게 반복하세요.

발달정보

아이들은 운동을 하거나 움직이는 기회가 제한적인 경우가 많습니다. 재미있는 이 상체 일으키기 활동은 체력을 길러 주고 전반적인 근육 발달에 효과적입니다.

관련 연구

Penelope Leach는 『Your Baby & Child: From Birth to Age Five』라는 책에서, 여러분이 아이에게 두 손을 내밀었을 때 아이는 당겨 주는 것을 좋아할 것이라고 설명합니다. 허리 힘이 핵심인데, 아이의 허리 힘이 강해질수록 여러분은 약하게 당겨 주어도 될 것입니다. 아이가 더 독립적인 움직임을 즐길수록 여러분의 노력이 덜 필요해지는 것은 흥미로운 일일 것입니다.

함께하는 터미 타임

오늘날 많은 부모는 아기가 바닥에 배를 대고 엎드려 있는 시간을 갖는 것이 왜 중요한지 잘 알고 있습니다. 아이는 이 시간을 별로 즐기지 않지만, 여기에 좀 더 재미있게 하는 방법이 있습니다.

준비물
담요

놀이 방법

1. 담요나 부드러운 바닥에 둘이 마주 보고 엎드려 주세요.
2. 손끝을 서로 가까이하지만 닿지 않도록 하세요.
3. 서로 손을 만지려고 기지개를 켜면서, 아이가 여러분의 손을 향해 손을 뻗도록 격려해 주세요. 손을 뻗어 닿으면 서로 웃게 될 것입니다.

발달정보

터미 타임(tummy time: 배를 바닥에 대고 엎드려 있는 시간)은 유아 놀이 분야에서 비교적 새로운 용어로, 영아의 운동 발달에 매우 중요합니다. 터미 타임은 아이가 배를 대고 엎드리게 하고, 이 자세로 가능한 한 많이 움직이도록 하는 것을 의미합니다. 아이가 이 자세에서 근육을 많이 사용할수록, 그 근육들은 더 튼튼해질 것입니다.

관련 연구

미국소아과학회에 따르면, 유아는 머리부터 아래 방향으로 운동기능을 발달시켜 나갑니다. 일반적인 발달이정표에서 다소 뒤처진 발달을 보이는 아이들도 점차 일반적인 발달이정표의 단계를 따라잡습니다. 미국소아과학회는 부모와 양육자들을 위한 발달 단계 점검표를 개발하여 아이들이 전형적인 발달을 보이는지 확인할 수 있게 하였습니다.

발차기

아이가 누워 있을 때 발차기하는 것을 볼 수 있습니다. 비치볼을 사용하여 이러한 움직임을 더욱 자극할 수 있습니다.

준비물

30cm 비치볼

놀이 방법

1. 아이를 침대나 다른 부드럽고 안전한 곳에 눕힙니다.
2. 아이의 머리 위로 공을 잡고 발차기를 지켜봅니다.
3. 공을 아이의 발 쪽으로 부드럽게 이동하면서 아이가 균형을 잡도록 해 줍니다.

발달정보

모든 종류의 운동이 발달에 중요하며, 발차기와 균형 잡기는 즐거움을 가져다줍니다. 비치볼의 다양한 색상, 크기, 질감은 발차기에 흥미를 주며, 균형감각을 키우는 데에 좋습니다.

관련 연구

Burton White의 『The New First Three Years of Life』에 따르면, 3개월에서 6개월 사이는 아이가 발과 함께 놀기 시작하는 시기라고 합니다. 이 시기에는 활발하게 팔다리 운동을 시작하는 것을 볼 수 있습니다. 다른 운동과 마찬가지로, 아이는 이러한 동작을 연습하는 것을 즐길 것입니다. 즐거운 발차기 놀이는 아이가 순수한 기쁨을 느낄 수 있게 해 주고, 여러분 또한 기쁘게 해 줄 것입니다.

자전거 타기 동작

아이의 발을 자전거를 타는 것처럼 움직여 주면, 아이는 매우 즐거워합니다. 두 발을 번갈아 굴리는 패턴의 운동은 여러분의 아이가 기어다니고, 걷고, 나중에는 뛸 수 있도록 도와줍니다.

 준비물

없음

🎾 놀이 방법

1. 부드럽고 안전한 곳에 아이를 살며시 눕힙니다.
2. 아이의 무릎 바로 밑에서 종아리를 잡습니다.
3. 자전거를 타는 동작으로 아이의 다리를 자전거 노래에 맞추어 부드럽게 움직입니다.

Daisy, Daisy, give me your answer, do.
I'm half crazy all for the love of you.
It won't be a stylish marriage.
I can't afford a carriage.
But you'll look sweet upon the seat.
Of a bicycle built for two.

● **우리말 노래 <자전거>**[1]
따르릉 따르릉 비켜나세요
자전거가 나갑니다. 따르르르릉
저기 가는 저 사람 조심하세요
어물어물하다가는 큰일 납니다

발달정보

부모들은 종종 아이가 부모의 개입 없이도 저절로 스스로 기어다니고 걸어 다닐 것으로 생각합니다. 그러나 발달의 각 단계는 준비하기에 달려 있습니다. 기어 다

---

1) 역자 주: 우리말 노래 <자전거>와 같은 노래로 대체할 수 있습니다.

니는 것은 아이가 뒤집기를 하고 앉기를 한 후에 시작하기 때문에, 지금 자전거 다리 운동을 통해 준비하는 것은 매우 도움이 됩니다.

관련 연구

"인간은 자유롭게 움직이려고 하는데, 이 선천적인 본능은 태어날 때부터 뚜렷하게 나타난다. 따라서 발달 초기부터 이러한 환경을 제공해 주는 것이 운동 발달 촉진에 중요하다."라고 제 책『Constructive Parenting』에서 밝혔습니다. 처음에는 이것이 어려운 과제처럼 보일지 모르지만, 대부분의 비장애 유아동의 양육 기회들이 내재적으로 이러한 상황을 제공한다는 것이 밝혀졌습니다. 아이와 함께 움직이고, 만지고, 안아 주는 것과 관련된 대부분의 접촉이 이와 관련이 있습니다. 발달에서의 새로운 성취는 다음 목표를 위한 토대를 마련하며, 이런 움직임들은 특히 몸의 근육을 강화하는 데 좋습니다. 일반적인 모든 운동 활동은 뇌 성장과 신경계의 조직화에 직접적으로 도움을 줍니다.

'기기'가 등과 다리의 힘 모두에 연관되는 중요한 발달이정표인 만큼, 부모들이 다리 움직임에 집중하는 것은 자연스러운 일입니다.

요술담요

움직임은 또 다른 움직임을 만듭니다. 담요 위에서 아이를 움직이게 하면, 아이의 움직임이 더 활발해집니다.

준비물
담요

놀이 방법

1. 아이를 작은 담요 위에 올려놓으세요.
2. 아이를 담요에 태우고 이쪽저쪽으로 담요를 천천히 움직이세요.
3. 담요를 움직일 때 아이와 눈을 맞추고, 아이가 몸을 움직이도록 격려하세요.

발달정보

영유아 시절을 통틀어, 아이들은 움직일 때 가장 행복해합니다. 또한 운동은 뇌의 성장과 학습에 필수적입니다.

관련 연구

Janet Gonzalez-Mena는 「What To Do for a Fussy Baby: A Problem-Solving Approach」에서 운동은 인생의 시작에서부터 매우 중요하다고 말합니다. 특히 까다로운 아이인 경우, 팔다리 움직임을 도와주는 것은 아이가 독립심을 느끼고 진정되도록 돕는 역할을 합니다. 신생아에게 움직임은 단순히 운동과 동작 발달에만 관련되는 것이 아니라, 사회·정서 및 인지 발달에서의 학습을 의미합니다.

사회·정서 사회 · 정서 성장 촉진: 사랑의 의사소통

 질감과 소리

다양한 생활용품이 놀잇감이 될 수 있습니다. 작은 비닐 주머니는 질감과 소리를 배우는 데 매우 효과적으로 사용될 수 있습니다.

준비물

- 간식을 넣을 수 있는 크기의 비닐 주머니
- 소금, 설탕, 쌀, 마른 콩, 옥수수가루, 빵가루, 귀리, 또는 건식 시리얼과 같은 무독성 재료
- 포장 테이프

놀이 방법

1. 비닐 주머니에 각각 다른 재료를 넣어 몇 개씩 채우세요.
2. 재료를 채운 주머니를 다른 주머니에 넣으세요.
3. 비닐 주머니는 테이프로 단단히 봉합니다. 주의사항: 절대 아이를 비닐 주머니와 함께 방치하지 마세요.
4. 서로 다른 비닐 주머니를 만져보며 질감과 소리를 느끼고 함께 즐거운 시간을 보내세요.

발달정보

사람은 서로 상호작용하는 사회적 존재입니다. 여러분이 아이의 사회성 발달에 함께하는 한, 이 작은 주머니는 질감과 소리를 통해 아이가 다양한 방법으로 자신을 표현할 수 있는 기회를 제공해 줄 것입니다.

관련 연구

『Raising a Talker』의 저자인 Renate Zangl은 생후 3개월 된 아이들이 사물을 만

지거나 입에 대는 것을 좋아한다고 말했습니다. 그녀는 아이가 사물을 탐색하는 동안 그 사물의 이름을 말해 주라고 권합니다. 이 방법은 아이가 단어에 대한 기억력을 키우는 데 도움이 될 것입니다.

소리 따라 하기

모방하기를 배우는 것은 사회성 발달에 중요한 역할을 하며, 같은 소리로 따라 하는 것은 모방하기 기술을 향상시키는 훌륭한 방법입니다. 아이가 소리를 내면 아이의 소리를 흉내 내 보십시오.

준비물

없음

놀이 방법

1. 침대나 의자와 같이 편안하고 좋아하는 장소에 아이와 함께 앉으세요. 여러분의 무릎에 아이를 올려놓을 수도 있습니다. 중요한 것은 아이와 눈을 맞추는 자세를 취하는 것입니다.
2. 아이가 소리를 내면, 다시 아이에게 그 소리를 흉내 내 주세요.
3. 주르륵, 쿠쿠, 웅얼웅얼과 같은 소리를 내고 아이의 반응을 기다리세요. 손뼉을 쳐서 아이의 반응을 기다릴 수도 있습니다. 자연스럽게 아이의 모든 말을 따라 하면서 반복하세요.

발달정보

모방은 발달의 중요한 단계로서, 사회의 무대로 나갔을 때 큰 역할을 합니다. 여러분이 아이를 따라 하는 것부터 시작하면, 아이는 여러분에게 반응하는 법을 배울 것입니다.

관련 연구

『Caring for Your Baby and Young Child: Birth to Age 5』라는 책에 따르면, 생후 3개월에서 6개월 동안은 옹알이하는 시기라고 합니다. 아이가 내는 소리는 마치 횡설수설하는 것처럼 들리기도 하지만, 자세히 들어 보면 목소리의 높낮이가 마치 주장을 하거나 질문을 하는 것처럼 들릴 것입니다. 여러분은 아이에게 말을 많이 해 줌으로써 이런 종류의 의사소통을 장려할 수 있습니다. 아이가 알아들을 수 있는 음절을 말할 때, 그 음절을 아이에게 다시 말한 후에 그 소리가 포함된 간단한 몇 마디를 말하십시오. 예를 들면, 아이가 '바' 소리를 낼 때 "바, 바, 바나나, 방울, 밥"이라고 말할 수 있습니다.

위로, 위로, 주변으로

여러분은 침대에 눕거나, 의자에 앉거나, 서서 이 놀이를 할 수 있습니다.

준비물

없음

놀이 방법

1. 아이와 눈맞춤을 하면서 위로, 아래로, 둥그렇게 등 여러 방향으로 부드럽게 움직입니다. 아이를 여러분의 무릎에 올리고 부드럽게 움직일 수도 있습니다.
2. 주의사항: 항상 아이를 붙잡고 있어야 합니다. 아이가 몇 초라도 여러분과 분리되는 것은 안전하지 않습니다.
3. 아이와 교감하면서 자연스럽게 행동합니다. 아이가 활동을 즐길 수 있는 만큼 놀이를 반복하세요.

발달정보

이 활동은 움직임에 초점이 맞추어져 있는 것 같지만, 실제로 아이와의 눈맞춤이 사회성 발달의 핵심입니다. 여러분이 아이를 움직여 줄 때 두 사람은 신체적으로나 정신적으로 서로 연결되어 있고, 이는 여러분과 아이의 관계가 발전되도록 촉진합니다.

관련 연구

신생아와 4개월 된 아동을 대상으로 하여 2002년에 미국국립과학원(The National Academy of Sciences)에서 발표한 「Eye Contact Detection in Humans From Birth」 연구 결과에 따르면, 눈을 마주치는 것은 인간 사이의 의사소통 관계를 확립하는 가장 강력한 방법이며, 생후 1년 동안 아이들은 다른 사람들이 보이는 행동이 중요한 정보를 전달한다는 것을 빠르게 배운다고 말합니다. 또 아이들은 태어날 때부터 직접적인 눈맞춤을 통해 얼굴을 보는 것을 선호한다고 밝혔습니다. 이 두 연구에서는 서로 눈을 맞추는 것이 사회적 기술의 후천적 발달을 위한 주요한 기반이 된다고 하였습니다.

주고받기

여러분의 아이는 쥐었다 놓는 것을 배우고 있습니다. 이 시기는 물건을 서로 주고받는 것을 배우기에 좋은 시기입니다.

준비물

빈 소금통과 후추통, 작은 장식용 비누, 플라스틱 숟가락, 작은 종이 또는 플라스틱 컵, 플라스틱 장난감 자동차, 작은 인형, 방울, 어린이 블록, 기타 작은 장난감 또는 가정용품과 같이 취급할 수 있는 안전한 사물

놀이 방법

1. 아이가 관찰하고 만질 수 있도록 안전하고 다루기 쉬우며 흥미로운 사물을 여러 개 놓아두세요. 주의사항: 아이가 물건을 삼키지 않도록 주의하세요.
2. 아이에게 사물 중 하나를 주세요.
3. 손을 내밀어 다시 돌려 달라고 하세요.
4. 다른 사물들로 계속 놀이하세요.
5. 아이가 사물을 건네주는 행동을 주도할 수 있는지 확인하세요.

발달정보

이 장의 다른 활동과 마찬가지로, 이 놀이는 오고 가는 대인관계의 소통에 초점을 맞추고 있습니다. 대부분 장난감은 특정 놀이를 위해 고안되었지만, 가정용품을 활용하거나 이것들을 조합하여 재미있게 상호작용을 촉진할 수 있습니다.

관련 연구

미국소아과학회의 『Caring for Your Baby and Young Child: Birth to Age 5』에 따르면, 이 시기는 아이가 극적인 성격 변화를 보일 수 있는 시기라고 합니다. 주로 먹고 자며 애정이 가득했던 시간을 뒤로하고 여러분의 아이는 이제 외부 세계에 더욱 신경을 쓰게 될 것입니다. 가장 매력적인 장난감이라 하더라도 아이는 금

방 싫증을 낼지도 모릅니다. 하지만 여러분이 아이에게 헌신적인 관심을 가진다면, 여러분이 찾은 것에 싫증을 내지 않고 탐색을 할 것입니다. 보통 장난감이 없거나 흥미를 잃었을 때, 플라스틱이나 나무 숟가락, 깨지지 않는 컵과 항아리, 또는 그릇 뚜껑과 상자 등을 활용하면 아이에게 많은 즐거움을 줄 수 있고, 이것들은 비교적 저렴하게 구할 수 있습니다.

당신을 알아 가요

아이가 가장 좋아하는 것은 여러분의 품에서 행복하게 앉아 있는 것입니다. 이 것을 활용하세요.

준비물

없음

놀이 방법

1. 아이를 여러분의 무릎 위에 올립니다.
2. 아이가 여러분의 몸과 얼굴을 탐색하는 것을 지켜봅니다.
3. 아이가 여러분에게 손을 내밀 때마다 아이가 만지는 부분의 이름을 말해 줍니다. 아이가 조심히 만지도록 주의시키세요.
4. 아이의 손을 이용하여 아이의 몸과 얼굴의 해당 부위를 가리킵니다.

발달정보

이 자연스러운 학습의 단계에서, 여러분은 계속 친밀감을 쌓을 것입니다. 아이는 여러분을 알아 가는 것을 좋아할 것이고, 여러분은 아이가 자신의 특징에 대해 배우는 것을 즐기게 될 것입니다.

관련 연구

Alice Honig의 「Keys to Quality Infant/Toddler Care: Nurturing Baby's Life Journey」에는 이러한 부모 탐색의 필요성과 적절성에 대한 정보가 담겨 있습니다. 그녀는 일부 아이들이 이 과정에서 거칠게 반응하고 때로는 부모에게 상처를 입히기도 하는 것은 지극히 정상적인 것이라고 설명합니다. 그러므로 부모는 아이의 반응에 준비되어 있어야 하고, 무엇을 해야 하는지 알아야 한다고 말합니다. 만약 여러분의 아이가 목을 조르고, 팔을 핥고, 머리나 안경을 잡아당기는 등의 행동을 보이면, 즉시 부드럽게 멈추도록 하십시오. 부모가 할 일은 적절한 애정 표현으로 침착하게 설명하고 보여 줌으로써 온순함을 가르치는 것입니다. 여기에 포옹, 뽀뽀, 애정 표현을 더 한다면 아이에게 안정감을 줄 수 있습니다.

언어 언어 학습 촉진: 단어, 노래, 운율, 소리

이름 붙이기

아이가 일상적인 사물을 탐색하는 동안, 그 사물의 이름을 말하고 그 사물의 특징에 대해 이야기해 주십시오. 아이를 위해 더 많은 단어를 말해 줄수록 아이의 언어 발달도 향상됩니다.

준비물

없음

놀이 방법

1. 아이와 함께 집안을 둘러보세요.
2. 그림, 꽃, 양초, 토스터 또는 토스트 오븐, 커피 메이커, 냉장고, 문, 옷장, 화장대 등과 같은 흥미로운 물건을 가리키세요.
3. 아이의 주의를 끄는 것들을 포함하세요. 어떤 물건에 특별한 관심이 있는 것 같으면, 그것을 아이에게 설명해 주세요.

발달정보

풍부한 언어 환경은 아이의 발달에 가장 중요합니다. 기초적인 말하기와 결합한 수준 높은 단어의 조합은 아이의 언어 성장과 학습에 필요한 것입니다.

관련 연구

미국소아과학회의 『Caring for Your Baby and Young Child: Birth to Age 5』에 따르면, 아이는 세 단계를 거쳐 언어를 배우게 됩니다. 태어날 때부터 아이들은 사람들이 내는 소리를 듣습니다. 이 시기에 아이들은 소리의 높낮이와 어조를 통해 의미를 이해합니다. 생후 3~6개월이 되면, 아이들은 사람들이 말하는 방식뿐만 아니라 개별 소리를 알아차리기 시작합니다. 그다음 아이들은 모음과 자음을 구별하고 음절과 단어, 문장으로 결합하는 방식을 알아차리기 시작합니다.

노래 시간

노래 부르기는 아이와 자연스럽게 상호작용하는 좋은 방법입니다. 노래를 잘하는 것은 중요하지 않습니다. 좋아하는 노래를 부르고 사랑스럽게 노래하는 것이 중요합니다.

준비물

없음

놀이 방법

1. 여러분이 가장 좋아하는 동요를 골라 아이에게 불러 주세요.
2. 원하는 경우 2개 이상을 골라도 좋습니다.
3. 언제, 어디서나, 하고 싶은 만큼 노래하세요.

발달정보

간단한 노래에 연결된 리듬과 운율은 학습력을 향상시킵니다. 아이에게 말해주는 모든 단어가 좋은 영향을 줄 수 있지만, 노래의 재미있는 부분은 더 쉽게 기억될 수 있습니다.

관련 연구

『Psychology Today』에 실린 Kimberly Sena Moore 박사의 「Does Singing to Your Baby Really Work?」에 따르면, 아이에게 노래를 들려주는 것은 아이의 기분을 좋게 하고 정서적인 유대감을 강화시킬 수 있다고 합니다. 아이는 부모가 노래를 얼마나 잘 부르는지에는 관심이 없다는 것을 아는 것이 중요합니다. Moore 박사는 아이가 어떤 소리든 상관없이 노래를 통해 듣는 여러분의 목소리를 좋아하고 서로 이어져 있음을 느낀다고 말합니다.

재미있는 운율놀이

운율놀이는 아이와 상호작용하는 훌륭한 방법입니다. 모든 문화에는 즐겨 찾는 운율이 있습니다. 여러분이 알고 있는 좋은 운율을 불러 주거나 직접 만들어서 불러 보십시오. 노래와 마찬가지로 여러분이 좋아하는 운율을 선택하면 아이의 언어 발달에 도움이 될 것입니다.

🍼 준비물
없음

🎱 놀이 방법

1. '요기여기' '얼룩 송아지' '나비야' 등 좋아하는 운율 중 하나를 선택하여 아이에게 불러 주세요.

   요기여기
   눈은 어디 있나 요기
   코는 어디 있나 요기
   귀는 어디 있나 요기
   입은 어디 있을까 요기

   얼룩 송아지
   송아지 송아지
   얼룩 송아지
   엄마 소도 얼룩 소
   엄마 닮았네

   송아지 송아지
   얼룩 송아지
   엄마귀도 얼룩 귀
   귀가 닮았네

나비야

나비야 나비야

이리 날아 오너라

노랑나비 흰 나비

춤을 추며 오너라

봄 바람에 꽃 잎도

방긋 방긋 웃으며

참새도 짹짹짹

노래하며 춤춘다

2. 여러 개를 선택해도 좋습니다.

3. 언제, 어디서나, 하고 싶을 때마다 들려주세요. 반복은 아이의 발달에 정말 좋습니다.

4. 더 많은 운율을 배우려면 도서관, 지역 서점을 방문하거나 인터넷 검색을 하세요.

5. 다음의 짧은 운율과 같은 창의적인 것도 좋습니다.

리자로 끝나는 말은

리리리자로 끝나는 말은 개나리 보따리 대싸리 소쿠리 유리 항아리

리리리자로 끝나는 말은 꾀꼬리 목소리 개나리 울타리 오리 한 마리

발달정보

아기에게 들려주는 운율은 오랜 시간을 거쳐 전해져 왔으며, 종종 특정 메시지를 전달하거나 중요한 교훈을 담고 있기도 합니다. 여러분만의 운율을 만들어 불러 주는 것도 아이에게 재미와 배울 기회를 줄 것입니다.

관련 연구

Laurie J. Harper는 「Nursery Rhyme Knowledge and Phonological Awareness in Preschool Children」에서 읽기를 배우는 데 중요한 전제가 '음운 인식'이라고 말합니다. 단어에서 구별되는 소리의 단위인 음소에 대한 인식은 아이가 소리를 듣고 혼합하고, 단어를 부호화 및 해호화하고, 음성학적으로 발음하는 능력을 키워 줍니다. 이 연구는 학령기 이전 아동의 두운과 각운에 대한 민감성이 몇 년 후 읽기에서의 성공을 예측하는 인과적 역할을 한다는 것을 보여 줍니다.

읽기 시간 2

지금은 읽기 일과를 세우기에 좋은 시기입니다. 아이가 여러분의 무릎에 앉을 수 있어야 하며, 여러분에게 관심을 가진다는 느낌을 받을 수 있어야 합니다. 크고 명료한 단어, 간단한 문장, 그림이 있는 그림책은 아이에게 읽어 주기에 적합합니다.

준비물
여러분이 고른 책

놀이 방법

1. 아이를 무릎 위에 편안하게 앉혀 주세요.
2. 대화를 하는 것처럼 아이에게 책을 읽어 주세요. 반드시 눈을 마주치고 아이의 말소리에 반응하도록 하세요.
3. 아이가 좋아하는 책을 몇 번이고 반복해서 읽어 주고, 아이의 학습을 확장시키기 위해 새로운 책을 골라 주세요.

발달정보
규칙적인 읽기 시간은 여러분의 아이에게 풍부한 언어 환경과 확장되는 어휘와 관련된 일관된 기회를 제공합니다. 여러분은 아이가 구어와 인쇄된 단어 그리고 그림들을 연관시키는 것을 도울 수 있을 것입니다.

관련 연구
Jeanne W. Holland의 「Reading Aloud with Infants: The Controversy, the Myth, and a Case Study」에는, 소리 내어 읽는 것이 왜 유익한지에 대한 확실한 증거가 제시되어 있습니다. Holland의 연구에 따르면, 부모와 양육자가 아이에게 소리 내어 읽어 주는 것은 읽고 쓰는 능력을 개발하는 데 꼭 필요합니다. 또한 활자 지식, 어휘, 유창성, 이해력 발달에도 도움이 됩니다.

동물 소리

동물 소리에 주목하는 것은 언어 발달 과정의 일부입니다. 동물 소리를 흉내 내는 것은 즐겁고, 듣기와 말하기 연습도 됩니다.

준비물

동물원 사진 또는 그림책과 같은 동물 그림이 있는 잡지나 기타 자료

놀이 방법

1. 동물의 그림을 찾아 동물에 대해 이야기하세요. 다음과 같은 이야기를 반복해 주세요.
   "오리가 뭐라고 하지? 오리는 꽥꽥!"
   "강아지가 뭐라고 하지? 강아지는 멍멍!"
   "고양이는 뭐라고 하지? 고양이는 야옹야옹."
   "새는 뭐라고 하지? 새는 짹짹."
2. 아이가 다양한 소리를 흉내 내려고 시도하는 것을 주의 깊게 들어보세요.

발달정보

듣기와 말하기는 언어 발달 과정의 시작이고, 읽기와 쓰기는 다음에 발달하는 문해력의 두 부분을 구성합니다. 아이는 다른 사람들이 말하는 것을 들음으로써 언어를 배웁니다.

관련 연구

워싱턴 대학교의 Patricia Kuhl은 어린 시절에 복잡한 자극과 경험으로부터 배울 수 있는 기회는 꼭 필요한 것이며, 학교에서의 성공은 유아기에 달려 있다고 말합니다. Kuhl의 연구는 아이들이 우리가 생각하는 것보다 더 많이 그리고 더 일찍 배운다고 말합니다. 다른 논문에서, Kuhl과 그녀의 동료들은 아이들이 어떤 언어에서든 어떤 소리든지 배울 수 있는 '언어의 세계시민'이라는 것을 발견했습니다.

자존감 자존감 향상: 이름, 가족 인식, 신체 운동

이름 불러 주기

아이는 자신의 이름을 듣는 것을 좋아하므로 아이의 이름을 자주 불러 주십시오. 이름을 불러 주며 하는 활동은 아이가 자신을 특별하다고 느끼게 해 줄 것입니다.

😊 준비물

- 15×20cm 크기의 색인 카드 8~10장
- 크레용 또는 무독성 마커

🏀 놀이 방법

1. 각 카드에 아이의 이름을 쓰세요.
2. 카드를 방 주위의 다른 곳에 놓으세요.
3. 모두 놓은 후, 아이와 함께 모으세요.
4. 카드를 집어 들 때마다 "○○이, 찾았다." 또는 "○○이 여기 있네."라고 말하세요.
5. 자신만의 재미있는 말을 지어내면서 재미있게 놀아 주세요.

😊 발달정보

아이의 이름을 반복해 불러 주면, 아이가 소중하고 필요하고 중요하다는 것을 분명히 보여 줄 수 있습니다. 그러므로 아이의 이름을 가능한 한 많이 불러 주십시오.

😊 관련 연구

askdrsears.com에 실린 「12 Ways to Raise a Confident Child」에 따르면, 자존감은 아이의 일생에 정신건강과 사회적 행복을 가져다주고, 건강한 삶의 밑거름이 되며, 성인이 되었을 때 성공의 열쇠가 되어 준다고 합니다. 특히 아이와 눈을 맞추고 어루만지면서 아이의 이름을 불러 주면, '너는 특별해'라는 메시지를 주게 됩니다. 아이의 이름을 부르면서 상호작용을 시작하면, 닫힌 문이 열리고, 장벽이 무너지며, 훈육조차도 부드러워집니다. 아이들은 여러분이 자신의 이름을 어떻게 부르는지 들으면서, 여러분이 가지고 있는 메시지와 여러분이 기대하는 행동의 관련성을 배웁니다. Sears 박사가 제시하는 것은 이론을 넘어섭니다. 그는 자존감이 있는 아이들은 이름이나 호칭을 부르며 또래와 어른들에게 더 자주 말을 하고, 그들의 자존감은 다른 사람들과의 의사소통에 있어서 더 적극적으로 할 수 있게 해 준다고 말합니다.

아주 커

이 놀이에서는 '아주 커'라는 말과 함께, 아이의 팔을 자랑스럽게 들어 줍니다. 여러분의 아이는 적절한 시기에 자신의 팔을 드는 법을 배울 것입니다.

준비물

없음

놀이 방법

1. 아이를 편안하게 무릎에 놓고 두 손을 잡습니다.
2. 손을 잡으면서, 아이에게 "○○이 얼마나 크지?"라고 묻습니다. 놀이를 더욱 재미있고 효과적으로 하기 위해 아이의 이름을 넣어 주세요.
3. 아이의 팔을 머리 위로 올리고 "아~주~ 커!"라고 말해 주세요. 아이와 여러분 모두 충분하다고 느낄 때까지 계속해서 반복하세요.

발달정보

세대를 거쳐 전해 온 이런 활동은 우리에게 친숙하고 영감을 줍니다. '아주 커'라는 말과 함께 행동을 하여 아이의 이름을 불러 주면, 아이의 자존감을 고취시킬 수 있습니다.

관련 연구

Sears 박사의 웹사이트에 실린 「12 Ways to Raise a Confident Child」에서는 부모와 다른 양육자들이 나비효과(carry-over principle)를 실천해야 한다고 제안하고 있습니다. 영아 수준에서 자존감을 길러 주는 자연스러운 방법은 아이의 성장에 대해서 자랑스럽고 즐거운 방식으로 이야기해 주는 것입니다. Sears 박사의 지침은 진정한 재능을 발견하는 것에 대해 염려하지 말고 그저 잘 해낸 일들에 대해 계속 말해 주라는 것입니다. 여기 그의 핵심인 나비효과가 있습니다. "어떤 활동을 즐기는 것은 아이의 자아상을 고양시키며, 이것은 또 다른 노력으로 이어지게 됩니다."

이름 장난감

집에서 직접 만든 장난감은 아이의 학습을 더 흥미롭게 만들어 줍니다.

준비물

- 15×20cm 크기의 색인 카드
- 크레용 또는 무독성 마커
- 양면테이프 또는 풀
- 코팅지

놀이 방법

1. 카드에 아이의 사진을 붙여 넣으세요.
2. 다른 카드에는 아이의 이름을 크고 또렷한 글자로 쓰세요.
3. 한쪽은 아이의 사진을, 다른 한쪽은 이름을 나타내도록 하여 두 카드를 테이프로 붙이세요.
4. 카드를 코팅해 주세요.
5. 아이의 이름을 가리키며 아이에게 말해 주세요.
6. 사진을 가리키며 아이의 이름을 다시 말해 주세요.
7. 여러분과 아이가 즐길 수 있는 만큼 활동을 반복하세요.

발달정보

이 활동을 통해 여러분은 여러분의 아이가 이름을 인식하는 방법을 두 가지(사진으로 시각화하는 방법과 글자를 인식하는 방법)로 확장할 수 있습니다. 이 방법은 나중에 읽기를 위한 토대를 마련하는 데 도움이 됩니다.

관련 연구

Penelope Leach의 『Your Baby & Child: From Birth to Age Five』에 따르면, 신생아는 태어날 때 볼 수는 있지만, 모든 시각 능력이 완전히 발달하는 데는 수개월

이 걸립니다. 생후 3~6개월 단계에서 여러분의 아이는 빨간색, 파란색, 노란색의 미묘한 색깔 차이를 구별할 수 있습니다. 또한 대부분의 아이는 점점 더 복잡한 패턴과 모양을 보는 것을 즐기게 됩니다. 생후 4개월이 되면 볼 수 있는 범위가 증가해 몇십 미터 떨어진 것도 볼 수 있게 됩니다. 시력의 발달은 계속 이루어져 생후 7개월에는 시력이 거의 성숙됩니다.

사진 보기

여러분의 아이는 자신, 부모, 가족, 그리고 가까운 친구들의 사진을 보는 것을 좋아할 것입니다. 컴퓨터, 태블릿, 스마트폰 또는 작은 사진 앨범 등 보기에 적합한 매체를 선택하십시오.

 준비물

가족사진

🏀 놀이 방법
- -
1. 가족사진을 함께 봅니다. 한 사람씩 가리키고 이름을 말해 주세요.
2. 시간이 충분하다면 각 사진에서 무슨 일이 일어나고 있는지를 설명해 주세요. 아이가 앨범이나 기기를 훼손하지 않도록 주의를 기울입니다.

발달정보

진전은 계속됩니다. 처음에 여러분은 아이를 자신의 이름과 사진에 노출시키며 기쁘게 해 주었고, 이제 가족과 가까운 친구들까지로 주변 사람들에 대한 인식을 넓혀주고 있습니다. 가족과 친구들에 대해 긍정적인 시각으로 보고 듣는 것은 아이가 이 사회에서 자신이 소중한 위치에 있다는 것을 이해하는 데 도움이 될 것입니다.

관련 연구

부모-자녀 간의 상호작용에 초점을 맞춰, 긍정적이며 강한 가족 유대를 가지는 것은 매우 중요합니다. 미주리 대학교의 「Building Strong Families-Kids and Self-Esteem」에서는 강한 가족 유대는 아이들을 보호하는 보호 요인을 갖추고 있다고 설명합니다. 어떠한 형태의 가족이든 아이들은 안전하고, 안정되어야 하고, 사랑받는 가족의 구성원임을 느낄 수 있어야 합니다.

손과 발

헤어밴드[2]는 이 활동에 아주 유용합니다.

 준비물

다양한 색의 헤어밴드

🔮 놀이 방법

1. 침대, 카펫 또는 소파 위에 안전하고 편안한 자세로 아이를 눕힙니다.
2. 아이의 손목과 발목에 다른 색깔의 헤어밴드를 묶습니다. 헤어밴드를 너무 꽉 조이게 하지 않아야 합니다. 놀이하는 동안 아이를 잘 살핍니다.
3. 헤어밴드의 색이나 소리를 즐기면서 아이가 손발을 움직이는 것을 관찰합니다.

발달정보

아이는 이전보다 자신의 손과 발을 더 잘 조절하고 있을 것입니다. 헤어밴드로 손발에 화려한 장식을 함으로써, 아이는 자신의 손과 발의 움직임에 더 많은 시간과 관심을 가지게 될 것입니다.

관련 연구

미국소아과학회의 『Caring for Your Baby and Young Child: Birth to Age 5』에 따르면, 생후 3개월에서 6개월 사이에 아이의 신체적 협응 능력이 상당히 발달한다고 합니다. 이 시기의 아이는 마치 자신에게 있는지 몰랐던 신체 일부분을 발견하는 것처럼 보일 수 있습니다. 등을 대고 누웠을 때, 아이는 이제 발과 발가락을 잡아 입으로 가져갈 수 있습니다. 발을 바닥에 놓고 발가락을 구부리며 카펫이나 나무 바닥을 쓰다듬는 등, 자신의 발을 새롭게 발견한 것처럼 행동할 것입니다. 또한 이 시기에는 아이가 어떤 일을 성취하기 위해 양손을 함께 사용하는 것을 볼

2) 역자 주: 헤어밴드는 아기의 손목이나 발목에 밴드로 묶는 소리 나는 장난감을 말합니다.

수 있습니다. 쥐는 행동과 함께, 사물을 휘두르는 행동은 운동 발달 과정의 일부분입니다.

제3장　6~9개월

　여러분의 아이는 이제 모든 영역에서 능력이 발달하고 있으며, 주변 환경에 더 많은 관심을 기울일 것입니다. 아이는 손뼉을 치고, 사물을 조작해 보고, 어떤 것을 잡으려고 손을 뻗는 법을 배웁니다. 이때 여러분은 아이가 다른 사람과 상호작용을 시작하는 것을 볼 수 있습니다. 이 시기는 아이에게 반응하는 것이 관건입니다. 여러분이 아이의 행동과 의사소통에 더 많이 반응해 줄수록 아이는 더 많은 용기를 얻을 것입니다.

　이 시기에 나타나는 또 다른 특징은 고유함의 출현입니다. 아이는 이제 자기 자신을 하나의 개인으로 볼 수 있게 될 것입니다. 이렇게 아이는 새로운 관심을 가지게 되면서 가족의 정체성을 경험하게 되고, 이것은 안전에 대한 의식으로 이어져 낯선 사람에 대한 적절한 불안감을 갖게 됩니다. 이 새로운 인식 변화를 최대한 잘 알아차리도록 해 보십시오.

목적이 있는 놀이

　여러분이 보여 주는 모든 긍정적인 반응은 그것이 크든 작든, 아이에게는 세상을 의미할 것입니다. 아이가 들어올 수 있는 세상인 것이지요. 다음 발달 단계를 살펴보고, 제안된 놀이활동의 전부나 일부를 활용해 보십시오. 아이는 여러분의 모든 반응을 소중하게 여기겠지만, 여기에 안내된 활동을 활용하면 아이와 좀 더 좋은 시간을 보낼 수 있게 될 것입니다.

6~9개월 발달이정표

- **안/밖** 및 **위/아래**와 같은 개념 발달
- 손으로 가리키기를 시작
- 어떤 결과를 얻기 위해 행동하기
- 숨겨진 사물을 들추어 찾기
- 통에 사물을 넣기
- 다른 사물을 잡기 위해 잡고 있던 사물 내려놓기
- 한 손에서 다른 손으로 사물을 옮기기
- 앞이나 뒤로 기기
- 일어서려고 당기기
- 지지 없이 앉아 손을 뻗기
- 몸의 중앙으로 두 손을 가져오기
- 엄지와 검지를 사용해서 사물 집기
- 다른 사람에게 사물을 건네기
- 기어다니기
- 낯선 사람에게 적절하게 반응하기
- 거울을 보고 장난스럽게 반응하기
- 까꿍놀이하기
- 사람, 사물 및 장소에 대한 선호 보이기
- 리듬과 목소리에 반응하기
- 단어 같은 소리를 내기
- '**마마**'와 '**빠빠**' 같은 소리로 말하기
- 혼자 있을 때 장난스럽게 소리 내기
- 간단한 노래와 운율을 즐기기

인지 인지 성장 즐기기: 아이의 주도성 강조

재활용품 놀이 1

가정에서 나오는 재활용품이 매번 바뀌는 것처럼, 이 활동도 다양한 방식으로 이루어질 수 있습니다. 놀잇감을 고를 때는 플라스틱이나 스티로폼 소재와 같은 것을 고르십시오. 캔, 유리, 모서리가 날카롭거나 잘린 플라스틱, 그리고 아이에게 위험할 수 있는 물건은 치워 주십시오.

준비물

플라스틱 또는 스티로폼 소재 재활용품

놀이 방법

1. 아이가 고른 재활용품을 확인합니다.
2. 아이가 어떤 것을 도로 갖다 놓는지 봅니다.
3. 아이가 재활용품을 선택할 때 각 용품을 사용해서 무엇을 하고 있는지 이야기해 주고 가능한 한 자세히 재료에 대해 설명해 주세요.
4. 두 사람의 놀이가 더 발전되도록 해 보세요.
5. 아이가 물건을 쌓아 올리거나 뚜껑이 덮인 용기를 여닫을 수 있도록 도와줍니다.

발달정보

안/밖 그리고 **위/아래**는 이 시기에 중요한 개념으로 재활용품은 이 개념에 대해 이야기하기에 아주 적합합니다. 이 시기는 플라스틱 용기에 관심이 많으므로 다양한 크기, 모양, 색깔의 재활용품은 아이를 즐겁게 해 줄 것입니다. 이러한 것들은 아이가 묘사된 말을 이해하는 능력을 향상시켜 줄 수 있습니다.

관련 연구

미국국립과학원(The National Academy of Sciences) 회보의 Daniel Swingley와 Elika Bergelson에 따르면, 생후 6~9개월이 된 아이들은 많은 말의 의미를 이해할 수 있다고 합니다. 지금까지 일반적으로 받아들여졌던 이론은 아이들이 자음, 모음, 자모음 소리의 조합 등 음성 신호의 특징을 알아차리면서 모국어를 배우기 시작한다는 것이었습니다. 하지만 이들의 최신 연구는 아이들이 생후 6개월경 이미 몇 개의 일반적인 단어의 의미를 알고 있다는 증거를 보여 주었습니다. 이 연구가 기존 이론을 부정하지는 않지만, 기존 이론의 생각과는 달리 특히 흥미로운 점은 아이들의 어휘와 말 소리 구조에 대한 학습은 언어 습득이 시작될 때 함께 시작된다고 하는 것입니다.

한 개 고르기

아이는 자신이 자신 주변의 환경에 대해 더 많은 통제력을 발휘하는 것을 좋아합니다. 이 활동은 아이가 환경에 대한 통제력을 갖게 하도록 고안된 것입니다.

준비물
여러 개의 장난감

놀이 방법

1. 장난감 2개를 아이의 손이 닿지 않는 곳에 두세요.
2. 아이가 원하는 것을 어떻게 표현하는지 보세요. 소리를 내어 표현할 수도 있고, 몸짓으로 할 수 있고, 둘 다일 수도 있습니다.
3. 아이에게 본인이 선택한 장난감을 주세요.
4. 아이가 장난감을 다 가지고 놀고 나면, 또 다른 2개의 장난감을 준비하세요.
5. 이 과정을 반복합니다.
6. 여러분과 아이 모두 충분하다고 느낄 때까지 다른 장난감을 가지고 계속해 보세요.

발달정보

이제 아이는 자신이 좋아하는 것을 어떻게 표현하는지 알게 되었고, 이 활동은 그 기술을 사용할 수 있는 기회를 줍니다. 여러분은 아이가 자신이 원하는 것을 표현하기 위해 가리키거나 소리를 내는 것을 알 수 있을 것입니다. 아이가 자신의 욕구를 다양한 방법으로 표현할 때 적절하게 반응해 주면 매우 기뻐할 것입니다.

관련 연구

BBC 뉴스 웹사이트에 있는 Michelle Roberts의 기사는 4개월 정도의 아기들이 특정한 색을 선호한다는 것을 보여 줍니다. 영국 Surrey 영아 연구소의 Anna Franklin 박사는 250명 이상의 아기들이 어떤 색깔을 선호하는지 연구했습니다. 그녀는 아기들이 태어날 때부터 색맹이 아니라고 주장하며, 어떤 아기들은 단 한 가지 색깔만을 두드러지게 선호한다고 했습니다. 연구에서 두 가지 색깔을 쌍으로 아기들에게 보여 줄 때, 파란색, 빨간색, 보라색, 오렌지색을 가장 오래 보았고, 갈색을 가장 짧은 시간 동안 보는 경향이 있었습니다. Franklin 박사는 아기들이 두 가지 색깔 쌍에서 갈색을 먼저 볼 가능성이 적다는 것을 발견했는데, 이것은 갈색이 아기들이 가장 싫어하는 색깔이라는 것을 암시합니다.

떨어뜨리고 던지기

아이의 물건 떨어뜨리기와 던지기 기술은 여러분을 바쁘게 만들 수 있습니다. 이 활동을 통해 부모와 아이 둘 다 재미있게 즐길 수 있는 게임을 할 수 있습니다.

준비물

- 리본, 실, 끈 또는 긴 신발 끈
- 장난감
- 유모차 또는 유아 식탁 의자

놀이 방법

1. 장난감을 유모차나 하이체어에 묶어 주세요. 이 놀이에서 아이의 반응을 주의 깊게 관찰하세요. 주의사항: 리본, 실, 끈 또는 긴 신발 끈 등과 아이를 혼자 두지 마세요. 활동이 끝나면 즉시 그것들을 치우세요.
2. 아이가 장난감을 던진 후에는 줄을 당겨서 직접 장난감을 가져오도록 가르치세요.
3. 새로운 기술인 떨어뜨리기, 던지기, 다시 가져오기를 할 때 여러분이 긍정적으로 반응해 주면, 아이는 그 과정을 계속해서 즐길 것입니다.

발달정보

식사 시간을 활용해서 이 활동을 효과적으로 확장해 볼 수 있습니다. 여러분이 숟가락을 사용해서 아이에게 이유식을 먹일 때, 다른 숟가락을 하나 아이에게 주어 아이 나름대로 그것을 잡고 탐색해 보게 할 수 있습니다. 숟가락을 아이가 앉은 유아 식탁 의자에 매달아 보십시오. 그러면 숟가락이 바닥에 떨어지지 않아서 좋고, 아이는 매우 재미있어할 것입니다. 적당한 길이의 끈이나 리본으로 숟가락을 묶어 두면, 숟가락을 계속 사용할 수 있고, 아이가 숟가락을 멀리 떨어뜨렸을 때에도 쉽게 다시 가져올 수 있습니다.

🔵 관련 연구

Burton White의 『The New First Three Years of Life』에 따르면, 아이는 운동 기술에서 손으로 사물을 다루는 것으로 자신의 관심을 점차 옮긴다고 합니다. 떨어뜨리기, 쾅쾅 소리 내기, 던지기를 하는 것이 바로 그 첫 번째 신호입니다. 이러한 변화의 전형적인 예는 생후 7개월 된 아이가 유아 식탁 의자에서 숟가락이나 다른 작은 사물을 떨어뜨린 다음 그것이 어디로 갔는지 보는 것에서 살펴볼 수 있습니다. 이 단순한 행동은 놀랍도록 강렬하게 나타나며 오랫동안 지속될 수 있으며, 생후 10주 정도에 단순한 손동작으로 시작하여 2세 정도까지 이어집니다.

눈에서는 멀어져도, 마음에는 남아 있다

아이는 이제 눈앞에서 어떤 물건이 사라지면 알아차리게 됩니다. 특히 그것이 장난감이라면요!

👶 준비물

- 손수건
- 작고 안전한 장난감

⚽ 놀이 방법

1. 장난감을 손수건 밑에 숨깁니다.
2. 처음에는 아이가 사라진 장난감에 관심이 없을 수도 있지만, 여러분이 무엇을 하고 있는지 이해할 수 있도록 계속 반복하세요.
3. 손수건 밑에 여러 가지 물건을 숨기는 놀이를 재미있게 해 보세요.
4. 아이가 놀이에 익숙해지면, 아이에게 물건을 숨기도록 한 다음 그것을 발견했을 때 놀람을 표현하세요.

👶 발달정보

여러분은 사물에 대한 이 새로운 인식이 좋기만 할 것 같지만, 여러분이 아이와 떨어져 방에서 잠깐이라도 나가 있는 상황이 되면 아마 생각이 바뀔 것입니다. 아이의 새로운 인식에 대처하는 방법은 여러 가지가 있는데, 그중 한 가지 효과적인 방법은 방을 잠깐 떠났다가 다시 빠르게 돌아오는 놀이를 하는 것입니다.

👶 관련 연구

저명한 학자 Penelope Leach의 유명한 책인『Your Baby & Child: From Birth to Age Five』는 생후 6~7개월에 대해 자세히 설명하고 있습니다. 이 시기의 아이는 부모와 함께 있는 것을 너무 좋아해 부모가 자리를 떠나는 것을 매우 싫어한다고 합니다. 아이가 8~9개월 정도 되면 깨어 있는 모든 순간에도 부모를 보려고 합니다. 부모가 눈에 안 보이면 아이는 불안해하거나, 눈물을 보이거나, 심지어 공포에 질릴 수도 있습니다. 심리학자들은 이 반응을 **'분리 불안**(separation anxiety)**'** 이라고 부르며, 아기는 눈앞에 부모가 안 보일 때 매우 신경이 쓰인다고 했습니다. 여러분은 아이 세상의 중심이고, 아이가 자신과 다른 모든 것을 보는 거울과도 같습니다. 아이로서는 여러분이 영원히 사라진 것일지도 모른다고 생각하는 것이지요. 장난감이 사라지는 게임과는 달리, 여러분은 아이에게 엄청나게 중요하며, 이 시기의 아이는 여러분이 확실히 돌아올 것임을 이해하는 능력을 갖추고 있지 않습니다.

10 세기

우리의 숫자 체계는 십진법에 기초하고 있습니다. 이 활동은 아이에게 수 개념을 소개하기에 좋은 시간이 될 것입니다.

준비물
종이컵 또는 블록 10개

놀이 방법

1. 열 손가락 세기를 시작하세요.
2. 아이의 손가락을 하나씩 접으면서 "한 꼬마, 두 꼬마, 세 꼬마 인디언……" 노래를 부릅니다.
3. 종이컵 10개도 함께 셀 수 있습니다.
4. 식당에서는 각설탕을 셀 수 있습니다. 병원에서는 잡지를 10권 셀 수 있습니다. 어디에 있든 아이가 셀 수 있는 것을 찾아 수 개념과 숫자 세기에 대한 이해를 높여 보세요.

발달정보

우리가 경험하며 살아가는 데에 숫자 10은 매우 기본적인 개념이므로, 우리는 10에 초점을 맞춥니다. 부모와 함께 사물의 수를 알아보고 세는 것은 소근육 운동, 사회·정서, 언어, 자존감과 같은 모든 영역의 발달을 자극하는 데 도움이 될 수 있습니다. 이 활동이 아이가 수를 세도록 가르치기 위한 것은 아니지만, 중요하고 기초적인 언어를 아이에게 노출하도록 해 줍니다. 다양한 종류의 단어를 들려주고 추후 학습의 토대를 마련하는 것은 아이들에게 많은 도움이 됩니다.

관련 연구

어린 아이들이 아직 숫자를 셀 수는 없지만, 매일 수학 언어를 사용하는 것은 수학에 관한 어휘 발달과 수에 대한 이해에 도움이 됩니다. Jan Greenberg는 「More, All, Gone Empty, Full: Math Talk Every Day in Every Way」에서 집이나 마트에 갈 때, 동네를 걸을 때 등 다양한 환경에서 수학 언어를 사용할 것을 제안하고 있습니다.

운동 운동 기술 습득: 움직임과 눈-손 협응

앉아서 놀기

아이를 잘 앉게 하려면 아이가 자주 앉을 수 있도록 기회를 만들어 주십시오. 아이를 여러분 옆에 있는 소파에 기대거나 받쳐 주어 앉아 보도록 할 수 있습니다. 이때 아이를 혼자 두어서는 안 됩니다.

준비물

블록, 플라스틱 숟가락, 작은 플라스틱컵과 같은 아이가 만질 수 있는 사물

놀이 방법

1. 아이에게 각 손에 쥘 만한 작은 사물을 줍니다. 아이는 두 사물을 서로 부딪치게 할 수 있습니다.
2. 아이에게 이미 쥐고 있는 것과 비슷한 3번째 사물을 하나 더 줍니다.
3. 처음에는 아이가 어떻게 해야 할지 모를 수 있지만, 시간이 지나면서 새로운 사물을 집기 위해 손에 있는 사물 하나를 내려놓는 법을 배우게 될 것입니다. 아이는 여러분에게 사물 한 개를 줄 수도 있고, 두 개의 사물을 한 손에 쥐는 방법을 알아낼 수도 있습니다.

발달정보

이 활동을 통해 아이가 앉아서 눈-손 협응을 연습할 수 있는 토대를 마련해 줄 수 있습니다. 앉기와 눈-손 협응은 아이에게 중요한 기술입니다.

관련 연구

Jane E. Clark의 「On the Problem of Motor Skill Development」에 따르면, 운동 기술은 하루하루 기적적으로 발달하는 것이 아니라 배워 나가는 것이라고 합니다. Clark는 아무도 의식적으로 아이에게 앉거나 서는 법을 가르쳐 주지 않기 때

문에 자연스러운 성숙으로 인한 것이라는 믿음이 생겨난다고 말합니다. 그러나 그녀는 모든 발달이 환경적 지원을 필요로 한다고 주장합니다. 이 환경적 지원은 형식적이지 않아야 하고, 아이와 부모 모두에게 자연스럽게 느껴져야 합니다. 행동이 나타나기 위해서는 환경이 적당히 좋은 정도면 충분합니다. 입식 생활은 오늘날의 삶에 나타난 새롭고 커다란 방해물입니다. 운동 기술은 영아기에 발달하기 시작하여 학령기까지 계속해서 진행되는데, 우리는 입식 생활 방식이 아이의 운동 기술 발달에 부정적인 영향을 미치지 않도록 주의해야 합니다.

기어다니면서 놀기

아이가 기어다니도록 해 보십시오. 팔로 아이의 상체 가운데 부분을 부드럽게 받쳐 주면 됩니다. 원통 모양의 베개 위에 아이를 올려놓을 수도 있습니다.

준비물

- 좋아하는 장난감
- 원통 모양의 베개(선택 사항)

놀이 방법

1. 장난감을 바닥에 놓습니다.
2. 아이가 장난감 근처에서 편안하게 기어 다니는 자세가 되도록 해 줍니다. 주의사항: 이 활동에 베개를 사용하는 경우, 베개 옆에 아이를 혼자 두지 마세요.
3. 아이가 장난감을 가져오도록 격려해 주세요.
4. 장난감을 다른 곳으로 옮기고 아이가 장난감으로 기어가도록 격려해 주세요.
5. 여러분과 아이 모두 활동을 즐기면서 계속 놀이를 진행합니다.

발달정보

아이 발달의 모든 단계에서 여러분은 아이가 점점 더 행복해지는 모습을 보게 될 것이고, 그 즐거움의 많은 부분은 '움직임'에서 비롯됩니다. 아이의 삶이 얼마나 신나는지 상상해 보십시오. 아이는 이제 누워 있는 상태를 벗어나 앉아 보기도 하고, 다른 새로운 장소로 돌아다니려고 합니다.

관련 연구

Sandra Petersen, Emily J. Adams, Linda Gillespie의 「Rocking and Rolling: Learning to Move」에 따르면, 기는 것과 같은 영역에서 배운 기술은 걷는 것을 배우는 데 도움이 되는 기술과는 다릅니다. 유아는 걷기 위해 속도, 지식, 능력을 포기합니다. 그 보상으로, 한 번에 두 가지 작업(이동하고 옮기기)을 하는 능력과 상대적으로 높은 위치에서 보는 능력을 갖게 됩니다. 움직임의 기회를 늘리는 것이 핵심입니다. 왜냐하면 그것은 아이가 성장하고, 실험하고, 운동 기술을 다듬을 수 있는 더 많은 기회를 제공하기 때문입니다.

잡고 서기

아이는 자연스럽게 서게 될 것입니다. 잡고 서기 좋은 장소로는 잡을 수 있는 기둥이 있는 아기 침대, 낮은 탁자, 튼튼한 선반 옆 등이 있습니다.

준비물

장난감 또는 다른 안전한 사물

놀이 방법

1. 탁자나 선반에서 깨질 수 있는 물건을 모두 치웁니다.
2. 좋아할 만한 장난감이나 장난감 같은 사물로 교체합니다.
3. 아이가 잡고 일어서서 손을 뻗어 사물을 찾는 것을 지켜보세요. 격려와 함께 필요한 도움을 주고, 안전을 확보하기 위해 항상 아이와 함께 있어야 합니다.

발달정보

잡고 일어서는 것은 아이가 세상을 다른 관점에서 볼 수 있다는 행복을 느끼게 하여 자존감을 높여 주는 중요한 발달이정표입니다. 여러분의 기쁨을 보여 주는 것이 성취의 가치를 더 크게 할 수 있습니다. 다른 사람들도 이 발달 행동을 긍정적으로 강화할 수 있지만, 부모나 주 양육자만이 줄 수 있는 자부심만큼 아이에게 의미 있는 것은 없을 것입니다.

관련 연구

Boys Town 연구 병원의 「Giving Your Child Positive Attention」은 아이가 성장하는 과정에서 사랑, 관심, 일관성, 놀이, 인내심이 필요하다고 말합니다. 아이들은 어디에서나 이리저리 움직이려고 하고 타고난 호기심을 갖고 있으므로, 손을 뻗어 온갖 종류의 것들을 만지기 시작합니다. 이것은 때때로 문제를 일으키고 부모를 불안하게 만듭니다. 아이가 움직이기 시작할 때, 아이가 위험한 곳이 아닌 안전한 곳으로 가도록 부드럽게 안내하는 것이 중요합니다. 어른들은 종종 아이들이 어떤 일을 하는 것을 멈추기를 바라지만, 이 생각에 앞서 아이가 놀 수 있는 안전하고 좋은 장소를 찾아 주는 것이 더 중요합니다.

무릎에 앉히기

아이를 무릎에 앉히고, 얼굴을 마주 봅니다. 여러분의 무릎은 아이가 앉아서 균형 잡기를 연습하기에 아주 좋은 곳입니다.

준비물
없음

놀이 방법

1. 아이를 무릎에 앉힙니다. 이때 아이의 손을 잡고 필요한 모든 지원을 제공하세요. 아이가 균형을 잡고 편안해 보이면 천천히 한 손을 놓습니다.
2. 이 과정을 하면서, 무릎을 부드럽게 튕기세요.
3. 아이가 균형을 잃게 되면, 여러분을 붙잡고 자세를 바로잡을 것입니다.
4. 아이는 균형을 잡으면서 앉기 위해 등 근육을 강화할 것입니다.
5. 아이를 무릎에 앉힌 채 같이 놀고, 부드럽게 튕겨 주고, 스스로 앉을 수 있도록 격려해 주세요. 아이가 이 활동을 즐길 때만 이 놀이를 계속합니다. 아이가 앉을 준비가 되면 스스로 균형을 잡을 것입니다.

발달정보

무릎에 아이를 앉히고 튕겨 주는 것은 자연스러운 활동입니다. 이 활동은 아이가 다음에 도달해야 할 중요한 발달이정표인 '앉기'를 할 수 있도록 도와줍니다. 부모와 아이 사이의 상호작용은 아이의 발달에 큰 의미가 있으며, 상호작용이 부족하면 아이의 발달이 지연될 수 있다고 합니다. 부모와 다른 양육자들은 항상 아이의 모든 기회를 주의 깊게 살펴야 합니다. 오늘날 유용하게 사용되는 유아용 의자나 유모차 등을 활용할 수도 있습니다.

관련 연구

미국과학진흥협회(American Association for the Advancement of Science) 웹사이트

에 따르면, 아기들은 음악을 그저 듣기만 하는 것이 아니라 느끼면서 배운다고 합니다. 캐나다의 맥매스터 대학교의 심리학자 Laurel Trainor와 그녀의 동료들은 엄마들에게 아이들을 리듬에 맞춰 튕겨 주도록 했습니다. 절반은 1초마다, 나머지 절반은 3초마다 튕겨 주었습니다. 그 이후 아이들이 같은 리듬을 들었을 때, 그들은 자신이 튕겨진 패턴에 대해 분명한 선호도를 보여 주었습니다. '듣기'는 학습을 위한 하나의 차원을 제공했고, '느낌'은 학습의 성공에 큰 영향을 미쳤습니다.

아이 동작 따라 하기

아이의 동작을 따라 하는 것은 아이가 새로운 동작을 시도하도록 격려하는 방법입니다. 대부분의 상황에서 어른들은 아이들에게 무엇을 해야 하는지 말해 줍니다. 이번에는 여러분의 아이가 자신만의 방법으로 여러분에게 무엇을 해야 하는지 알려 줄 것입니다.

 준비물

없음

 놀이 방법

1. 아이를 바닥에 부드럽게 내려놓습니다.
2. 아이와 같거나 비슷한 자세를 취합니다.
3. 아이가 어떤 행동을 하든 간에, 같은 소리를 내고 같은 움직임을 하며 따라 해 보세요. 이 활동은 아이에게 독립성을 느끼게 해 주기 때문에 매우 즐거워할 것입니다.

 발달정보

이 시기에는 아동의 능력이 주도성과 함께 연결됩니다. 이 활동을 더 많이 하면 할수록, 여러분이 따라 할 수 있는 아이의 행동은 더 많아질 것입니다. 가리키기, 사물을 한 손에서 다른 손으로 바꾸기, 엄지와 검지를 사용하여 집기 등은 여러분이 따라 하고 즐길 수 있는 행동의 예입니다.

 관련 연구

Jane S. Herbert와 동료들의 연구 「Age-Related Changes in Deferred Imitation between 6 and 9 Months of Age」는 우리에게 기억력 발달에 대한 흥미로운 결과를 제공합니다. 실험자는 먼저 모방을 목적으로 6개월과 9개월의 두 연령대 집단 모두에게 하나의 사물로 같은 동작을 수행하도록 했습니다. 두 연령대의 아이들은 즉시 같은 행동을 모방했고 똑같이 잘 수행했습니다. 하지만 24시간이 지난 후 같은 아이들에게 다시 확인했을 때, 생후 9개월 아이들만 성공적으로 모방했습니다. 이 연구는 언뜻 보기에는 별로 중요하지 않아 보이지만, 생후 6개월과 9개월 간에 기억력 발달에서 중요한 차이가 있다는 점을 지적하고 있습니다.

사회·정서 **사회 기술 향상: 재미있는 상호작용**

새로운 음식

모유 수유나 젖병 수유를 통해 아이에게 필요한 모든 영양은 적절하게 제공될 수 있습니다. 특정한 음식으로 영양 공급을 할 필요는 없습니다. 그러나 부드럽고 신선한 과일 조각과 갓 조리된 채소는 여러분의 아이가 시도해 볼 수 있는 훌륭한 음식입니다. 주의사항: 조각이 너무 커서 질식 위험이 없는지 확인하십시오.

준비물

- 바나나, 복숭아, 껍질 벗긴 배, 딸기, 키위 등의 작은 과일 조각
- 감자, 당근, 완두콩, 호박, 애호박 또는 녹색 콩 등의 조리된 작은 야채 조각

놀이 방법

1. 유아 식탁 의자에 작은 음식 조각을 올려놓습니다.
2. 아이에게 한 번에 한 조각을 집도록 격려하고, 부드럽고 한입에 먹기 좋은 것을 먹도록 합니다.
3. 이제 여러분 차례입니다. 식탁 위에 음식 조각들을 놓고 아이가 음식을 먹은 후에 한 입 먹어 보세요.
4. 아이의 반응을 지켜보면서 다른 음식들도 함께 시식해 보세요.

발달정보

아이와 함께 음식을 먹는 것은 매우 유익합니다. 함께 식사를 즐기는 것은 아이의 의사소통 기술과 유대감을 키워 줄 것입니다.

관련 연구

Rebecca Parlakian과 Claire Lerner의 「Promoting Healthy Eating Habits Right from the Start」에서 섭식 관계는 부모와 아이(양육자와 아이)가 음식을 중심으로 맺는 관계로 정의됩니다. 이 역동적인 개념은 아이에게 영양분을 공급하는 것 이상이며, 아동의 평생 식습관을 형성하는 개념인 **권력 공유하기**(sharing power)를 광범위하게 포함한다고 말합니다. 아이가 태어날 때부터 건강한 식생활을 발달시키기 위해서는 양육자와 아이가 식사 시간 동안 책임감을 공유해야 합니다. 연구에 따르면, 부모들은 생후 9~12개월쯤 아이들을 위해 규칙적인 식사 및 간식 시간을 정하기 시작한다고 합니다.

모자 벗기

대부분의 아이는 머리에 모자를 쓰는 것을 좋아합니다. 또한 아이는 여러분이 머리에 여러 모자를 써 보는 것을 즐길 것입니다.

 준비물

몇 가지 모자

🌐 놀이 방법

1. 모자를 옆에 두고 아이를 거울 앞에 앉힙니다.
2. 한 번에 하나씩, 모자를 아이의 머리 위에 올려놓습니다.
3. 아이의 반응을 살펴보세요.
4. 그런 다음, 한 번에 하나씩 모자를 여러분의 머리 위에 올려놓습니다.
5. 아이의 반응을 살펴보세요. 아이가 즐기는 동안 놀이를 계속합니다. 아이가 모자를 보고 만지는 것을 더 좋아할지도 모르니, 흥미를 느끼는 만큼 많이 탐색하도록 합니다.

발달정보

가장 놀라운 것은 아이의 선호도를 볼 수 있다는 것입니다. 특정 모자를 다른 모자보다 더 좋아하거나 싫어하는 것을 예측할 수는 없지만, 아이가 선호도를 표현하는 것을 보게 될 것입니다.

관련 연구

로체스터 대학교의 'the Goldilocks effect'라고 불리는 연구에 따르면, 아이들은 적절한 양의 놀라움이나 복잡성을 가진 상황을 추구한다고 합니다. 이 연구의 주 저자인 Celeste Kidd는 아이들이 사회적 상호작용을 통해 가장 잘 배운다고 말합니다. 아이들은 수동적인 스펀지가 아니며, 자신이 찾을 수 있는 최고의 정보를 찾아내는 적극적인 정보 탐색가들입니다.

보고 만지기

여러분의 아이는 눈에 보이는 모든 것을 만지는 것에 흥미를 갖고 있습니다. 이는 여러분이 아이에게 새롭고 여러 만질 만한 것을 찾도록 도와주고, 그것들의 질감을 설명해 줄 수 있는 기회입니다.

준비물

없음

놀이 방법

1. 아이를 안고 집 안을 돌아다닙니다.
2. 다양한 물건 앞에 멈춰 서서 거친, 매끄러운, 따뜻한, 차가운, 단단한, 부드러운 등 떠오르는 여러 가지 느낌을 설명해 줍니다.
3. 여러분의 말로 최대한 자세히 설명하고, 반대되는 말도 많이 알려 줍니다. 여기 몇 가지 예가 있습니다. '거울은 단단하고 베개는 부드러워, 냉장고는 차갑고 쿠션은 따뜻해, 탁자는 단단하고 소파는 부드러워, 수염은 거칠고 손은 부드러워.'

발달정보

다섯 가지 감각은 학습의 경로가 되며, 이러한 감각들을 한 번에 최대한 많이 활용할수록 놀이 경험이 더욱 강렬하고 유익해집니다. 이 간단한 탐구 활동을 하면서 풍부한 언어를 사용하면 놀이를 크게 향상시킬 수 있습니다.

관련 연구

Kate Moss의 논문 「Some Things to Learn from Learning through Touch」는 Mike McLinden과 Stephen McCall의 저서 『Learning Through Touch』를 기반으로 한 것입니다. Mike McLinden과 Stephen McCall은 우리 몸에서 가장 큰 기관은 피부이며, 우리 몸의 촉각 수용체이기도 하다고 했습니다. 촉각은 일반적으로 손을 사용하여 정보를 찾고 획득하도록 설계되었습니다. 아이들의 시력과 운동 기술이 발달함에 따라, 일반적으로 아이는 손으로 사물을 탐색하기 위한 더 많은 전략을 통합하기 시작한다고 Moss는 말합니다. 대부분의 아이가 시간을 어떻게 보내는지에 대해 생각해 보십시오. 그들은 끊임없이 그들의 세계에서 뻗고, 움켜쥐고, 쾅쾅 치고, 휘두르고, 합치고, 분리시키면서 사물과 상호작용을 합니다.

경사면에서 굴리기

경사면을 만드는 방법에는 여러 가지가 있습니다. 한 가지 방법은 도마를 가져다가 두 권, 세 권, 네 권의 책으로 받치는 것입니다. 또 다른 방법은 쌓아 둔 책으로 큰 책을 받치는 것입니다.

준비물

- 도마 또는 크고 두꺼운 책
- 책 여러 권
- 테니스공

놀이 방법

1. 아이가 지켜보는 가운데 경사면을 설치합니다.
2. 경사면을 따라 공을 굴립니다.
3. 아이에게 경사면 상단에 공을 올려놓도록 해서 아래로 굴러떨어지도록 합니다.
4. 아이가 공을 찾도록 안내하고 다시 공을 가지고 와서 놀게 합니다.
5. 여러분과 아이가 계속 즐기는 한 그 활동을 반복하세요.

발달정보

이 활동에서는 경사면을 완만한 것부터 가파른 것까지 다양하게 조정할 수 있습니다. 여러분의 아이는 공의 속도를 이해하기에는 너무 어리지만, 다양한 변화의 결과를 경험하는 것을 즐길 수 있으며 이것은 매우 중요합니다. 아이의 학습은 경험으로부터 비롯되며, 이러한 작은 경험들이 중요한 영향을 미칠 것입니다.

관련 연구

코넬 대학교 인간발달학과의 부교수적인 Marianella Casasola 박사는 아이들이 말하기 전에 많은 언어를 배운다고 말합니다. Casasola 박사는 컴퓨터와 다른 기술 장비들을 제외하고는 완벽하게 사회적인 환경에서 연구를 진행합니다. 그녀의 연구 공간 또는 '아기 연구실'은 개방적이고 아이 친화적인 놀이공간으로 꾸며졌습니다. Kimberly Kopko가 그녀의 기사에서 Casasola 박사의 연구에 대해 설명한 바와 같이, 많은 구조 없이도 언어의 음운론(언어의 소리 체계)에 능숙한 Casasola는 많은 사람들이 놓칠 수 있는 것들을 포착했습니다.

선글라스 놀이

이 활동은 까꿍놀이의 새로운 형태로, 여러분과 아이에게 재미를 제공할 것입니다.

준비물
선글라스

놀이 방법
1. 소파나 편안한 의자에 아이와 함께 앉습니다.
2. 선글라스를 씁니다.
3. 아이가 선글라스를 벗기거나, 여러분이 직접 벗습니다.
4. 선글라스를 벗으면서 "까꿍, 보인다."라고 말합니다.
5. 안경을 다시 쓰고 다시 놀이를 시작하세요.
6. 아이와 함께 즐길 수 있는 한 놀이를 지속합니다.

발달정보
주고받기 행동을 촉진하는 이 활동은 특별한 가치가 있습니다. 간단한 활동이지만 대화하는 방식의 상호작용이 아이의 발달에 효과적으로 작용합니다.

관련 연구
골드스미스 런던 대학교의 Caspar Addyman 박사는 대학에서 아기 웃음 연구자로 알려져 있습니다. 그는 아이들이 사건의 재미있는 면을 보는 것과 두뇌 발달을 관련짓는 획기적인 연구 결과로 인정받았습니다. 그는 20개국 이상의 부모들을 대상으로 설문조사를 해서 Baby Laughter Project를 진행했습니다. 이 연구는 특히 까꿍놀이에 주목했습니다. 그는 연구에서 까꿍놀이를 통해 서로 다른 발달 단계에 있는 아이들이 어떻게 같은 현상을 다르게 이해하는지를 보여 주었습니다. 생후 6개월 전후의 아이들은 사람의 얼굴이나 사물이 보이지 않으면 그것들이 실제로 사라졌다고 생각합니다. 그래서 이 시기의 아이는 까꿍놀이에서 놀라고 충격받은 것처럼 반응합니다. 하지만 6~8개월 된 아이들은 하나의 사물이 다른 것을 숨길 수 있다는 것을 이해하게 됩니다. 그래서 6~8개월 아동에게는 까꿍놀이가 훨씬 더 재미있는 경험이 되고, 사라진 사람이나 사물이 언제 다시 자신의 시야에 들어올지에 대한 기대를 갖게 된다고 설명합니다.

언어 언어 발달: 노래, 단어, 책

Dance Little Baby

여러분의 아이는 춤추기를 하면서 단어를 경험하고 새로운 어휘를 배울 것입니다. 노래를 부르면서 아이를 여러 방향으로 움직이게 하는 것은 아이가 언어 학습을 하는 데 도움이 될 것입니다.

준비물

없음

놀이 방법

1. 다음 가사에 맞춰 노래를 부르면서 적혀진 방향으로 아이를 움직여 줍니다.

- **Dance Little Baby**

  Dance little baby (아이와 함께 춤을 추세요)

  Dance up high (아이를 머리 위로 올리세요)

  Never mind baby (아이와 함께 춤을 추세요)

  Mother (or father) is by (아이를 안아 주세요)

  Up to the ceiling (아이를 머리 위로 올리세요)

  Down to the ground (춤을 추면서 아이를 아래로 내리세요)

  Backward (아이를 뒤로 옮기세요)

  And forward (아이를 앞으로 옮기세요)

  Round and round (아이와 빙글빙글 돌아 보세요)

2. 아이가 이 활동을 즐기고 있는 한 계속 진행합니다.

- **우리말 노래 <둥글게 둥글게>**[1]

  둥글게 둥글게 둥글게 둥글게

  빙글빙글 돌아가며 춤을 춥시다

---

1) 역자 주: 우리말 노래 <둥글게 둥글게>로 대체할 수 있습니다.

손뼉을 치면서 노래를 부르며
랄랄랄라 즐거웁게 춤추자
링가링가링가 링가링가링
링가링가링가 링가링가링
손에 손을 잡고 모두 다함께
즐거웁게 춤을 춥시다
둥글게 둥글게 둥글게 둥글게
빙글빙글 돌아가며 춤을 춥시다
손뼉을 치면서 노래를 부르며
랄랄랄라 즐거웁게 춤추자

발달정보

지금은 옹알이, 단어처럼 들리는 발성, 그리고 '마마'와 '빠빠'를 많이 할 시기일 것입니다. 아이의 옹알이를 따라 하고 거기에 단어를 덧붙여 확장해 주십시오. 풍부한 언어 자극은 바른 의사소통 양식을 발전시키는 데 도움이 됩니다.

관련 연구

Elika Bergelson과 Daniel Swingley에 따르면, 과거에는 생후 6~9개월의 아이들은 소리만 이해할 수 있고 단어는 이해할 수 없다고 여겨졌으나, 이러한 생각을 부정할 수 있는 증거를 찾았습니다. 아이들은 보통 10개월이나 11개월 전에는 의미 있는 말을 하거나 몸짓을 하지는 않지만, 많은 사람이 생각하는 것보다 더 많은 것을 인식하고 있습니다. 연구자들은 간단한 그림과 좀 더 복잡한 이미지 검사를 통해 생후 6개월과 9개월 된 아이들에 대한 이해를 알아보았습니다. 이때 보여 준 이해 수준은 약 14개월이 지나 꽤 많이 성장할 때까지 일정하게 유지되는 것으로 나타났으며, 그 이후에는 상당히 많이 증가했습니다.

읽기 시간 3

간단한 그림과 큰 인쇄물이 있는 보드북은 내구성이 뛰어나며 이 활동에 적합합니다. 여러분은 오래된 생일 카드나 기념일 카드로 여러분만의 보드북을 만들 수 있습니다. 더욱 튼튼한 책을 만들고 싶다면 종이를 코팅하십시오. 그리고 왼쪽에 구멍을 뚫은 다음, 구멍에 실을 끼워 함께 고정하십시오.

준비물

- 보드북
- 생일 또는 기념일 카드(선택 사항)
- 접착메모지(선택 사항)
- 구멍 뚫는 펀치(어른 전용, 선택 사항)
- 실(선택 사항)

놀이 방법

1. 아이와 편안하게 앉습니다.
2. 아이에게 구매한 보드북이나 직접 만든 보드북을 읽어 줍니다.
3. 밝은 그림들과 재미있는 단어들을 가리킵니다.
4. 아이의 학습을 증진시키기 위해 무엇이든지 설명합니다. 기억하세요. 이것은 아이가 자신의 수준에서 이해하고 있는지 계속 확인하는 의사소통 활동입니다.

발달정보

아이에게 책을 읽어 주는 것은 여러분이 일상 대화에서는 잘 사용하지 않을 수도 있는 질 높은 언어를 학습할 수 있는 기회를 제공합니다. 또한 두 사람에게 친밀감을 주고, 아이에 대한 이해와 관심의 실마리를 찾을 수 있는 기회를 제공합니다. 아이는 페이지를 넘기고 싶어 할 수도 있고, 특정 페이지나 그림에 대해 언어적인 반응을 할 수도 있습니다.

6 ~ 9 개월

언어

관련 연구

비슷한 조언이 『Constructive Parenting』에 나옵니다. 생후 6~12개월 연령대의 아이들에게 책을 읽어 주는 것은 책의 가치와 책의 교훈을 가르칩니다. 또 다른 이점은 아이들에게 인쇄물의 가치 또는 **인쇄물 인식**(print awareness)을 가르치는 것입니다. 아이가 이름을 배우고 싶어 하는 아는 사람이나 사물에 대한 분명하고 상세한 그림이 있는 그림책이 추천됩니다. 또한 아이는 여러분이 책을 올바른 방법으로 잡고, 페이지를 오른쪽에서 왼쪽으로 넘기고, 흥미로운 그림과 단어들을 가리키는 것을 보면서 도움을 받을 것입니다.

Head, Shoulders, Knees, and Toes 2 (머리, 어깨, 무릎, 발 2)

신체 부위에 명칭을 붙이는 것은 아이의 어휘를 확장하는 훌륭한 방법입니다. 명칭을 말할 때 각 부분을 만지는 것도 학습 경험을 향상시킵니다.

준비물

없음

놀이 방법

1. 아이를 편안하게 옆에 앉히고 이 인기 있는 노래를 불러 보세요.
2. 노래에서 나오는 대로 아이의 손을 이용해 아이의 신체 각 부분을 가리킵니다.

    머리 어깨 무릎 발 무릎 발

    머리 어깨 무릎 발 무릎 발 무릎

    머리 어깨 발 무릎 발

    머리 어깨 무릎 귀 코 귀

발달정보

반복은 아이의 학습을 향상시키고, 반복되는 노래는 훌륭한 학습 도구가 됩니다.

관련 연구

『Baby and Toddler Learning Fun』은 출생부터 18개월 사이 시기는 색, 글자, 숫자, 모양, 읽기의 기본 개념을 배우는 것에 초점을 맞추고 있으며, 반복은 가치 있는 학습 전략이라는 것을 여러 번 언급했습니다. 숫자는 해당 숫자 개념이 내재화되기 전에 기호로 먼저 학습됩니다. 기호와 수 개념 모두 반복과 친숙함을 강조하는 활동들로 소개되고 강화되는 것이 가장 좋습니다. PBS(미국공영방송)의 KBVU Eleven에서 인용된 Bruce Perry 박사의 말에 따르면, 반복은 아이 두뇌 발달의 핵심이라고 합니다. 반복은 기술의 숙달로 이어져 자신감을 높이고 자존감을 키웁니다.

손가락 놀이

손가락 놀이는 아이에게 새로운 어휘를 가르치는 훌륭한 도구입니다. 실제 손가락과 손동작은 단어의 의미를 강화합니다.

 준비물

없음

놀이 방법

1. 〈The Eensy Weensy Spider〉라는 노래를 부릅니다. 어떤 사람들은 'itsy bitsy'라는 단어로 더 잘 알고 있습니다.
2. 표시된 대로 손가락과 손을 움직여야 합니다.

   The eensy weensy spider went up the water spout. (왼쪽 엄지손가락은 오른쪽 집게손가락에, 왼쪽 집게손가락은 오른쪽 엄지손가락에 댑니다)

   Down came the rain and washed the spider out. (손가락을 움직여 손을 아래로 이동합니다)

   Out came the sun and dried up all the rain. (양손을 양옆으로 내밀고 왼쪽에서 오른쪽으로, 앞뒤로 움직입니다)

   And the eensy weensy spider went up the spout again. (왼쪽 엄지손가락은 오른쪽 집게손가락에, 왼쪽 집게손가락은 오른쪽 엄지손가락에 댑니다)

● **우리말 노래 〈거미가 줄을 타고 올라갑니다〉**[2]

거미가 줄을 타고 올라갑니다
비가 오면 끊어집니다
해님이 방긋 솟아오르면
거미가 줄을 타고 내려옵니다

발달정보

아이가 **위/아래**의 개념을 이해하기 시작할 때, 이것은 완벽한 학습 노래이며 반

---

2) 역자 주: 우리말 노래 〈거미가 줄을 타고 올라갑니다〉로 대체할 수 있습니다.

복으로 강화됩니다. 운율 형식은 매력적이고, 손가락과 손동작은 재미있습니다.

관련 연구

이 노래는 6~12개월 아이 수준의 언어를 소개할 수 있고 손가락 놀이를 할 수 있으며, 일이 잘못되면 처음부터 다시 시작한다는 멋진 메시지를 담고 있습니다. 노스포트−이스트 노스포트 공공 도서관의 Road to Reading 프로그램에서 수집한 정보에 따르면, 이 운율은 손가락 놀이와 노래로 이루어져 있으며, 아이들을 말로 된 다양한 소리에 친숙하게 만들어 주는 멋진 리듬과 단어 놀이를 제공합니다. 그들은 이 개념을 '음소 인식(phonemic awareness)'이라고 하며, 이는 소리를 분리하고 조작하는 능력으로, 읽기 준비의 중요한 구성 요소가 된다고 말합니다.

보고, 듣고, 설명하기

아이는 아주 많은 어휘를 흡수하고 있습니다. 이러한 종류의 학습을 촉진하는 가장 좋은 방법은 아이와 계속 대화하는 것입니다.

 준비물

없음

놀이 방법

1. 무엇을 하든지 아이에게 가능한 한 자세히 설명합니다.
2. 요리를 하고 있다면, 각 단계에 대해 이야기하세요. 만약 아이에게 옷을 입히고 있다면, 그 옷에 대해서 또 어떻게 옷을 입히고 있는지에 대해서 이야기합니다.
3. 여러분의 설명에 더 많은 단어와 세부 사항을 더할수록, 아이가 어휘를 배우는 데 더 도움이 될 것입니다.

발달정보

아이는 여러분이 사용하는 모든 거창한 단어를 이해할 수 없으므로 그것을 사용하지 않으려고 하는 경향이 있습니다. 하지만 여러분이 하고 있는 일을 아이에게 계속 말하고, 묘사하고, 설명해 주는 것이 좋습니다.

관련 연구

아이들은 언어를 듣고 언어를 배웁니다. 그리고 그들은 태어날 때, 더 나아가 그전부터 이 과정을 시작합니다. 이 개념을 기반으로 한 획기적인 연구는 Adriana Weisleder와 Anne Fernald의 「Talking to Children Matters: Early Language Experience Strengthens Processing and Builds Vocabulary」입니다. 이 연구는 아이를 둔 부모의 언어의 양과 질에 초점을 맞춥니다. 그들은 부모-자녀의 언어를 녹음하는 시스템을 통해 연구를 진행했습니다. 생후 19개월 때 아이들과 더 많이 이야기한 부모들의 아이들이 24개월 때 친숙한 단어를 더 효율적으로 처리하고 풍부한 표현 어휘를 가지게 된다는 것을 밝혔습니다. 이 특별한 연구는 생후 19개월에 처음 측정을 시작해 24개월에 결과로서 뚜렷한 효과를 보여 줍니다. 이 연구는 임신 약 7개월에 태아의 초기 청력이 확립되어 생후 1년에 걸쳐 많은 언어 발달이 나타난다는 것을 보고한 많은 선행 연구와 맥을 같이합니다.

자존감 자존감 발달 향상: 즐거움 표현

우리 아기 어디 있나요?

여러분이 아이에게 더 많은 관심과 인정을 표할수록 아이는 자신에 대해 더 긍정적으로 느낄 것입니다. 처음에는 '**아기**'라는 단어를 사용해도 괜찮지만, 나중에는 아이의 이름으로 바꾸는 것이 가장 좋습니다.

 준비물
수건

> **놀이 방법**
> ----------------
> 1. 아이의 얼굴 앞에 손수건이나 수건을 놓습니다.
> 2. "우리 아기 어디 있나?"라고 물어봅니다.
> 3. 수건을 치우고 "여기 있네."라고 말합니다.
> 4. "엄마는 어디 있을까?" 또는 "아빠는 어디 있을까?" 또는 "할머니는 어디 있을까?"로 활동을 할 수도 있습니다.
> 5. 원하는 만큼 동작을 반복합니다.

발달정보

까꿍놀이는 영유아기 내내 다양한 형태로 나타납니다. 이 연령과 단계에서는 빠르고 쉽게 나타났다 사라지는 상호작용으로 아이의 관심을 끌고 흥미를 제공합니다.

관련 연구

Nicci Micco가 parenting.com에 쓴 「12 Fun Baby Learning Games」는 부모-자녀 간의 상호작용이 얼마나 중요한지를 보여 줍니다. 아이의 건강이 가장 중요한 목표이기는 하지만, 아이를 똑똑해지게 하는 것도 마찬가지로 중요합니다. 부모는 정보가 전달되는 방식에 있어서 큰 차이를 만들 수 있습니다. 과학은 아이의 뇌 발달이 주로 초기 경험에 달려 있다는 것을 분명하게 보여 줍니다. Micco는 워싱턴 대학교의 학습과 뇌 과학 연구소의 번역, 홍보, 교육 책임자인 Gina Lebedeva 박사의 말을 인용하여 부모는 아이의 최고의 장난감이며, 우리의 뇌는 다른 뇌로부터 배우기 위해 진화했다고 말합니다. 아이를 긍정적이고, 일상적인 방법으로 참여시키는 것이 언어 발달, 문제해결 기술 및 그에 따른 정서 발달로 이어지는 수조 개의 두뇌 연결고리를 구축하는 데 도움이 됩니다. 중요한 것은 여러분의 아이와 의미 있는 시간을 보내면서 재미있게 노는 것입니다.

소리 녹음하기

아이의 목소리는 부모와 아이 모두에게 흥미로워서, 아이가 소리를 내는 것을 녹화하고 나서 함께 영상을 보는 것은 매우 재미있을 것입니다. 여러분의 아이는 이것을 가장 좋아하는 활동으로 생각할지도 모릅니다.

준비물
스마트폰 또는 다른 녹화 장치

놀이 방법

1. 아이가 소리를 내는 것을 들으면 녹화를 시작합니다.
2. 녹화한 영상을 재생합니다.
3. 이것은 아이가 더 많은 소리를 내도록 자극할 수 있습니다.
4. 아이가 그것을 즐기는 한 계속해서 아이의 소리를 녹화하고 재생합니다.

발달정보

자존감은 긍정적 강화로부터 비롯됩니다. 이러한 정적 강화를 진심으로 하는 것이 어려운데, 여러분의 아이는 그 차이를 구별할 수 있습니다. 그렇다면 어떻게 해야 할까요? 처음부터 "착하다." "잘했어."와 같은 의미 없는 칭찬을 사용하지 마십시오. "정말 귀엽고 작은 소리구나!" "바-바-바라고 했네."와 같은 구체적인 칭찬으로 시작하십시오.

관련 연구

브리티시컬럼비아 대학교 박사후 연구원인 Judit Gervain의 연구에 따르면, 아기의 첫 번째 단어는 흔히 '마마, 빠빠'로, 부모들은 이에 매우 기뻐하지만, 과학자들은 이제 그 이유를 알고 있습니다. 부모가 주변에 있고 아이들이 그들에게 끌린다는 사실은 분명하지만, 그것을 넘어서서 반복되는 음절이 차이를 만드는 것으로 밝혀졌습니다. 다른 많은 언어에서도 언급되는 유사한 패턴으로 보아 그 자료는 명확했습니다. 이 연구는 '**무바바**'와 '**버나나**' 같은 반복 음절이 있는 단어와 '**무나지**'와 '**버나쿠**' 같은 반복 음절이 없는 단어의 차이를 비교하는 데 초점을 맞추었고, 반복 음절 단어가 재생될 때마다 특정 영역에서 뇌 활동이 증가하는 것으로 나타났습니다.

잡지놀이

아이는 사진 보는 것을 즐깁니다. 이미 어린이 잡지가 있으면 좋지만, 그렇지 않은 경우 여러분이 원하는 잡지를 사용할 수 있습니다.

준비물
잡지

놀이 방법

1. 잡지를 살펴봅니다.
2. 재미있는 사진을 가리키고 자연스럽게 설명합니다.
3. 아이가 관심이 있으면 페이지를 넘기도록 하세요. 아이가 사진을 가리키면, 아이에게 흥미를 주는 것은 무엇이든지 자세히 이야기합니다.

발달정보

여러분이 아이와 함께 시간을 보내는 동안 표현하는 기쁨은 자연스럽게 아이의 자존감을 높여 줄 것입니다. 두 사람 사이의 의사소통은 아이의 성장에 필수적입니다.

관련 연구

Jenn Berman 박사는 「10 Reasons Play Makes Babies Smarter」라는 논문에서, 놀잇감은 비싸거나 새로운 것이 아니어도 된다고 말합니다. 이상적으로는 전자제품이 아닌 것이 좋은데, 그 이유는 그렇게 되면 장난감이 대부분의 일을 처리하기 때문입니다. Berman은 종소리와 휘파람 소리가 있는 일부 활동적인 장난감들은 아이들이 편히 앉아서 버튼을 누르며 즐거움을 느끼도록 하지만, 수동식 장난감은 활동적인 아이를 만든다고 설명합니다. 장난감이 단순할 때, 아이들은 '창의적, 역동적, 참여적'으로 될 수밖에 없고, 그것이 바로 발달을 가능하게 하고 촉진하는 것입니다.

첫 번째 시

이 시는 간단한 개념을 아이가 직접 경험함으로써 배울 수 있도록 고안되었습니다. 이 활동을 통해 자존감을 키우는 힘을 기를 수 있습니다.

 준비물

없음

놀이 방법

1. 시의 첫 부분을 시작으로, 아이에게 단어를 말하고 손가락, 손, 전신 동작으로 아이의 행동을 이끕니다.
2. 단어를 보고 경험하면서, 여러분의 행복과 기쁨을 보여 주세요.
3. 두 번째 부분으로 넘어가기 전에 첫 번째 연을 여러 번 반복합니다. 두 사람이 단어를 이해하고 몸동작에 익숙해지면, 놀이를 거듭할 때마다 더 좋은 활동이 될 것입니다.

   하나 더하기 하나는 둘이에요. (양손 검지를 앞으로 내밉니다)

   둘 더하기 둘은 넷이에요. (양손 검지와 중지를 앞으로 내밉니다)

   바로 지금 나는 더 이상 모르겠어요.

   나는 일어설 수 있어요. (아이를 일으킵니다)

   나는 앉을 수 있어요. (아이를 앉힙니다)

   나는 혼자 여기저기 갈 수 있어요. (아이를 이리저리 움직입니다)

   나는 오른손을 들 수 있어요. (아이의 오른손을 듭니다)

   나는 왼손도 들 수 있어요. (아이의 왼손을 듭니다)

   이게 내가 할 수 있는 전부가 아니에요.

   나는 오른발을 들 수 있어요. (아이의 오른발을 듭니다)

   나는 왼발을 들 수 있어요. (아이의 왼발을 듭니다)

   나는 내 발을 만질 수 있어요. (아이의 발을 만집니다)

   나는 내 코를 만질 수 있어요. (아이의 코를 만집니다)

   나는 손뼉을 칠 수 있어요. (아이의 손으로 손뼉을 칩니다)

   내 머리를 쓰다듬어요. (아이의 머리를 쓰다듬습니다)

   내 눈을 가려요. (아이의 눈을 가립니다)

까꿍을 해요. (아이의 눈에서 손을 뗍니다)

나는 할 수 있는 게 많아요.

안녕. (아이의 손을 흔듭니다)

하지만 이제 바이바이. (아이의 손을 흔듭니다)

출처: Sally Goldberg의 『Teaching with Toys』

발달정보

이 시는 길이가 길고 각 부분이 서로 다른 유형의 행동에 초점을 맞추고 있으므로, 활동할 때 연별로 나누어 하는 것이 좋습니다. 이 활동은 아이의 개인적 경험을 통해 길러지는 성취감과 그에 따른 자존감을 반영해 줍니다.

관련 연구

저는 제 책 『Teaching with Toys』에 이 시를 썼습니다. 그 당시 저는 제 아이가 하는 모든 새로운 행동을 보는 기쁨에 젖어 있었는데, 그래서 이 시의 구절들은 그러한 느낌을 담아 만들어졌습니다. 시의 모든 개념은 언어 자극 범주에 포함되었습니다. 단어들이 재미있었고, 또 자연스러운 율동도 함께 했습니다. 이 활동의 목표는 아이가 할 수 있는 것이나 배우고 있는 것에 중점을 두고 부모와 아이가 함께 상호작용하는 것입니다.

The Grand Old Duke of York

이 운율은 경험을 통해 여러 개념을 가르치는 잘 알려진 노래입니다. 이 활동을 즐기기 위한 올바른 자세는 아이를 여러분의 무릎에 놓고 튕겨 주는 것입니다.

준비물

없음

놀이 방법

1. 아이에게 잘 알려진 이 노래를 불러 주세요.
2. 표시된 동작에 따라 아이의 몸을 움직입니다.

● **The Grand Old Duke of York**

The grand old duke of York. (아이를 부드럽게 튕겨 주세요)

He had ten thousand men. (아이를 튕겨 주세요)

He marched them up the hill. (아이를 위로 올리세요)

And he marched them down again. (조심해서 아이를 내려놓으세요)

When you're up, you're up. (아이를 위로 올리세요)

And when you're down, you're down. (아이를 내려놓으세요)

And when you're only halfway up. (아이를 반쯤 위로 올리세요)

You're neither up nor down. (아이를 위아래로 움직이세요)

● **우리말 노래 <옆에 옆에>**[3]

옆에 옆에 옆에 옆으로

옆에 옆에 옆에 옆으로

위로 아래로 위로 아래로

위로 아래로 위로 아래로

옆에 옆에 옆에 뱅 돌아 짝 짝

옆에 옆에 옆에 뱅 돌아 짝 짝

위로 아래로 위로 아래로

---

3) 역자 주: 우리말 노래 〈옆에 옆에〉로 대체할 수 있습니다.

위로 아래로 위로 아래로
옆에 옆에 옆에 춤을 춥시다
옆에 옆에 옆에 춤을 춥시다
위로 아래로 위로 아래로
위로 아래로 위로 아래로

발달정보

여러분의 아이에게 '**위, 아래**'에 대해 말할 수 있지만, 움직임으로 개념을 경험하게 하는 것이 가장 좋습니다. 두 사람이 이 활동에 더 많이 참여할수록 친밀감이 강해질 것입니다. 아이가 즐겁게 참여하는 것은 내적 자존감의 표시가 될 것입니다.

관련 연구

이 동시의 리듬과 재미있는 단어 놀이는 아이가 다양한 구어 소리에 익숙해지는 데 도움이 됩니다. '**위, 아래**' 단어의 강조와 과장된 동작을 통해 단어의 의미를 배우며, 이러한 개념에 대한 아이의 이해를 높일 수 있습니다.

제4장 | 9~12개월

여러분의 아이는 이제 스스로 움직이고 세상을 이해하는 데 있어 빠른 발달을 보일 것입니다. 사물이 보이지 않아도 그곳에 있다는 것을 아는 대상영속성 발달도 중요한 발달 성취입니다. 말소리를 내고 단어를 말하기도 하는데, 이는 아이가 의사소통을 하는 것입니다. 또한 자신이 들은 새로운 단어들을 이해합니다.

아이의 움직임이 더욱 독립적으로 되면서 기어다닐 수 있고, 첫 걸음마를 하는 장면을 사진으로 찍을 수도 있습니다. 지금은 아이에게 모든 종류의 소리, 단어, 노래, 율동을 알려 주기에 특히 좋은 시기입니다.

아이는 움직임이 발달하면서 세상을 탐색하고 싶은 마음을 가지게 됩니다. 친구들과 가족들을 인식하게 되면서 더 많은 사람을 알고 싶어 할 것입니다. 새로움이 중요합니다. 아이가 어떤 상황에 있든지 아이가 지금 경험하고 보고 있는 것이 무엇인지 가능한 한 자세히 설명하도록 노력하십시오. 아이와의 놀이에 더 밝은 색깔, 음악, 질감, 맛있는 자연식품, 기분 좋은 향기를 접목해 놀이를 더 풍부하게 하십시오.

움직임의 즐거움

아이가 기어서 돌아다닐 수 있는 것은 많은 부분에서 성장에 큰 도움이 됩니다. 기기는 완전히 새로운 가능성의 세계를 열어 줍니다. 여러분의 아이는 그것을 알고 있습니다. 매일, 매주, 또는 여러분이 원하는 때에 할 수 있는 활동을 찾아보십시오. 조금씩 걸음마를 하며 나아가고 마침내 걷게 되는 모든 성장 과정을 지켜보십시오. 우와, 행복하게 걸어가는 아이를 보세요!

9~12개월 발달이정표

- 숨겨진 사물 찾기
- 다양한 방법으로 사물을 탐색하기
- 사물에 앞, 뒤, 상, 하가 있음을 이해하기
- 사물을 굴리거나 누르기
- 가구를 붙잡고 걷기
- 걷기
- 거울에 장난스럽게 반응하기
- 컵으로 음료 마시기
- 칭찬과 긍정적인 관심에 반응하기
- 간단한 놀이 즐기기
- 자신의 이름 외에 두 단어로 된 구절 이해하기
- **'안 돼' '앉아'**에 반응하기
- 소리를 내고 가끔 단어 말하기
- 간단한 노래 즐기기

인지 인지 발달: 탐색하기

상자 놀이

아이들은 상자를 매우 좋아합니다. 구할 수 있는 여러 가지 상자를 가지고 재미있게 놀아 보십시오. 새 상자가 집에 도착할 때마다 매주 놀이를 바꿀 수 있습니다.

준비물
상자(작은 상자 또는 신발 상자)

놀이 방법
1. 작은 상자를 큰 상자 안에 넣으세요.
2. 인형, 장난감 자동차 등 흥미로운 물건을 깜짝 선물로 가장 작은 상자에 넣으세요.
3. 아이와 둘이서 큰 상자부터 작은 상자까지 번갈아 열면서 즐거운 시간을 보내세요.

발달정보
만 한 살의 아이는 선물보다 선물 상자를 더 재미있어한다고 합니다. 이 활동은 매우 자연스러운 놀이이면서 비용도 거의 들지 않습니다.

관련 연구
저널 『Young Children』에 Linda Gillespie가 기고한 「Why Do Babies Like Boxes Best?」에서는 선물이 들어 있던 '상자'가 만 한 살짜리 아이들에게 큰 히트를 치는 이유를 설명하는데, 그 답은 바로 발달 단계와 관련이 있습니다. 이 시기는 장난감과 사물을 의미 있는 방법으로 탐색하려는 욕구가 가장 두드러지는 시기입니다. 이제 아이는 무언가를 뒤집고, 다른 것에 넣고, 다른 사람들에게 주는 등 여러 가지 방법으로 사물을 다룰 수 있습니다. 그렇다면 안에 있는 장난감은 어떨까요? 그건 너무 단순합니다. 어른에게는 장난감이 귀엽고 특별해 보일지 모르지만, 상자처럼 모든 감각을 통해 탐색할 수 있는 무한한 기회를 제공하지는 않습니다.

손전등 놀이

이 활동에서는 작은 동물 봉제 인형들이 여러분의 아이를 놀라게 해 줄 것입니다. 다른 작은 인형이나 장난감 자동차를 사용해도 좋습니다.

준비물

- 작은 봉제 동물 인형, 다른 인형 또는 장난감 자동차
- 손전등

놀이 방법

1. 장난감들을 벽 앞에 줄지어 둡니다.
2. 장난감 중 하나에 손전등을 비춰 주세요.
3. 주의사항: 안전을 위해서 손전등은 손으로 꼭 잡습니다. 손전등을 눈에 비추지 않도록 조심하세요. 대부분은 눈에 해롭지 않지만, 간혹 어떤 것들은 매우 강한 빛 때문에 위험할 수 있습니다.
4. 아이를 위해 여러 장난감에 빛을 비추어 보고, 장난감의 종류를 바꾸면서 놀이를 지속해 보세요.

발달정보

여러분의 아이는 지금 아주 반응적인 시기에 있으므로 새롭고 다양한 방법을 사용하여 단순한 사물들을 경험함으로써 창의적인 활동을 하는 것이 도움이 됩니다. 친숙한 장난감을 새로운 방식으로 볼 수 있도록 도와줌으로써 아이에게 놀라움을 선사할 수 있습니다.

관련 연구

존스 홉킨스 대학교의 한 연구에 따르면, 아이들도 사물이 어떻게 작동하는지에 대해 기대를 할 수 있고, 그러한 기대가 무너질 때 오히려 더 잘 배운다고 합니다. 존스홉킨스 대학교의 수석 연구원인 Aimee Stahl 박사의 신생아 인지에 관한

30년간의 연구는 아이들이 예측할 수 있는 상황보다는 놀라운 상황일 때 더 오래 주목한다는 것을 보여 줍니다. 연구자들은 아이들이 새로운 것을 배우는 데 도움이 되는 선천적인 지식을 가지고 태어난다고 말합니다. 하지만 아이들이 가장 잘 배울 수 있는 때는 사물이나 사건이 예상치 못한 방법이나 놀라운 방식으로 전개될 때입니다. Stahl 박사는 유아들이 예측한 방식대로 움직이지 않는 대상에 더 오랫동안 강하게 집중한다고 덧붙였습니다.

솜뭉치 불기

이 놀이는 여러분과 아이가 탁자의 맞은편에 마주 보고 앉아서 하면 좋습니다. 빨대는 각자 한 개씩 총 2개가 필요하고, 솜뭉치들도 필요합니다.

준비물

- 빨대 2개
- 솜뭉치들

놀이 방법

1. 여러분과 아이가 빨대를 차례로 불면서 탁자를 가로질러 솜뭉치를 보냅니다.
2. 둘이서 계속 솜뭉치가 왔다 갔다 하도록 하며 즐거운 시간을 보내세요.

발달정보

이 활동은 아이에게 원인과 결과의 관계를 알 수 있도록 합니다. 또한 문제해결 전략을 배울 수 있는 토대를 마련합니다. 아이의 입 주변 근육의 힘을 기르게 하는 것은 보너스입니다.

관련 연구

아동작업치료(Occupational Therapy for Children) 웹사이트에 실린 「Mouth Activities」라는 논문에 따르면, 입에는 촉각 수용기(접촉을 통해 주변 세계에 대한 정보를 보내는 세포)가 있는데, 이것은 입술에 고도로 집중되어 있다고 합니다. 이는 입술로부터 메시지를 받는 뇌의 영역이 신체의 다른 덜 민감한 부분에 대한 영역에 비해 더 넓은 것과 관련이 있습니다. 촉각 세포 수용기가 있는 다른 신체 부위보다 입술에서 오는 촉각을 해석하는 데 더 많은 두뇌 동력이 사용됩니다. 또한 이 간단한 활동은 입으로 부는 데 사용되는 근육을 자라게 하며 목, 가슴, 복부, 등을 조절하는 데 필요한 근육을 강하게 만드는 데 도움이 됩니다.

9 ~ 12 개월

인지

붙이기 놀이

아이와 함께 상호작용하며 노는 것에 비해, 아이 혼자 스스로 해 볼 수 있는 탐구적이고 재미있는 활동을 찾아 주는 것은 쉽지 않습니다. 시트지의 끈적이는 부분은 그러한 기회를 제공할 수 있습니다.

준비물

- 23×30cm 크기의 시트지(접착식 용지)
- 테이프
- 여러 가지 모양(관 모양, 나선형 모양, 조개 모양, 리본 모양 등)의 조리되지 않은 파스타

놀이 방법

1. 시트지를 자릅니다.
2. 끈적끈적한 면을 위로 하여 유아 식탁 의자나 아이가 편안하게 앉을 수 있는 탁자에 올려 두세요.
3. 시트지가 움직이지 않도록 테이프로 고정해 주세요.
4. 아이에게 파스타 한 그릇을 주세요. 주의사항: 아이가 파스타 조각을 삼켜 질식하지 않도록 아이와 가까이 있으세요.
5. 아이에게 파스타를 시트지의 끈적끈적한 면에 붙이라고 말해 주세요.
6. 아이는 파스타 조각들을 옮겨서 흥미로운 디자인을 만들 수도 있을 것입니다.

발달정보

이 활동은 아이가 발전하는 모습을 지켜볼 수 있다는 점에서 특별합니다. 처음에는 모든 파스타를 아무렇게나 놓겠지만, 머지않아 각 조각을 어디에 두는지에 대한 순서와 선택지가 더 많아질 것입니다. 지금은 아이의 엄지와 검지를 사용하는 집기 기술이 발달하고 있는 시기이기 때문에, 마른 파스타 조각은 만지기 흥미롭고 조작하기 쉬울 것입니다.

관련 연구

알링턴에 있는 텍사스 대학교의 운동학 조교수인 Priscila Cacola는 운동 발달이 인지, 사회, 정서 발달을 연결해 주는 매개체이기 때문에 운동 기술을 발달시키는 것은 매우 중요하다고 말합니다. 어릴 때의 좋은 운동 기술은 훗날 인생에서 훨씬 더 많은 것을 잘할 수 있게 하므로, 우리는 모두 아동의 어린 시절에 주목하는 것일 수도 있습니다.

9 ~ 12개월

인지

텐트 놀이

아이는 숨겨 놓은 물건을 찾는 보물찾기를 하면서 시간 가는 줄 모르고 놉니다. 여러분이 물건을 숨기기 시작할 때부터 아이는 온전히 그 놀이를 즐기게 될 것입니다. 놀람은 효과적인 놀이의 주요 특징 중 하나입니다.

준비물

- 의자 또는 작은 탁자
- 담요 또는 식탁보
- 흥미 있는 물건 5개

놀이 방법

1. 의자 또는 작은 탁자 위에 담요 또는 식탁보를 덮으세요.
2. 텐트처럼 보이도록 꾸미세요.
3. 텐트 속 잘 보이지 않는 곳에 아이의 흥미를 끌 수 있는 사물 5개를 놓아두세요.
4. 아이에게 텐트 안으로 들어가라고 하세요.
5. 아이는 텐트 안에 있는 사물들을 가지고 노는 것을 즐기거나, 여러분과 함께 놀기 위해 몇 가지 사물을 가지고 나올 수도 있습니다.

발달정보

아이들은 다음에 무슨 일이 일어날지 궁금해하기 때문에 이 활동은 항상 재미있습니다. 이것은 까꿍놀이의 또 다른 버전입니다. 아이가 이불이나 식탁보 아래에 있는 사물을 어떻게 하면 재미있게 가지고 놀 수 있을지 정해서 놀이를 시작하면, 여러분은 아이의 놀이에 기쁘게 따르면서 함께하십시오.

관련 연구

아이들은 많이 웃습니다. 그런데 Caspar Addyman 박사는 아이들이 성장하고 발달함에 따라 웃는 이유가 달라진다고 말합니다. 그의 연구에 따르면, 어린 아기들(4~5개월)을 웃게 하는 데에는 단순한 시각 자극과 촉각 자극이 가장 효과가 있는 반면, 조금 더 큰 아이들을 웃도록 하기 위해서는 까꿍놀이와 같은 사회적 놀이가 더 효과를 발휘한다고 합니다. 이는 아이가 자라면서 웃는 반응이 변하기 때문입니다. 6개월 미만의 아기들은 어떤 일이 일어난 상태 자체가 재미있다고 생각하기 때문에 웃지만, 생후 6개월 이후부터는 어떤 물체가 사라졌다가 다시 나타나는 것에 대한 이해가 생겨, 놀이에서 놀람과 복잡성이 나타날 때 더 많이 웃습니다.

운동 대근육/소근육 발달: 이동하기

건포도와 시리얼

건포도와 시리얼은 한입 크기에 먹기 좋고, 맛있고, 건강하며, 재미있는 간식입니다. 여러분이 아이와 함께 이 활동을 더 많이 할수록, 아이의 집기 기술(엄지와 검지 사용)은 더 많이 발달할 것입니다.

👶 준비물
건포도, 시리얼, 또는 과일 조각

🎾 놀이 방법
1. 아이를 유아 식탁 의자에 앉히세요.
2. 아이가 쉽게 집을 수 있는 음식을 쟁반에 놓아두세요.
3. 아이가 검지와 엄지손가락으로 간식을 맛있게 먹는 것을 지켜보세요.
4. 아이가 먹고 있는 음식에 대해, 질감, 맛, 생김새를 자세히 설명해 주면서 이야기를 나눕니다.

👶 발달정보
아이는 지금까지 꽤 오랫동안 손 전체로 사물을 들어 올리는 행동을 시도해 왔지만, 이제 엄지와 검지를 사용하여 집기를 하게 됩니다. 아이에게 주기 적당한 작고 안전한 음식 재료를 가지고 연습하면, 이 기술을 계속 발전시킬 수 있습니다. 여러분은 이 활동에서 기쁨을 일부러 감출 필요가 없습니다. 아이가 훌륭한 집기 기술을 보일 때 여러분이 인정해 주면, 아이는 긍정적인 강화를 받고 더 열심히 하며 나아갈 것입니다. "내가 해야 할 일은 이 작은 음식 조각을 먹는 것이고, 부모님은 내가 하는 행동을 훌륭하다고 생각해요!"라면서 말입니다. 이 간단한 반응은 아이가 스스로에 대해 좋게 느끼도록 하는 원동력이 되며, '집어서 먹는' 이 중요한 새로운 능력을 계속 사용하고 완벽하게 하는 데 도움을 줄 것입니다.

관련 연구

SchoolSparks.com의 'Importance of the Proper Pincer Grip'에는 이러한 소근육 운동 기술 진전에 관한 값진 정보가 수록되어 있습니다. 교사, 치료사, 의사들 사이에서 흔한 용어인 **집게 손 쥐기**(pincer grip)'는 집게손가락과 엄지손가락으로 작은 사물을 집는 방법을 말합니다. 일반적으로 아이들의 소근육 운동 기술이 발달할 때 거치는 쥐기 단계는 세 가지가 있습니다.

- 주먹 쥐기(fist grip): 신생아들이 사물을 쥐기 위해 손을 뻗기 시작할 때는 주먹 전체를 사용합니다. 이 시기의 아이들은 주먹을 쥔 채 엄지손가락을 사물 위에 올리고 사물을 잡을 것입니다.
- 네 손가락 쥐기(four-finger grip): 소근육 운동 조절 능력이 발달하면서, 주먹 쥐기에서 네 손가락 쥐기로 나아가게 됩니다. 이제 아이는 엄지손가락으로 사물을 고정하면서 네 손가락을 함께 사용합니다. 이 쥐기 방법은 아이가 조절력을 좀 더 가지게 하지만 여전히 약간 서툴고 비효율적입니다.
- 집게 손 쥐기(pincer grip): 만 1세 가까이 되면, 아이는 강력한 소근육 운동 기술인 집게 손 쥐기를 할 수 있게 됩니다. 이제 아이는 엄지와 검지만을 사용해 작은 사물을 잡고 만질 수 있게 됩니다. 아이들은 집게 손을 사용해서 쉽게 비틀고 책의 페이지를 넘기고, 뚜껑을 열고 닫으며, 크레용이나 연필을 사용할 수 있게 됩니다.

베개 넘기 놀이

여러분의 아이가 기어다니든 걸어 다니든 이 시기는 한창 많이 움직일 시기입니다. 따라서 움직임에 기반을 둔 놀이는 매우 성공적일 것입니다. 이 활동은 복도에서 하는 것이 가장 좋지만, 작고 안전한 방에서도 할 수 있습니다.

준비물
베개

 놀이 방법

1. 복도에 베개 몇 개를 한 줄로 늘어놓으세요.
2. 아이를 한쪽 끝에 있게 하고, 반대쪽에 있는 양육자에게 오도록 하세요.
3. 아이는 베개 위를 넘어가거나 베개 옆으로 돌아가거나 하면서 여러분에게 갈 수 있는 자신만의 방법을 찾을 것입니다.
4. 아이가 이 활동을 즐거워한다면 여러 번 반복해 주세요.

발달정보
비록 아이가 침대에서 베개를 베고 자지 않아도 베개는 아이의 대근육 운동 발달을 돕는 데 도움이 될 수 있습니다. 베개를 사용하는 이 활동은 아이에게 재미있고 자유로운 놀이 시간을 제공할 것입니다.

관련 연구
Priscila Cacola는 다른 연구자들과 함께 가정에서 사용하는 다양한 물건이 유아의 운동 발달을 얼마나 잘 촉진할 수 있는지 측정하는 척도를 개발했습니다. 모든 아이에게 대·소근육 운동 발달을 촉진해 줄 수 있는 환경이 필요합니다. 하지만 부모들은 보통 장난감이나 가정에서 쓰이는 물건이 아이의 대·소근육 운동 발달을 돕는 물건이라고는 생각하지 않습니다. 그렇기에 이러한 척도는 매우 유용할 것입니다.

당기기

장난감에 끈이 달린 것들이 있습니다. 곰 인형이나 다른 동물 인형 중에서 리본이나 끈으로 고리를 달고 있는 것들이 있는데, 여기에다 여러분이 더 긴 리본이나 끈을 이어 붙일 수 있습니다. 여러분이 이미 가지고 있는 것이나, 새로 만든 끈이 달린 장난감을 활용해 보십시오. 아이는 이 활동에서 움직이는 것을 즐길 것입니다. 이제 걸음마를 시작하는 단계이기 때문에 아이가 장난감을 쉽게 잡을 수 있도록 해 주십시오.

준비물

- 곰 인형 또는 다른 봉제 동물 인형
- 리본 또는 끈

놀이 방법

1. 동물 인형에 리본이나 끈을 묶은 다음, 아이가 장난감의 끈 부분을 잡을 수 있도록 해 주거나 아이의 손목에 묶어 주세요. 주의사항: 아이에게 리본이나 끈을 주고 혼자 두지 마세요.
2. 방 한쪽 끝에 서서 아이가 장난감을 여러분에게 가져다주도록 격려하세요.
3. 아이에게 장난감을 받으면 다시 돌려주고, 방의 반대편으로 가세요. 그러고는 장난감을 다시 달라고 해 보세요.
4. 여러분과 아이가 즐길 수 있는 한 활동을 반복해 주세요.

발달정보

아이는 이리저리 움직이면서 세상을 탐험하는 중입니다! 이 활동에서 색과 질감, 그리고 무엇보다도 **목적의식**(purpose)을 더하면, 아이는 더욱 좋아할 것입니다. 이때 자신감 또한 생겨날 것입니다. 아이는 "제가 무엇을 하는지 보세요!"라며 미소와 함께 내면의 감정을 나타낼 것입니다.

운동

9~12개월

관련 연구

『Your Baby & Child: From Birth to Age Five』의 저자인 Penelope Leach는 많은 아이가 자신의 첫 번째 생일쯤에 첫걸음을 내디딘다고 말합니다. 어떤 아이들은 조금 더 일찍, 어떤 아이들은 조금 더 늦게 걷기 시작하는데, 이것은 모두 지극히 정상입니다. 걸음마기 초기에 아이는 균형을 잡기 위해 두 발을 넓게 벌리고 걸을 것입니다. 이 시기에 어떤 아이들은 어쩌다 보니 너무 빨리 걸어서 넘어지기 쉽습니다. 점차 아이가 걸음마에 자신감을 갖게 되면서, 걸음을 멈추고 방향을 바꾸는 법도 알게 될 것입니다. 머지않아 아이들은 무언가를 집어 들고 다시 서 있기 위해 쪼그려 앉을 수도 있을 것입니다. 이 과정이 끝날 때쯤이면, 아이들은 밀고 당기는 장난감을 가지고 노는 것을 좋아할 것이고, 더 활발하게 놀 것입니다.

미끄럼 타기

아이가 아직 놀이터의 미끄럼틀에서 놀기에는 너무 어릴지도 모르지만, 여러분의 두 다리를 이용하면 재미있게 미끄럼을 태워 줄 수 있습니다.

 준비물

없음

놀이 방법

1. 소파에 편안하게 앉으세요. (다리는 자연스럽게 구부려져 있습니다)
2. 아이를 무릎 위에 앉히고 손을 잡아 줍니다.
3. 서서히 다리를 일자로 뻗어 아이가 천천히 발목 쪽으로 미끄러져 내려가다가 발에 착지하도록 해 주세요.
4. 이 미끄럼 활동은 아이가 즐길 수 있는 한 여러 번 반복할 수 있습니다.

 발달정보

여러분이 아이를 위한 미끄럼틀이 되어 줄 수 있으므로 짧은 기간 동안 사용하기 위해 유아용 미끄럼틀을 따로 구매할 필요가 없습니다. 여러분의 손과 팔을 이용해 아이에게 알맞고 적당한 속도로 즐길 수 있는 그네를 직접 만들어 줄 수도 있습니다. 활동적인 부모와 반응적인 아이가 함께 무엇을 만들어 나갈지 생각해 보십시오. 정말 멋지지 않나요?

 관련 연구

Burton White의 『The New First Three Years of Life』에 따르면, 생후 18개월 미만의 유아에게 권장되는 미끄럼틀은 따로 없다고 합니다. 첫 번째 기어오르기 단계는 생후 8~10개월에 나타나는데, 20cm쯤 되는 중간 정도 높이로 올라갈 수 있습니다. 그는 이 정도 높이가 보통의 계단을 오르기에 딱 맞는 높이라고 설명합니다. 다음 단계로 아이는 낮은 발판 위에 올라갈 수 있게 됩니다. White는 이때 아이는 자신이 바닥으로 내려올 수 있는 능력을 갖게 된 것을 매우 흥미로워하면서 계속해서 오르내리기 연습을 하기 시작할 것이라고 말합니다. 11~12개월 정도가 되면 40cm 정도까지 올라갈 수 있게 되면서 소파를 오르기 시작하는데, 거기서 멈추지 않습니다. 그다음으로는 소파 팔걸이와 등받이를 정복하려고 하고, 부엌 의자 오르기에도 도전합니다. 그러고 나서는 식탁 위나, 부엌 조리대에 오르려고 하는 것까지 확장됩니다. 이 과정을 지켜보는 것은 매우 기쁜 일이지만 안전하지 않기 때문에 항상 아이를 주시해야 합니다.

장난감 가져오기

아이가 장난감을 가지려고 몸을 움직이는 것은 자연스러운 즐거움을 가져다줍니다. 그것이 기는 것이든 걷는 것이든 상관없이 말입니다. 이 활동에서는 장난감 외에도 작은 베개나 부드럽고 안전한 가정용품 등을 사용할 수 있습니다. 아이는 이 새로운 도구들을 탐험하고 경험하는 것을 좋아할 것입니다.

준비물
장난감

놀이 방법

1. 아이를 방의 한쪽 끝으로 가도록 하고, 여러분은 그 반대편으로 가세요.
2. 아이를 부르면서 여러분이 가지고 있는 장난감을 가지러 오라고 하세요.
3. 아이를 다시 방 한쪽으로 데려다 놓고 다시 여러분의 자리로 돌아가세요.
4. 아이에게 다른 장난감이나 가정용품을 보여 주고 같은 방식으로 그것을 가지러 오라고 하세요.

발달정보

우리가 어떤 목적을 가지고 행동할 때, 그것을 하고자 하는 동기가 부여되며 재미도 있습니다. 이 활동은 발달의 다섯 가지 영역 모두에 초점이 맞추어져 있습니다. 사실은 대근육 운동을 증진하기 위해 만들어진 활동이지만, 아이가 원하는 사물에 도달하는 방법을 알아 가게 함으로써 인지 발달을 위한 기회도 제공할 수 있습니다. 또 아이와 함께 상호작용하는 것은 사회성 발달에 도움이 되고, 그 과정에는 많은 언어도 포함되어 있습니다. 마지막으로 중요한 것은, 다가가서 잡는 활동에 성공할 때마다 아이가 엄청난 성취감을 느끼게 된다는 것입니다. 이 활동은 아이의 성장과 발달에 유익하며, 아이와 여러분 모두에게 큰 재미를 선사합니다. 또한 새로 무언가를 사야 할 필요가 없으며, 언제나 다양한 방법으로 재미있게 즐길 수 있습니다.

😊 관련 연구

Eric Jensen의 『Teaching with the Brain in Mind』에 따르면, 교육계와 과학계는 오랫동안 '생각하기'와 '운동하기'가 따로 분리되는 개념이라고 믿어 왔습니다. 하지만 요즘에는 흐름이 바뀌어 운동과 인지 향상 사이에 강한 연관성이 있다는 증거들이 나오고 있습니다. 인지와 운동을 함께 하는 것은 학습, 기억, 동기 증진을 위한 효과적인 전략으로 여겨지고 있습니다. 이 분야의 전문가들은 학습 과정에서 더 많은 운동이 필요하다는 것을 지지하기 시작했습니다.

사회 · 정서 사회적 상호작용 즐기기: 언제 어디서나

대화하기

여러분이 아이와 함께할 때, 아이에게 주의를 기울이는 것이 중요합니다. 여러분이 매일 하는 일상적인 활동에 가능한 한 아이를 많이 참여시켜 주십시오.

준비물

없음

놀이 방법

1. 여러분이 친구나 이웃과 대화를 나눌 때, 대화하면서 일어나는 일들을 아이가 직접 관찰할 수 있도록 해 주세요.
2. 어른들끼리 대화를 하는 중에 한 번씩 아이에게도 다음과 같이 말을 걸어 주세요. "아가야, 그거 기억나니? 참 재미있었지?" "너는 어떻게 생각해?"
3. 아이에게 말을 걸고 대화에 참여시킴으로써 아이도 우리 사회 구성원이라는 것을 느끼도록 해 주세요.

발달정보

현대 사회에서는 카시트와 유모차의 사용이 보편화되어 있어서, 아이를 사회적 상황으로부터 고립시키기가 쉽습니다. 아이를 어른들의 대화에 항상 참여시키는 것은 불가능하겠지만, 아이가 고립감을 느끼지 않도록 대화 시 아이가 접근할 기회를 만들어 줄 필요가 있습니다.

관련 연구

Catherine E. Snow는 「The Development of Conversation Between Mothers and Babies」에서 엄마와 아이가 나누는 대화의 중요성에 대해 시사한 바 있습니

다. 그녀의 연구에 따르면, 엄마들은 아이가 생후 7개월이 되는 시점부터 시작해서 18개월이 될 때까지 똑같이 안정된 빈도로 아이와 자연스럽게 대화하는 방법을 가지고 있다고 합니다.

소개하기

아이에게 일찍부터 사회성 기술을 모방하도록 해 주십시오. 지금 당장은 명확한 결과가 보이지 않겠지만, 아이는 여러분이 말하고 행동하는 모든 것을 보고 배우고 있습니다. 여러분은 아이에게 사회성 기술 양식을 제공하고, 아이는 그것을 관찰하여 자신의 것으로 만들어 활용할 것입니다.

준비물

없음

놀이 방법

1. 누군가를 만나서 인사를 나눌 때, 아이를 소개해 주세요. 기본적인 인사말은 다음과 같습니다.
   "(어른의 이름을 부른 후) 이 아이는 (아이의 이름)입니다.
   (아이의 이름을 부른 후) 이 분은 (어른의 이름)이야."
2. 아이가 어른과 손을 맞잡고 악수할 수 있도록 안내해 주세요.
3. 아이가 다른 사람이나 반려동물과 인사한 후 손을 통한 질병에 걸릴 위험이 있으므로 아이의 손을 깨끗이 씻어 주세요. 만일에 대비하여 항상 아이용 물티슈를 챙기는 것이 좋습니다.

발달정보

사람은 개별적인 경험을 쌓아 갑니다. 여러분은 아이 인생의 첫 경험을 가능한 한 긍정적으로 만들어 줄 수 있는 장본인입니다. 때로는 아이가 좋지 않은 경험을 할 수도 있겠지만, 최대한 좋은 경험을 할 수 있도록 많이 고려하고 치밀하게 계획하는 것이 필요합니다.

관련 연구

Penelope Leach는 『Your Baby & Child: From Birth to Age Five』라는 책에서 이 시기에 아이의 요구를 충족시키는 것은 매우 중요하며, 버릇이 없어지지 않을

사회 · 정서 9~12개월

까 하는 걱정은 하지 않아도 된다고 말합니다. 이 시기의 아이에게는 버릇을 바로 잡아 주는 것보다 욕구를 충족시켜 주는 것이 중요합니다. 어린아이들이 버릇이 나빠지기에는 너무 착하다는 말은 아닙니다. 이 시기 아이들은 어떤 의도를 가지고 무언가를 요구할 만큼 충분히 성장하거나 인지하지 못한다는 것입니다. 조직적인 행동을 하려면 아이가 자신을 타인과 완전히 다른 별개의 개인으로 보아야 하는데, 이 시기의 아이들은 아직 이러한 이해를 하지 못합니다.

까꿍놀이 2

까꿍놀이는 모든 연령대의 아이들이 즐거워하는 활동입니다. 물론 부모들도 까꿍놀이를 좋아합니다.

준비물
손수건 또는 수건

놀이 방법

1. 손수건이나 수건으로 얼굴을 가리세요.
2. 얼굴을 내밀면서 "까꿍!"이라고 말하세요.
3. 손으로 여러분의 얼굴을 가렸다가 보일 수도 있고, 아이의 손으로 아이 얼굴을 가렸다가 다시 보일 수도 있습니다. 여러분의 손으로 아이의 얼굴을 가렸다가 보이는 것도 시도할 수 있습니다.

발달정보

여러분의 까꿍놀이 버전이 보다 더 추상화되고 있습니다. 단지 손으로 얼굴을 부분적으로 가렸다가 보이게 할 뿐이지만, 아이는 얼굴을 가리고 드러내는 동작을 할 때 매우 즐거워할 것입니다. 이 활동은 자녀와 상호작용하는 방식이 차이를 만든다는 사실을 상기시켜 줍니다. 여러분의 기쁨은 아이의 기쁨이기에, 언제 어디서나 할 수 있을 때마다 기쁘게 놀이를 해 보십시오.

관련 연구

『Psychology Today』의 「10 Insights to Enhance the Joy of Learning」에서 Scott Barry Kaufman 박사는 놀이의 사회적 측면이 학습에서 매우 중요하다고 말합니다. 놀이에서의 즐거움은 학습 경험에 중요한 역할을 합니다. 여기에 아이와 잘 놀 수 있는 효과적인 방법 몇 가지가 있습니다.

1. 아이가 좌절하지 않고 성공하도록 해 주십시오.

2. 최고의 놀이를 제공하기 위해 어떤 구조화도 필요하지 않다는 것을 기억하십시오.

3. 최대의 효과를 위해 아이가 자유롭게 탐색할 기회를 주십시오.

○○이 찾았다!

이 활동에서 아이를 찾는 것은 아이가 사랑받고 있다고 느끼고 안정감을 가질 수 있도록 도와줄 것입니다. 아이의 첫 번째 반응은 여러분을 찾는 행동인데, 아이가 여러분을 발견했을 때 얼마나 기뻐할지 상상해 보십시오.

준비물

없음

놀이 방법

1. 아이가 이동하거나 주변을 탐색할 수 있도록 개방되고 안전한 장소를 정하세요.
2. 아이가 이 활동을 즐겁게 하고 있다고 느껴지면, 방을 나가서 보이지 않는 곳으로 가세요.
3. 빨리 돌아와서 "찾았다!"라고 신나게 말하세요.
4. 여러분과 아이가 계속 활동을 즐길 수 있는 한 과정을 반복하세요. 만약 아이가 활동을 즐기지 않는다면, 중단하고 나중에 다시 시도하세요.

발달정보

아이들을 혼자 두면 종종 울음을 터트립니다. 그러나 그러한 불편함을 해소시키면 큰 기쁨을 주게 됩니다. 짧은 시간 동안 이런 장난스러운 놀이를 반복하는 것은, 나중에 혼자 있는 상황이 생겼을 때 어려움을 줄여 줄 것입니다.

관련 연구

Dana Childress 박사의 「Peek-A-Boo!—Strategies to Teach Object Permanence」에 따르면, 대상영속성은 일반적으로 생후 4~7개월에 시작되며, 대상이 사라져도 그것이 영원히 사라지는 것은 아니라는 사실의 이해와 관련됩니다. 이것은 만약 어떤 것이 완전히 숨겨져 있어도 아이가 그것을 찾아낼 것이라는 것을 의미합니다. 이것은 매우 흥미로운 발달입니다. 왜냐하면 아이는 사람들이 자신의 시야 밖에서도 계속 존재한다는 것을 배우기 시작했기 때문입니다. 그러나 대상영속성

사회 · 정서

9 ~ 12 개월

과 함께 종종 분리 불안이 함께 나타납니다. 아이들은 이제 부모나 양육자가 방을 나갈 때 소란을 피우고 울게 됩니다.

간식 시간

여러분이 식사 시간을 오로지 영양에 관한 것으로 생각할지도 모르지만, 실제로는 훨씬 더 많은 의미가 있습니다. 식사 시간은 사회적인 시간을 함께 나눌 수 있는 기회가 됩니다. 이것을 기억하면 식사 시간에 또다른 발달 기회를 가질 수 있게 됩니다.

준비물

- 작은 탁자와 의자 또는 피크닉 담요
- 플라스틱컵과 종이 접시
- 간식들

놀이 방법

1. 여러분과 아이를 위한 간단히 집어먹을 수 있는 간식 시간을 마련하세요. 어린이용 식탁과 의자를 사용하거나 바닥이나 잔디에서 소풍 온 것처럼 준비할 수도 있습니다.
2. 두 사람 모두에게 매력적인 공간이 되도록 최선을 다하세요.
3. 준비하기 쉽고, 영양가가 높으며, 아이와 여러분 모두 즐길 수 있는 몇 가지 권장 간식 종류는 다음과 같습니다.
   - 레몬 또는 라임즙을 넣은 물. 이 음료에 설탕이 포함될 필요는 없습니다. 뚜껑이 없는 컵을 사용하고 마시는 과정에서 아이가 필요한 만큼 마실 수 있도록 도와주세요.
   - 한입 크기로 자른 부드러운 과일, 바나나, 복숭아, 배, 자두, 스타프루트, 망고, 파파야, 멜론, 딸기, 블루베리, 산딸기 등을 추천합니다. 복숭아, 배, 자두 같은 과일은 껍질을 벗겨야 합니다.
   - 한입 크기로 자른 부드러운 조리 채소, 감자, 고구마, 당근, 호박, 애호박, 브로콜리, 콜리플라워, 버섯 등을 추천합니다.
   - 한입 크기로 자른 부드러운 빵, 부드러운 크래커도 좋습니다.
   - 한입 크기로 만들어지고 인공색소, 맛, 방부제가 없는 시리얼들도 괜찮습니다.
   - 건포도, 건대추, 건파인애플, 건파파야 등 인공색소나 방부제를 사용하지 않고 만든 건조 과일 조각도 좋습니다.

사회 · 정서

9
~
12
개
월

👶 발달정보

현대에는 성인의 생활과 구별되는 아이를 위한 제품과 기능 식품이 많이 나오고 있습니다. 하지만 가능한 한 성인의 생활 양식에 가까운 물건들을 사용하여 아이를 일상 활동에 참여시킬수록 아이의 성장과 발달에 도움이 됩니다. 사회성 발달은 긴 과정이며, 함께 즐길 수 있는 활동이 많을수록 그 과정이 더욱 수월해질 것입니다.

👶 관련 연구

Robin Fox의 「Food and Eating: An Anthropological Perspective」에 따르면, 예전부터 사람들은 함께 식사했고, 식사 시간은 가족 전체나 부족민, 마을 사람들이 함께 모이는 시간이었습니다. 음식은 부모에서 아이들로, 아이들에서 친척들로, 또는 손님과 낯선 사람에게까지 이타심을 표현하기 위한 공유, 분배, 베풂의 기회입니다. 음식은 엄마가 아이에게 주는 가장 중요한 것입니다. 모유는 엄마의 몸에서 나온 물질이며, 세계 대부분의 지역에서 엄마의 모유가 여전히 아이들에게 안전한 유일한 음식이라고 말합니다. 대부분의 부모는 아이들에게 직접 먹이는 것이 가장 중요한 부분이라고 생각하지만, 새로운 연구는 부모가 먹는 것을 아이들이 보는 것 또한 영향력 있는 요소라고 지적합니다. Zoe Liberman과 동료들의 연구에서 아이들은 사회적·문화적 단서를 통해 먹는 것에 대해 배운다고 했습니다. 아이들은 음식에 대한 좋고 싫음을 사람들 간에 의미 있게 공유된 것으로 보기 때문에 주변에서 어떤 음식을 먹고 있는지에 관심을 기울입니다.

언어 언어 발달 향상: 풍부한 어휘

소리 산책

아이가 소리를 내는 것에서 단어를 말하는 것으로 전환하는 시기입니다. 따라서 아이에게 가능한 한 많이 흉내 내는 말을 해 주는 것이 도움이 됩니다. 이를 위한 재미있는 방법은 아이에게 새소리나 자동차 경적과 같은 모든 종류의 소리를 묘사해 주는 것입니다. 여러분의 설명은 아이에게 풍부한 어휘를 제공할 것입니다.

준비물

알람 시계, 타이머, 뮤직박스, 라디오, 텔레비전, 헤어드라이어, 세탁기, 그리고 쌀·콩·시리얼과 같이 마른 음식이 든 상자 등 소리를 낼 수 있는 가정용품

놀이 방법

1. 집이나 밖에서 아이를 데리고 다니면서 소리가 나는 것들을 찾아보세요. 여러분이 그것을 찾을 때마다, 소리를 자세히 묘사하세요.
2. 밖에서는 새, 비행기, 짖는 개, 노는 아이들, 지나가는 차를 가리킬 수 있습니다. 할 수 있는 한 많은 말을 해 주고, 아이가 소리를 내는 것도 들어 보세요.

발달정보

여러분이 말할 때, 여러분의 아이는 듣습니다. 여러분이 다른 사람들과 말할 때에도 아이는 듣고 있습니다. 아이가 듣는 모든 언어는 아이에게 필요한 배경지식을 제공해 줄 것이고, 언젠가는 여러분에게 자신의 말로 돌려주기 시작할 것입니다.

9~12개월

언어

관련 연구

Kimberly Kopko 박사의 「Research Sheds Light on How Babies Learn and Develop Language: Insights for Parents, Teachers, and Educators from Research」는 '아기 연구실'이라고도 알려진 코넬 대학교 유아 연구소에서 자신의 연구로부터 정보를 제공한 Marianella Casasola 박사의 연구에 대해 이야기합니다. 그녀의 연구 결과에 따르면, 신생아는 말을 하기 전부터 이미 단어를 잘 이해하는 방법을 학습한다고 합니다. 그녀는 이러한 학습 이면의 복잡성을 풀어 주면서 새로운 단어와 사건들이 어떻게 학습을 촉진하는지를 보여 줍니다. 그녀는 부모들에게 도움이 되는 조언을 제공합니다. Casasola 박사는 부모가 가능한 한 많은 말을 아이들에게 해 주어야 한다고 말합니다. 연구 결과는 아이와의 빈번한 의사소통이 아이들이 배우는 말의 양과 직접적인 관련이 있다는 것을 보여 줍니다.

단어

만약 여러분이 아이의 발성에 주의를 기울여 본다면, 단어 또는 짧은 구절처럼 들리는 많은 소리를 듣게 될 것입니다. 때로는 아이가 여러분에게 중요한 것을 말하려고 시도하며 여러 소리를 함께 내기도 하는 것을 듣게 될 것입니다.

준비물
없음

놀이 방법

1. 단어, 구절 또는 일반적인 개념처럼 들리는 옹알이를 들을 때마다 아이에게 진짜 단어를 말해 주세요.
2. 예를 들어, 아이가 "무무"라고 말하는 것을 들으면 여러분은 "물. 물 마실래?"라고 말할 수 있습니다.
3. 아이가 소리를 내는 것을 듣거나 사물을 가리키는 것을 볼 때마다 아이가 가리키고 있는 것의 이름을 말해 주고 가능한 한 자세히 설명해 주기를 반복하세요.

발달정보

아이의 발달은 자연적으로 일어나는 것처럼 보이지만, 많은 것이 모여 각각의 진전을 촉진합니다. 흥미롭고, 안심되고, 경이로운 점은 대부분의 양육이나 지원이 아주 자연스럽게 이루어진다는 것입니다. 아이들이 하는 옹알이는 여러분들로 하여금 옹알이로 답하게 하는 본연의 특성을 지니고 있기 때문에, 아이가 실제 단어와 비슷한 옹알이를 하면 어른들은 그 소리와 닮은 진짜 단어를 기쁘게 따라 해 주게 됩니다.

관련 연구

Parenting Literacy라는 웹사이트는 Joseph Lao 박사의 「Infant Language Development」라는 논문을 소개하고 있습니다. 이 연구에 따르면 생후 10~12개

월의 아이들은 Joseph Lao 박사가 '원형단어(protowords)'라고 부르는 것을 사용하기 시작합니다. 이것은 단어와 비슷하지만, 꼭 그렇지만은 않은 소리들입니다. 흔한 예는 '**마마**' '**다다**' '**바바**'입니다. 이 단어들은 '**바바바바바**'와 같은 반복적인 소리를 수반하는 반복적인 옹알이와는 다릅니다. 원형단어는 이보다 더 짧고, 일반적으로 1~2개의 음절로 되어 있습니다. 아이의 반복적인 옹알이는 단지 소리를 내는 것인 데 비해, 원형단어는 더 목적적이고 단어와 매우 유사하며, 일반적으로 엄마, 아빠, 자동차와 같은 구체적인 것에 대응되고 동일한 사람이나 사물을 지칭하기 위해 지속적으로 사용됩니다. 일단 이런 단어들이 나타나기 시작하면 아이가 언어 이전 단계에서 언어 단계의 의사소통으로 전환하고 있다는 것을 의미합니다. 일반적으로 생후 10~13개월에 첫 진짜 단어를 말하게 되며, 그 단어는 아이가 특별한 관심을 가지고 있는 명사인 경우가 많습니다.

촉감 산책

여러분의 아이는 많은 종류의 단어를 듣지만, 어떤 형식으로든 실제로 경험한 단어를 가장 잘 기억할 것입니다. 이러한 경험 학습 영역에서 촉감놀이는 큰 역할을 합니다.

준비물

만질 수 있는 사물

놀이 방법

1. 아이를 집이나 밖으로 데리고 다니면서 다양하고 흥미로운 사물들을 만지도록 격려합니다.
2. 사물을 찾을 때마다 **딱딱한, 말랑한, 거친, 부드러운, 무거운, 가벼운** 등의 촉각 단어를 사용하여 설명합니다.
3. 실내에서는 수건, 베개, 냅킨, 종이, 플라스틱컵, 식기류, 문손잡이, 책 등의 사물을 찾을 수 있습니다. 밖에서는 풀, 잔가지, 돌, 나무, 나뭇잎, 야외용 가구 등을 찾을 수 있을 것입니다.
4. 관심 있는 대상을 찾을 때마다 온몸을 이용하여 체험할 수 있습니다. 부드러운 침대와 딱딱한 바닥은 서로 다르게 보이고 느껴지는 사물의 좋은 예입니다.

발달정보

만지는 것은 효과적인 학습 수단입니다. 촉감책을 보여 주거나 촉감 활동을 하는 것은 어린 시기부터 권장됩니다.

관련 연구

UrbanChildInstitute.org의 「Enhancing Development Through the Sense of Touch」라는 연구에는 유아 발달에 대한 많은 이점이 소개되어 있습니다. 일반적으로 양육자와 신체 접촉을 더 많이 경험한 아이들은 생후 6개월 동안 지적 발달이 증가한 것으로 나타났습니다. 그리고 향상된 인지 발달은 8년이 지난 후에도 지속되는 것으로 나타났습니다. 한 걸음 더 나아가, 촉각 기반 학습도 아이의 발달에 긍정적인 영향을 줍니다. 이 연구에서는 감각, 언어, 시각 기술의 발달을 촉진하기 위해 풍부한 언어와 흥미로운 재료 및 질감과 결합하여 놀이를 하는 것을 권장합니다.

읽기 시간 4

운율이 있는 단어는 아이들에게 매력적으로 느껴집니다. 아이는 이제 새로운 단어 능력을 가지게 되었기 때문에 여러분이 고른 운율을 더 잘 따라 할 수 있을 것입니다.

준비물

가능한 한 크게 인쇄된 운율 책

놀이 방법

1. 책에서 잘 알려진 운율을 골라 아이에게 읽어 주세요.
2. 많은 운율에는 아이와 함께 해보고 싶은 손동작이 있습니다.
3. 아이가 운율에 익숙해지면 단어를 가리키면서 읽어 주세요.

발달정보

이 활동에서는 아이가 인쇄된 단어와 여러분이 말하는 것을 연결하도록 하는 읽기 상호작용을 할 수 있습니다. 이를 위해서는 친숙한 운율을 읽는 것이 가장 좋습니다.

관련 연구

Reading Rockets의 「Nursery Rhymes: Not Just for Babies」에 따르면, 전래동요는 자라나는 어린아이들의 언어에 대한 귀를 발달시키는 것을 돕는 데 중요한 역할을 한다고 합니다. 운율과 리듬 모두 아이들이 단어에서 소리와 음절을 들을 수 있도록 도와주며, 이것은 아이들이 읽기를 배우도록 도와줍니다!

9
~
12
개
월

언
어

알파벳 노래

모든 사람이 〈알파벳 노래〉를 좋아합니다. 〈알파벳 노래〉는 부모들이 아이들에게 처음 불러 주는 노래 중 하나이고, 노래가 간단해서 아이가 알파벳을 배우는 데 도움이 됩니다.

준비물
종이

놀이 방법

1. 〈알파벳 노래〉의 리듬에 맞춰 간단한 알파벳 차트를 만드세요. 다음과 같이 알파벳을 써서 준비할 수 있습니다.
   ABCD
   EFG
   HIJK
   LMNOP
   QRS
   TUV
   WX
   Y and Z
   Now I know my A B Cs.
   Next time won't you sing with me?

   ● 우리말 노래 < ㄱㄴㄷ 노래 >[1]
   기역 니은 디귿 리을 미음 비읍 시옷 샤라라
   이응 지읒 치읓 키읔 티읕 피읖 히읗 하하하
   재밌는 한글공부 배워 봐요
   즐겁게 다 같이 노래해요
   기역 니은 디귿 리을 미음 비읍 시옷 샤하하
   이응 지읒 치읓 키읔 티읕 피읖 히읗 하하하

---

1) 역자 주: 우리말 노래 〈ㄱㄴㄷ 노래〉로 대체할 수 있습니다.

2. 노래를 부를 때 글자와 단어를 가리키세요.
3. 노래를 마치면서 아이를 안고 "사랑해."라고 말하거나 아이를 기쁘게 할 만한 기분 좋은 말을 건네주세요.

발달정보

부모들은 교육적인 효과 때문에 이 노래를 자주 들려주지만, 아이들이 노래를 부를 때 글자와 연결하도록 도울 수 있다는 사실은 깨닫지 못하는 경우가 많습니다. 노래를 부를 때 되도록 시각적·촉각적 요소를 포함시켜 주십시오. 이 시기의 아이들은 글자와 같은 기호를 이해하지는 못하지만, 여러분과 상호작용하는 시간을 즐길 수 있습니다.

관련 연구

www.floridahealth.gov의 「Baby Power: A Guide for Families for Using Assistive Technology with Their Infants and Toddlers」에 따르면, 아이들이 생후 3년 동안 배울 수 있는 가장 중요한 개념 중 하나는 활자를 통해 다양한 의미를 알 수 있다는 사실입니다. 또한 활자와 말 간의 대응 관계에 대해서도 알아 갑니다.

자존감 자존감 향상: 일상에서 인정해 주기

If You're Happy and You Know It 2 (우리 모두 다 같이 손뼉을 2)

아이의 자존감 발달 측면에서 가장 중요한 목표는 아이가 내적 · 외적으로 모두 기분이 좋아지도록 하는 것입니다. 이번에 소개하는 노래는 이러한 목적을 이룰 수 있도록 해 줍니다.

👶 준비물
없음

🎈 놀이 방법
----
1. 아이의 맞은편에 편한 자세로 앉으세요.
2. 아이가 동작할 때 쉽게 도와줄 수 있는 위치에 있어야 합니다.
3. 아이가 점차 노래에 익숙해지면, 혼자서 더 많은 동작을 해낼 수 있습니다.
4. 율동과 함께 수행할 노래 내용은 다음과 같습니다.

우리 모두 다같이 손뼉을 (손뼉 치기)
우리 모두 다같이 손뼉을 (손뼉 치기)
우리 모두 다같이 즐거웁게 노래해
우리 모두 다같이 손뼉을 (손뼉 치기)

우리 모두 다같이 고개를 (부드럽게 머리 쓰다듬기)
우리 모두 다같이 고개를 (부드럽게 머리 쓰다듬기)
우리 모두 다같이 즐거웁게 노래해
우리 모두 다같이 고개를 (부드럽게 머리 쓰다듬기)

우리 모두 다같이 발 굴러 (가볍게 발 구르기)
우리 모두 다같이 발 굴러 (가볍게 발 구르기)
우리 모두 다같이 즐거웁게 노래해

우리 모두 다같이 발 굴러 (가볍게 발 구르기)

우리 모두 다같이 차례로 (손뼉 치고, 쓰다듬고, 발 구르기)
우리 모두 다같이 차례로 (손뼉 치고, 쓰다듬고, 발 구르기)
우리 모두 다같이 즐거웁게 노래해
우리 모두 다같이 차례로 (손뼉 치고, 쓰다듬고, 발 구르기)

발달정보

우리는 행복에 대해서 이야기할 때 행복감을 느낍니다. 또한 슬픈 것들에 대해 이야기하면 슬픈 감정이 밀려오기도 합니다. 이 노래는 행복한 단어들과 활기찬 동작으로 구성되어 있으므로 아이에게 긍정적인 감정을 불러일으킬 수 있습니다.

관련 연구

Darcia Narvaez 박사가 쓴 「Where Are the Happy Babies?」에서는 현대 사회가 아이의 행복에 대해 간과하고 있다며 우려의 메시지를 전하고 있습니다. Narvaez 박사는 그녀가 최근에 본 많은 아이가 멍하고 산만하며 행복해 보이지 않고 타인에게 관심이 없는 경향을 보인다고 지적했습니다. 또한 아이들의 눈빛이 반짝이지 않고 이해를 위한 소통이 부족하다고 하였습니다. Narvaez 박사는 아이들이 생후 1년 동안 받은 애정과 보살핌이 아이의 행복에 차이를 가져올 수 있다는 것을 발견하였습니다. 생후 첫해 동안 양육자가 아이에게 주는 애정 어린 보살핌은 지적, 사회적, 정서적 지능 발달을 위한 뇌와 신체 발달에 매우 **중요한** 영향을 미칩니다. 양육자가 아이와 어떻게 상호작용하느냐가 관건이기 때문에, 아이에게 행복한 방식으로 애정을 주는 것이 가장 중요합니다. 양육자는 아이가 자신의 몸과 뇌를 안정되게 유지하도록 도와주어야 합니다. 그러면 아이는 잘 성장할 수 있습니다.

자존감

9~12개월

색깔 노래

이 노래는 아이의 이름과 아이가 입고 있는 옷의 명칭을 포함한 가사로 이루어져 있습니다. 긍정적인 방식으로 자기인식을 키울 수 있도록 하는 활동입니다.

준비물

없음

놀이 방법

1. 아이와 서로 나란히 앉거나 거울 앞에 앉으세요.
2. 노래를 시작하기 전에 두 사람이 입고 있는 옷을 손으로 가리켜서 알려 주세요.
3. 노래할 때 노래에 나오는 항목을 손으로 가리켜 주세요.
4. 옷의 색상이나 종류를 바꿔 가며 노래를 불러 줍니다.

   Sally's wearing a red dress, red dress, red dress.
   Sally's wearing a red dress all day long.
   Sally's wearing yellow socks, yellow socks, yellow socks.
   Sally's wearing yellow socks all day long.

● **우리말 노래 <재미난 색깔 놀이>[2]**
우리 모두 다 같이 모여 모여 색깔 놀이 해 보자
빨강은 어디에 파랑은 어디 노랑은 어디 있나
모두 모두 다 같이 모여 모여 색깔 놀이 해 보자
색깔을 부르면 두 사람만 움직이면 되지요
움직이면 되지요
빨강 앉아 파랑 앉아 노랑 초록 앉아요
빨강 일어나 파랑 일어나 노랑 초록 일어나
빨강 귀 잡아 노랑 손들어 파랑 초록 앉아요
초록 앉아 파랑 앉아 초록 파랑 일어나
우리 모두 다 같이 모여 모여 색깔놀이 해 보자
빨강은 어디에 파랑은 어디 노랑은 어디 있나

---

2) 역자 주: 우리말 노래 〈재미난 색깔 놀이〉로 대체할 수 있습니다.

발달정보

이 활동은 다양한 측면에서 아이의 성장을 촉진할 수 있습니다. 옷 묘사는 어휘를 가르치고, 아이들이 관심을 두는 색에 대해서도 알게 합니다. 즐거운 음악과 노래를 통해 아이의 이름을 반복하여 불러 줌으로써 아이에게 수용받는다는 느낌과 즐거움을 줄 수 있습니다.

관련 연구

Kimberly Sena Moore 박사가 『Psychology Today』에 쓴 「Does Singing to Your Baby Really Work? The Science Behind Infant-Directed Singing」에 따르면, 아이들에게 노래를 불러 주는 것은 언어 발달 관련 문제를 예방할 수 있는 좋은 방법이라고 합니다. 다양한 문화권에 걸쳐 양육자가 아이들에게 동요, 자장가, 다양한 놀이 형태로 노래하는 것을 관찰한 결과, 양육자의 기분이 고양되고 양육자와 아이 사이의 정서적 유대감이 증가했다고 합니다. 노래를 잘하지 못하거나 음치라 하더라도 그것은 아이에게 중요하지 않습니다. 아이는 여러분의 목소리를 사랑하며 여러분이 노래를 불러 주는 것 자체에 연결되어 있다고 느낍니다.

9
~
12
개
월

자
존
감

엄마의 지갑

아이에게 유아용 책을 권해도, 아이는 여러분이 보는 책에 관심을 보일 수 있습니다. 여러분이 유아용 장난감 거울을 꺼내 주어도, 아이는 엄마의 거울을 달라고 요구할 수도 있습니다. 기본적으로 아이는 진짜 물건을 좋아합니다. 지금까지는 아이가 여러분의 물건을 만지는 것을 통제했을지 모르지만, 지금부터는 아이들이 여러분의 물건을 안내된 상황에서 보고 만질 수 있도록 해 주어야 합니다.

준비물

- 손가방
- 플라스틱 열쇠, 깨끗하고 작은 지갑, 작은 메모지 등과 같이 아이가 안전하게 탐색할 수 있는 사물들을 준비해 주십시오. 아이가 특별히 좋아하는 작은 유아 장난감을 활용해도 좋습니다.

놀이 방법

1. 안전하고 흥미로운 사물들을 골라 아이가 탐색할 수 있도록 손가방에 넣으세요.
2. 아이가 손을 안으로 넣어서 한 번에 하나씩 사물을 꺼내도록 하세요.
3. 아이가 사물을 한 개씩 가지고 노는 동안 그 사물에 대해 충분히 설명해 주세요. 위험할 수 있으니 아이 혼자 두지 마세요.

발달정보

오늘날 장난감은 새로운 개념을 나타냅니다. 장난감은 대부분 현실 세계에 존재하는 사물을 작게 복사해 놓은 것과 같습니다. 계량컵과 비슷한 쌓기 컵, 계량 그릇과 비슷한 겹쳐진 그릇 세트, 그리고 다른 많은 장난감이 부모가 아이에게 진짜 사물을 쥐어 주었던 것으로부터 유래되었습니다. 하지만 흉내 낸 장난감은 '진짜'만큼 흥미롭고 매력적이지는 않다는 것을 알아야 합니다.

관련 연구

저널 『Young Children』에 실린 Gabriel Guyton의 「Using Toys to Support Infant-Toddler Learning and Development」에서는 마트에서 산 장난감과 가정에서 사용하는 사물을 가지고 노는 것에 대해 이야기합니다. 놀이란 아이들이 세상을 경험하고, 새로운 기술을 연습하고, 새로운 아이디어를 내면화하는 기제이며 발달 과정에서 필수적인 활동입니다. 기업은 광고를 통해 마트에서 산 장난감이 제일 좋다고 말하지만, 실제로 가장 좋은 장난감은 아이의 연령과 발달 정도, 관심사에 맞추어 자연스럽게 주변에서 찾은 사물이 될 수 있습니다. Gabriel Guyton은 직물, 병, 골판지 상자, 실, 프라이팬, 솔방울과 같이 주변에서 쉽게 구할 수 있는 사물이나 직접 만든 장난감을 갖고 놀기를 추천합니다. 만 2세 이하의 아이는 신발 상자, 시리얼 상자, 플라스틱 그릇, 컵, 구겨진 신문지로 가득 찬 종이 가방을 탐색하는 것을 즐길 것입니다.

상자 안에는 무엇이 있을까?

빈 휴지 상자는 이 활동에 꼭 알맞습니다. 신발 상자와 비슷한 크기의 상자도 사용할 수 있습니다.

준비물

• 빈 상자
• 스펀지, 플라스틱 숟가락, 크레용, 종이컵, 어린이 블록, 장난감 자동차, 작은 인형과 같이 부피가 작고 안전한 사물

놀이 방법

1. 선택한 상자 안에 작은 사물을 넣으세요.
2. 삼킬 수 있을 만큼 작은 사물은 제외합니다. 흥미로운 색, 모양 또는 질감을 가진 아이가 쉽게 집어 들 수 있는 사물을 사용합니다.
3. 양육자와 아이가 사물을 번갈아 가며 꺼내 보세요.
4. 꺼낸 사물들에 대해 이야기하고 설명해 보세요.

발달정보

새로운 사물을 보여 주면서 설명해 주는 것에 관심을 보이기 때문에, 이 시기 아이들은 이 비밀 상자를 매우 좋아할 것입니다. 색, 질감, 그리고 탐색 과정을 통해 아이는 자기만족을 느낄 수 있습니다.

관련 연구

UrbanChildInstitute.org의 「Self-Confidence Starts Early」에서는 일찍부터 자존감을 형성하는 것이 유능감과 높은 자신감을 가진 아이로 자라는 데 중요하다고 말합니다. 자존감이 부족한 아이들은 그들이 특정 조건에 부합하지 못한다고 느끼고 새로운 도전과 경험을 두려워합니다. 자존감은 상황 대처 능력을 향상시키고 부정적인 사건을 경험하더라도 극복할 수 있는 완충 효과를 가집니다. 자신

감은 초기 경험이 바탕이 되므로 첫 사회적 상호작용이 매우 중요합니다. "무엇을 하느냐보다 어떻게 하느냐가 더 중요하다."라는 옛말을 기억하시면 도움이 될 것입니다. 사랑이 넘치는 상호작용을 통해 이루어지는 모든 놀이가 아이들의 자존감 형성에 도움이 될 수 있습니다.

자존감

9 ~ 12 개월

Baby Hokey Pokey (호키포키)

노래를 통해 신체의 일부 및 **왼쪽**과 **오른쪽**의 개념을 알려 주는 것은 매우 좋은 방법입니다. 아이가 자신의 몸에 더 집중할 수 있게 도울수록 아이의 자아인식이 더욱 높아지고 긍정적인 자아개념이 형성될 수 있습니다.

 준비물

없음

놀이 방법

1. 만약 아이가 서서 균형을 잘 잡을 수 있다면, 아이가 서 있는 동안 손을 잡아 주세요. 아이가 도움이 필요한 만큼 도와주세요. 서 있기 힘들어한다면 아이를 무릎 위에 올리고 활동해도 좋습니다.
2. 노래를 시작해 보세요.
3. 아이의 팔, 다리, 머리, 몸을 노래의 가사에 맞추어 움직여 보세요.

다같이 왼손을 안에 넣고
왼손을 밖에 내고
왼손을 안에 넣고 힘껏 흔들어
손 들고 호키포키 하며 빙빙 돌면서
즐겁게 춤추자

다같이 오른손을 안에 넣고
오른손을 밖에 내고
오른손을 안에 넣고 힘껏 흔들어
손 들고 호키포키 하며 빙빙 돌면서
즐겁게 춤추자

다같이 왼발을 안에 넣고
왼발을 밖에 내고
왼발을 안에 넣고 힘껏 흔들어

손 들고 호키포키 하며 빙빙 돌면서
즐겁게 춤추자

다같이 오른발을 안에 넣고
오른발을 밖에 내고
오른발을 안에 넣고 힘껏 흔들어
손 들고 호키포키 하며 빙빙 돌면서
즐겁게 춤추자

다같이 온몸을 안에 넣고
온몸을 밖에 내고
온몸을 안에 넣고 힘껏 흔들어
손 들고 호키포키 하며 빙빙 돌면서
즐겁게 춤추자

호키포키 호키포키 호키포키
신나게 같이 춤추자

4. 단어 '왼손'을 '**오른손**' '**왼발**' '**오른발**' '**머리**'와 '**온몸**'으로 바꾸어 불러 보세요.

발달정보

여기서 나오는 개념들이 아이에게 다소 어려울 수 있지만, 반복적인 노래를 통해 알려 주기 시작하는 것은 결코 너무 이른 것이 아닙니다. 개념을 반복해서 알려 줄수록 더 효과적인 학습이 됩니다.

관련 연구

청각장애 아동의 발달 지원(Supporting Success for Children with Hearing Loss) 웹사이트인 「Self-Concept: Infants, Toddlers, and Preschoolers」에 따르면, 자아개념은 태어날 때부터 발달하기 시작합니다. 영아가 자라서 유아와 미취학 아동으로 성장함에 따라 점차 주변 환경과 성공적으로 상호작용하는 능력을 갖추게 되고, 이는 건강한 자아개념 발달을 촉진합니다. 따라서 이 기간에 부모와 양육자가 정성 어린 도움을 주는 것은 매우 중요한 자극이 될 수 있습니다. 웹사이트 내용에 따르면, 생후 1년 안에 아이는 스스로 생각하고 행동할 수 있는 인격체로서의 자신을 찾기 위해 긴 여정을 시작하게 됩니다. 긍정적인 자아개념을 발달시키기 위해 돕는 과정은 매우 어려운 과정이며, 이를 저절로 되게 하는 쉽고 완벽한 방식은 없습니다. 아이가 긍정적 자아개념을 가지도록 돕기 위해서는 상황에 맞는 칭찬을 해 주고, 아이를 존중하고 수용하며, 아이와 함께하는 시간을 투자하고, 아이가 달성할 수 있는 적절한 목표를 설정해 주며, 현실적으로 평가하는 것이 필요합니다.

제2부

1세에서 2세까지

육아라는 도전을 지속해 나가다 보면, 몇 가지 새로운 원칙이 작용하게 될 것입니다. 이 원칙들은 움직임과 탐색으로 가득 찬 다음 발달 단계를 이끄는 데 도움을 줍니다. 지금부터 이 원칙들을 적용할 수 있고, 아이가 자라면서 그것들을 조절할 수 있습니다. 부모님들이 어린아이들과 효과적으로 소통할 수 있는 4가지 원칙을 소개합니다.

1. **명확하고 단호하며 긍정적인 태도**: 여러분이 아이에게 기대하는 것을 명확하게 설명해 주어야 합니다. 행동을 요구할 때는 단호해야 합니다. 그리고 항상 긍정적이어야 합니다.

2. **반응하기**: 항상 아이가 필요로 하는 것, 때로는 아이가 원하는 것에 반응해야 합니다. 필요한 경우 어린아이에게도 시간과 돈, 에너지의 한계에 대해 설명해 주어야 합니다. 아이가 부모의 선택에 불가피한 이유가 있다는 것을 아는 것이 좋습니다.

3. **풍부한 학습 환경**: 아이에게 새롭고 교육적인 경험을 가능한 한 많이 제공해 주어야 합니다.

4. **풍부한 언어 환경**: R(Read: 읽기), S(Sing: 노래하기), T(Talk: 말하기) 육아를 시행합니다. 여러분이 할 수 있는 한 많이 읽어 주고, 노래를 불러 주고, 말 걸어 주세요.

지난 1년간의 육아로, 아마도 여러분은 많은 자신감을 갖게 되었을 것입니다. 이것을 보여 주십시오. 여러분의 진심을 아이에게 말할수록 더 효과적일 것입니다. 여러분은 이 모든 것을 애정을 담아 할 수 있습니다. 이제는 한계를 설정하고 안내와 지원을 제공해 주어야 할 때입니다.

제5장 12~18개월

　몇 개의 단어를 표현하고 더 많은 단어를 이해하는 능력은 아이에게 참여의 길을 폭넓게 열어 줍니다. 이제 아이는 물건을 요구할 수 있습니다. 여러분은 아이가 간단한 지시를 따르고 짧은 이야기를 이해하는 것을 보게 될 것입니다. 또한 아이에게 작은 크레용을 주면 낙서를 할 것입니다. 그리고 블록과 같은 사물을 앞에 두면 다른 곳으로 옮겨 놓을 것입니다.

　여러분은 아이의 단순한 행동 뒤에 숨겨진 의미를 알게 되면서 큰 희열을 느낄 것입니다. 아이에게 할 수 있는 한 많이 읽어 주고, 노래를 불러 주고, 말을 걸어 주십시오. 첫 1년 동안, 아이는 자신의 환경에 여러분이 준비해 둔 자극을 흡수하고 있었습니다. 이제 지난 1년이 아이의 발달에 얼마나 큰 영향을 미쳤는지 알게 될 것입니다.

아이 주도 놀이로 높아진 놀이 수준

　지난 1년간 아이는 월별로 빠르게 변화했지만, 이제는 더 긴 기간에 걸쳐 발달이 이루어질 것입니다. 여러분이 이 활동들에 대해 가장 좋아하게 될 점은 반복해서 놀이를 할 수 있다는 점이고, 아이는 그때마다 배우고 성장하게 될 것입니다. 여러분과 자녀는 매번 새롭고 다양한 활동에 집중할 수 있을 것입니다.

12~18개월 발달이정표

- 시행착오 방식을 사용하기
- 한 사물을 만지기 위해 다른 사물을 사용하기
- 사물이 시야를 벗어나도 사물을 따라가기
- 목적을 가지고 물건을 사용하기
- 몸동작 모방하기
- 새로운 동작 모방하기
- 가사 활동 모방하기
- 작은 사물 조작하기
- 블록 또는 비슷한 물건 2개 쌓기
- 끄적이기 시작
- 사물 던지기 시작
- 기어서 계단 오르내리기
- 일상의 생활패턴과 의식을 즐기기
- 간단한 지시 따르기
- 이야기 즐겨 듣기
- 집안일 돕기
- 운율과 노래 즐기기
- 10개 내외의 단어 사용하기
- 단어 모방하기
- 억양 사용하기
- 한 단어를 사용하여 요청하기
- 코와 같은 얼굴의 한 부분, 신체의 두세 부분 명칭 알기

인지 성장하는 인지 기능: 목적이 있는 놀이

칙칙폭폭 기차놀이

기차는 모든 연령대의 아이들에게 매우 흥미로운 장난감입니다. 완제품 기차를 구매할 수도 있지만, 기차를 직접 만들면 더욱 창의적이고 여러분과 아이 모두 더 자유로운 형태로 즐겁게 가지고 놀 수 있습니다.

준비물

- 기차 재료: 대형 헤어 롤, 빈 실패, 큰 구슬, 작은 장난감 자동차, 작은 빈 상자 (시리얼, 주스, 건포도 상자 등)
- 1m 길이의 리본, 끈, 실 또는 신발 끈

놀이 방법

1. 기차로 쓸 재료를 선택한 후 1m 길이의 리본, 끈 또는 신발 끈을 한쪽에 꿰어 줍니다.
2. 활동은 여러분의 몫입니다. 여러분과 아이는 집안 곳곳에서 기차를 자유롭게 끌고 다닐 수 있습니다. 목적지는 여러분의 상상력이 허락하는 한 넓고 먼 곳으로 정할 수 있습니다.
3. 놀면서 기차가 내는 소리에 대해 이야기하고, 기차를 구성하는 부분들에 대해 의견을 나누는 것도 좋습니다.

발달정보

걷기와 말하기를 막 시작한 아이에게는 그 행동을 강화할 수 있는 환경을 조성해 주어야 합니다. 이를 위해 여러 장소로 가지고 다닐 수 있는 재미있는 사물을 활용하는 것은 매우 좋은 방법입니다. 아이가 돌아다니며 사물을 끌어당기는 것은 가능성과 자유를 경험할 수 있는 기회를 제공합니다. 아이는 아마도 자신의 즐거움을 표현하며 소리를 내거나 단어를 말하며 이를 즐길 것입니다.

관련 연구

WhatToExpect.com의 「Best Toys for Toddlers」에서는 놀이가 유아의 '일'이라고 말합니다. 퍼즐, 장난감 세트, 트럭, 곰 인형, 블록, 책 등에 집중할 때 아이는 일하는 작은 과학자 같습니다. 이 기사에서는 '아이들이 자기 세상의 주인이 되어야 한다(뜻대로 되지 않을 때라도)'라고 주장합니다. 장난감을 통해 이동성을 높이는 것은 아이가 더 많은 장소로 가는 데 도움을 주며, 새로운 조작 기술은 아이가 환경을 통제할 수 있는 새로운 방법을 제공합니다. 따라서 장난감을 사거나 빌리거나 만들 때는 다양성이 중요합니다. 대부분의 장난감은 인과관계, 의사소통, 순서 주고받기, 눈-손 협응, 패턴 인식 등 무언가를 가르칠 수 있습니다. 이 기사에서는 가장 좋은 장난감은 한 번에 많은 것을 할 수 있으며, 아이가 성장함에 따라 계속해서 어린 탐험가의 마음을 사로잡을 만큼 충분히 개방적인 것이어야 한다고 말합니다.

집안일 놀이

밀고 당기는 것은 아이에게 매우 흥미로운 일이기 때문에, 청소와 같은 실제 가사 활동을 놀이와 연결시키는 것은 좋은 아이디어입니다. 작은 빗자루와 쓰레받기 세트를 구입하거나 집에 있는 빗자루의 손잡이를 잘라 아이에게 맞는 크기로 줄여서 사용할 수 있습니다.

준비물
빗자루, 쓰레받기

놀이 방법
1. 여러분이 먼저 빗자루와 쓰레받기로 청소하는 모습을 보여 줍니다.
2. 그다음 아이가 여러분처럼 올바르게 빗자루질을 하도록 격려합니다.
3. 아이에게 청소 과정을 자세히 설명해 줍니다.

발달정보
유아기는 부모를 모방하는 시기입니다. 이 흥미로운 사실을 활용해 보십시오. 모든 초기 학습은 이후의 학습을 위한 과정이 되므로, 부모는 이러한 모방 경험을 가능한 한 긍정적이고 매력적으로 만들기 위해 최선을 다해야 합니다.

관련 연구
Chana Stiefel이 parents.com에 쓴 「What Your Child Learns By Imitating You」에 따르면, 아이는 모방을 통해 배웁니다. 이 기사에서는 발달 행동 소아과 의사인 Lisa Nalven의 말을 인용하여, 만 1세 유아는 성인을 모방함으로써 언어부터 사회적 능력에 이르는 다양한 기술을 배울 수 있다고 보고합니다. 특히 아이들은 빗자루로 쓸거나 청소기를 돌리는 것과 같이 어른들을 모방하는 행동을 즐깁니다. 아이들은 모방하면서 배우기 때문에, 여러분은 가능한 한 많은 모방 행동의 모델이 되도록 노력해 보십시오.

12
~
18
개
월

인
지

재활용품 놀이 2

가상놀이는 목적을 가지고 사물을 사용하는 놀이를 말합니다. 따라서 가상놀이를 할 때에는 목적을 염두에 두고 사물을 선택하는 것이 중요합니다.

준비물

플라스틱 병, 스티로폼 쟁반, 플라스틱 접시, 플라스틱 용기 등과 같이 가상놀이에 필요한 사물

놀이 방법

1. 선택한 사물로 가상놀이 활동을 준비합니다.
2. 사용되는 사물이 놀이에 안전한지 확인합니다. 날카로운 모서리나 삼킬 수 있을 정도로 작은 조각이 없어야 합니다.
3. 가능한 한 많은 어휘를 사용하여 사물에 대해 이야기합니다. "차가운 물을 마시고 있구나?"

발달정보

앞서 여러분이 묘사했던 것을 넘어, 지금은 유아의 독창성을 장려할 때입니다. 아이가 만약 여닫는 동작을 한다면 그 행동에 맞는 이야기를 해 줄 수 있습니다. 아이가 마시거나 먹는 척하는 것에 관심을 보이면 아이의 행동에 어울리는 음료나 음식에 대해 이야기해 볼 수 있습니다. '위, 아래' '안, 밖'의 개념을 배울 때 어릴 때는 설명만으로도 충분했을지 모르지만, 이제는 이야기가 있는 놀이가 훨씬 더 재미있고 학습적으로도 가치 있을 것입니다.

관련 연구

Penelope Leach의 책 『Your Baby & Child: From Birth to Age Five』에서는, 만 1세 아이들은 '놀이와 학습'에 초점이 맞추어져 있다고 말합니다. 특정 기술을 다루는 다양한 장난감을 구매할 수도 있지만, 아이들은 자신에게 주어진 모든 장난

감이나 사물을 학습 도구로 생각합니다. 이 시기 아이들은 세상에 대해 배우고 싶어 하고 어른들의 기술을 습득하고 싶어 합니다.

무슨 일이야? (주변 탐색 놀이)

아이들은 매일 자신 주변에서 무슨 일이 일어나고 있는지 알아내려고 노력하고 있습니다. 작은 사물을 밀고, 당기고, 다루는 것이 이번 활동에서 하게 될 탐색 놀이입니다.

 준비물

없음

놀이 방법

1. 아이가 탐색 활동을 할 수 있는 특정한 장소를 선택합니다. 의자 아래, 소파 뒤, 벽장 안이 될 수 있습니다.
2. 어떤 장소를 선택하든 무슨 일이 일어나고 있는지를 감독하고 안전한지 확인합니다.
3. 아이가 탐색할 때, 주변에서 무엇을 알게 되었는지 아이에게 질문하고 대화를 나눕니다.

발달정보

아이는 주변의 모든 상황을 통해 세상을 배우고자 하는 매우 명확한 목표를 가지고 있습니다. 자신 주변 세상을 끊임없이 탐색하고 멈추지 않습니다. 그 과정에서 아이는 젖은 것과 마른 것, 아픈 것, 들 수 있는 것, 밀고 당기는 것, 사물이 멈추고 가는 것, 사물이 합쳐지고 무너지는 것 등을 경험하게 됩니다.

관련 연구

유아기 학습에 관한 책『Constructive Parenting』에서는 유아 놀이를 인지 발달의 관점에서 자세히 논의하고 있습니다. 첫 1년 동안, 아이는 자신이 혼자 할 수 있는 것과 도움이 필요한 것을 인지하기 시작합니다. 보고, 느끼고, 듣고, 맛보고, 냄새를 맡으며 실험을 하고, 떨어뜨리고, 던지고, 엉망으로 만들며 세상에 대해 배웁니다. 이러한 경험들을 통해 아이의 인지 기술이 향상됩니다. 다양한 경험을 제공하는 것은 부모와 양육자의 책임 중 하나입니다. 여기에는 모방, 언어 자극(지시), 책 읽어 주기, 노래하기 등이 포함됩니다. 부모는 아이가 도전할 수 있는 모든 상황이 발달에 도움이 된다는 것을 알아야 합니다.

지시 따르기

아이는 이제 간단한 지시를 따를 수 있습니다. 지시 따르기를 게임 방식으로 진행한다면, 두 사람 모두 큰 즐거움을 경험할 것입니다.

준비물

- 10×15cm 크기의 색인 카드 한 팩
- 마커 또는 크레용

놀이 방법

1. 각각의 카드에 **위, 아래, 옆, 안, 뒤, 가까이** 등과 같은 지시 사항을 하나씩 적습니다.
2. 아이와 번갈아 가며 카드를 선택합니다.
3. 선택한 단어를 읽고 다음과 같은 문장을 만들어 행동으로 나타냅니다.
   - 탁자 **아래**에 앉으세요.
   - 나무 **옆**으로 가세요.
   - 문 **뒤**로 걸어가세요.
4. 여러분의 차례가 돌아오면 여러분도 아이의 지시를 따릅니다.
5. 서로 다른 장소에서 한 세트에 3개의 개념을 반복해서 사용합니다. 이렇게 하면 위치 개념을 확실히 가르칠 수 있고, 동시에 새로운 어휘를 배울 기회도 가질 수 있습니다.

발달정보

아이는 간단한 지시 따르기를 좋아할 것입니다. 이 게임은 아이가 무엇을 해야 하는지에 대한 이해에 중점을 두고 있지만, 가장 중요한 것은 여러분이 아이의 성공에 기뻐하는 모습을 보이는 것입니다. 아이는 배우고, 여러분은 아이의 발전에 대해 행복해하는 것을 보여 줍니다. 이것은 완벽한 조합입니다.

관련 연구

어린아이가 아직 말을 잘하지 못한다 하더라도 간단한 요청은 이해할 수 있을 것입니다. Nicole Caccavo Kear의「Teaching a Toddler to Follow Directions」에는『What's Going On in There? How the Brain and Mind Develop in the First Five Years of Life』의 저자 Lise Eliot 박사가 연구한 내용이 자세하게 나와 있습니다. 처음에는 "양말 줘."와 같은 간단한 지시를 따를 수 있고, 18~24개월에는 "방에 가서 곰 인형 가져와."와 같은 더 복잡한 여러 단계의 지시를 수행할 수 있습니다. 아이가 두 단계의 지시를 수행하려면 단기 기억이 필요합니다.

운동 **운동 기술의 급상승: 대근육/소근육 발달**

쌓기놀이(블록 2개)

블록은 쌓기놀이에 사용하기 좋은 장난감입니다. 아이가 다루기 쉬운 크기의 밝은색 블록이 좋습니다.

준비물
블록

🎾 놀이 방법
----
1. 블록 2개를 가지고 놀이를 시작합니다.
2. 먼저 바닥에 블록 1개를 놓습니다.
3. 아이에게 블록 위에 다른 블록을 쌓아 올리는 것을 보여 줍니다.
4. 블록 2개를 아이에게 주고, 한 블록 위에 다른 블록을 쌓아 올리도록 지시합니다.
5. 블록 2개 쌓기놀이를 계속 이어 나갑니다. 필요에 따라 도움을 더해 주거나 줄여 줍니다.

발달정보
블록 2개 쌓기는 쌓기놀이를 소개하는 좋은 방법입니다. 아이들은 밝은색 블록을 좋아할 것이고, 목적을 가지고 행동하는 새로운 능력을 즐길 것입니다.

관련 연구
『Young Children』에 실린 Derry Koralek의 「Ten Things Children Learn From Block Play」에서는 블록 놀이를 통해 얻을 수 있는 많은 이점에 대해 자세히 설명하고 있습니다. 대부분의 유아 교육자와 많은 부모가 이미 블록 놀이를 높이 평가하고 있지만, 블록이 제공하는 모든 이점을 다 알지는 못합니다. 만 1세는 블록 놀이를 시작하기에 최적의 시기이며, 다음과 같은 영역에서 상당한 초기 발달을 경험할 수 있습니다.

1. 문제해결
2. 상상력
3. 자기표현
4. 수학
5. 연속성과 영속성
6. 창의력
7. 과학
8. 자존감
9. 사회적 · 정서적 성장

어디에 있나요?

숨바꼭질은 이 놀이의 최종 버전으로, 이 활동은 숨바꼭질에 대한 소개가 될 수 있습니다. 같은 크기의 종이컵이나 플라스틱 컵 2개를 준비합니다. 둘 중 하나의 컵 아래에 사물을 숨기고, 숨긴 사물을 찾습니다. 촉감이 좋으면서도 아이가 삼킬 정도로 작지 않은 안전한 사물이어야 합니다.

준비물

- 종이컵 또는 플라스틱 컵 2개
- 큰 클립, 작은 블록, 큰 지우개와 같이 숨길 수 있는 안전한 사물

놀이 방법

1. 탁자 위에 2개의 컵을 거꾸로 놓고 그중 하나의 컵 아래에 작은 물건을 숨깁니다.
2. 아이에게 "어디에 있나?"라고 물어봅니다.
3. 아이가 컵을 들어 찾게 합니다.
4. 아이가 맞혔다면 다시 놀이를 합니다.
5. 아이가 틀렸다면 두 번째 컵을 뒤집어 다시 찾을 수 있도록 합니다.
6. 두 사람이 원하는 만큼 사물을 숨기고 아이가 찾는 놀이를 합니다.

발달정보

여러분의 아이는 이 특별한 게임을 도전적이고 재미있게 만드는 몇 가지 새로운 기술을 가지고 있습니다. 첫째, 아이는 시행착오를 시도할 준비가 되었습니다. 둘째, 아이는 이제 사물이 시야에서 벗어나더라도 그 사물을 계속 따라갈 수 있습니다. 사물이 영원히 사라진 것이 아니라는 것을 알고 그것을 찾아야 한다는 새로운 생각을 하게 된 것입니다.

관련 연구

OurEverydayLife.com에 실린 Eliza Martinez의 「Manipulative Play Activities for Toddlers」에서는 촉감 반죽 놀이나 욕조에서 첨벙거리는 것처럼 손으로 사물을 탐색하게 하는 모든 활동이 조작 놀이에 효과적이라고 말합니다. 비눗방울, 포개고 쌓는 장난감, 큰 사이즈의 연결 블록도 조작 놀이에 적합한 장난감들입니다. 조작 놀이는 재미있을 뿐 아니라 크기, 모양, 무게에 대해 배울 수 있기 때문에 두뇌 발달에도 도움이 됩니다. 아이는 분류하고, 패턴을 만들고, 순서를 맞추면서 초기 수학 기술을 익힐 것입니다. 아이는 작은 장난감들을 조작하면서 장난감들을 비교하고 대조할 수 있습니다. 무엇보다 가장 중요한 것은 조작 놀이가 아이의 손, 손가락, 팔 근육을 발달시킨다는 사실입니다.

종이 접시에 낙서하기

아이들은 낙서하는 것을 좋아합니다. 이번 놀이에서는 특히 종이 접시의 주름진 부분에 낙서하는 것이 재미있다는 것을 알게 될 것입니다.

준비물

- 종이 접시 2개
- 크레용

놀이 방법

1. 탁자 위에 2개의 접시를 놓고 각자 하나씩 가집니다.
2. 크레용은 같이 사용하고, 접시의 주름진 부분을 포함해 접시 전체에 낙서합니다. 원하지 않는 곳에 낙서가 되지 않도록 여분의 종이를 아래에 깔아 둡니다.

발달정보

어린아이에게 크레용을 너무 빨리 노출하는 것으로 보일 수 있지만, 그렇지 않습니다. 아이는 소근육 기술을 가지고 있습니다. 가장 중요한 것은 여러분이 아이의 첫 번째 선생님으로서 안전한 테두리 안에서 새로운 활동을 마련해 주고 있다는 것입니다.

관련 연구

J. J. Beaty는 education.com의 「Early Writing and Scribbling」에서 낙서가 쓰기 발달 과정의 첫 번째 단계라고 하였습니다. 이러한 쓰기의 초기 단계는 간과하기 쉽지만, 아이와 함께 이 기술을 키우는 것은 많은 도움이 됩니다. Beaty는 아이의 발달 초기 단계에 '말하기'를 시작하기 전에 옹알이하듯이, '쓰기'를 시작하기 전에 낙서를 한다고 말합니다. 낙서는 아이가 자신이 무엇을 하고 있는지 알아차릴 수 있는 기회를 제공합니다. 손과 손가락의 힘이 강해지면 조절 능력이 향상되는 것

을 알 수 있습니다. Beaty는 시간이 지나면 낙서들은 원, 타원, 정사각형, 십자가 등의 모양으로 진화하기 시작할 것이라고 주장했습니다. 아이들은 종이의 많은 부분을 낙서로 채우는 것에서 만족감을 느낄 것이며, 이것은 그리기와 낙서하기를 구별하는 것의 시작을 나타냅니다.

228

양말 던지기

양말 공은 안전하고 부드러워서 집안에서 던지고 놀기에 좋습니다. 유아용 양말은 아이에게 최고의 공이 될 수 있습니다.

준비물

- 유아 양말 5~10켤레
- 성인 양말 5~10켤레

놀이 방법

1. 옷장 서랍에서 볼 수 있는 것처럼 양말을 공 모양으로 맙니다.
2. 두 사람 사이의 바닥에 빨래 바구니나 큰 상자를 둡니다.
3. 양말 공을 번갈아 가며 바구니에 던집니다.
4. 양말 공을 다른 각도와 거리에서도 던져 봅니다. 양말 공을 활용한 다양한 놀이를 만들어 즐거운 시간을 보내세요.

발달정보

딱딱한 공은 깨지기 쉬운 물건을 부수거나, 다른 사람을 방해할 수 있습니다. 양말 공은 부드럽고 조용해서 놀이하기에 좋습니다.

관련 연구

Stephanie Brown은 VeryWell.com에 실린 「Why Your Child Should Be Playing With Balls」에서 공을 던지고, 잡고, 발로 차고, 튕기는 것이 운동 기술, 눈-손 협응, 타이밍을 향상시키는 데 큰 도움이 된다고 설명합니다. 공을 가지고 노는 것을 싫어하는 아이들은 별로 없습니다. 공은 아이들이 자신의 움직임 이외의 것을 통제하는 느낌을 줍니다. 아이에게 공을 일찍 소개하고 편안하게 느낄 수 있도록 하십시오. 놀이하는 동안 아이는 운동 기술이 강화되고, 공과 친숙해질 것입니다. 공을 앞뒤로 굴리는 것은 두 사람 사이의 사회적 유대감을 형성하는 방법이며, 인과관계를 이해하는 입문 과정이 될 수 있습니다. 아이는 공을 튕기고, 굴리고, 차고, 떨어트리는 과정에서 공의 다양한 모습을 발견하게 될 것입니다.

기어서 오르내리기

아이가 기어오르고 내려갈 때 도와줄 수 있도록 항상 아이 옆에 있어 주십시오. 아이가 다른 방향으로 움직일 때는 잘 지켜보아야 합니다.

준비물
소파 또는 긴 의자

놀이 방법

1. 소파나 긴 의자에 편안하게 앉습니다.
2. 아이가 소파 위로 올라와서 여러분을 꼭 안아 주고 다시 기어 내려갈 수 있도록 도와주세요.

발달정보
움직임은 근육을 발달시키며, 강한 근육은 더 많은 움직임을 가능하게 합니다. 사람들은 일반적으로 움직일 수 있을 때 더 행복하고 기분 좋아집니다. 따라서 아이에게 안전한 탐색 활동을 할 수 있는 기회를 최대한 많이 제공하는 것이 중요합니다.

관련 연구
『The New First Three Years of Life』의 저자 Burton L. White는, 만 1세는 기어오르내리기를 많이 하는 시기이며, 그때쯤이면 오르내리기 기술이 상당히 잘 발달되어야 한다고 말합니다. 또한 팔과 등을 이용하여 소파를 오르는 것은 이제 숙련된 등반가가 된 아이가 좋아하는 활동이라는 것을 언급했습니다. 저자는 안전을 최우선으로 생각하고 독성물질이나 다른 유해 물질, 위험한 물건을 아이들의 손이 닿지 않는 곳에 보관할 것을 당부하고 있습니다. 또한 아이가 소파에 오르는 동안에는 테이블이나 의자가 있는 다른 위험한 지점으로 넘어져 사고가 나지 않도록 주의해야 한다고 말합니다. 소파 오르기 활동은 기어 오르내리기 기술을 장려하는 즐겁고 생산적인 방법입니다.

사회 · 정서 **사회성 증진: 사회적이고 즐거운 시간 보내기**

 숫자 노래

유아들은 일상의 규칙적인 반복을 좋아합니다. 규칙적으로 노래하는 시간을 정하는 것은 큰 성공을 거둘 수 있습니다. 박자감을 익히고 리듬을 반복하는 과정을 거치면 숫자에 친숙해지는 동시에 재미있고 교육적인 도움을 줄 수 있을 것입니다.

 준비물

없음

놀이 방법

1. 1부터 5까지의 각 숫자에 대한 노래를 선택합니다.
2. 이 활동에서 제안한 몇 가지 숫자 노래나 여러분이 알고 있는 다른 숫자 노래들을 해 보세요.

하나

'Hickory Dickory Dock'

Hickory dickory dock.

The mouse ran up the clock.

The clock struck one.

The mouse ran down.

Hickory dickory dock.

둘

'Two Little Apples'

Two little apples up in a tree.

Smiled at me.

So I shook the tree as hard as I could.

And down came the apples.
Mmm, they were good.

셋
'Old King Cole'
Old King Cole was a merry old soul,
A merry old soul was he.
He called for his pipe,
And he called for his bowl,
And he called for his fiddlers three.

넷
'Four Little Pumpkins'
Four little pumpkins sitting on a fence.
Along came the wind and blew a pumpkin down.
Three little pumpkins sitting on a fence.
Along came the wind and blew a pumpkin down.
Two little pumpkins sitting on a fence.
Along came the wind and blew a pumpkin down.
One little pumpkin sitting on a fence.
Along came the wind,
But this one stayed up.

다섯
'Five Little Monkeys'
Five little monkeys jumping on the bed.
One fell down and bumped his head.
Mamma called the doctor,
And the doctor said,
"Keep those monkeys off of that bed."

Four little monkeys jumping on the bed.
One fell down and bumped his head.
Mamma called the doctor,
And the doctor said,
"Keep those monkeys off of that bed."

Three little monkeys jumping on the bed.
One fell down and bumped his head.
Mamma called the doctor,
And the doctor said,
"Keep those monkeys off of that bed."

Two little monkeys jumping on the bed.
One fell down and bumped his head.
Mamma called the doctor,
And the doctor said,
"Keep those monkeys off of that bed."

One little monkey jumping on the bed.
He fell down and bumped his head.
Mamma called the doctor,
And the doctor said,
"No more monkeys jumping on the bed."

● **우리말 노래 <잘잘잘>**[1]

하나하면 할머니가
지팡이를 짚는다고 잘잘잘
둘하면 두부 장수
두부를 판다고 잘잘잘
셋하면 새색시가
거울을 본다고 잘잘잘
넷하면 냇가에서
빨래를 한다고 잘잘잘
다섯하면 다람쥐가
도토리 줍는다고 잘잘잘
여섯하면 여우가
재주를 넘는다고 잘잘잘
일곱하면 일꾼들이
나무를 벤다고 잘잘잘

---

1) 역자 주: 우리말 노래 〈잘잘잘〉로 대체할 수 있습니다.

여덟하면 엿장수가
호박 엿을 판다고 잘잘잘
아홉하면 아버지가
마당을 쓴다고 잘잘잘
열하면 열무장수
열무가 왔다고 잘잘잘

발달정보

반복과 친숙함은 초기 학습의 기초가 되므로, 반복하며 함께 즐길 수 있는 노래들을 준비해 두는 것이 좋습니다. 1~5까지의 숫자를 특징으로 하는 노래를 부르는 것은 숫자 학습의 기초가 되며 유익합니다.

관련 연구

연구에서는 매우 어린 아이들에게 목적을 가지고 의도적으로 수학을 소개하는 것의 중요성이 강조되고 있습니다. 연구자들은 비공식적인 수학 지식이 천천히 그리고 직접적인 탐구를 통해 발전한다는 원리에 주목하고 있습니다. 20년 이상의 연구에서는 기본적인 수학 기술이 미래의 성공을 위한 필수 구성 요소임을 보여 주고 있습니다.

- 어린아이들은 성장하고 발달하면서 자연스럽게 수학놀이에 참여한다(Seo & Ginsburg, 2004).
- 유치원에서의 어린이 블록 놀이는 수학 영역 및 기타 과정에서 월등한 성적을 거둔 과목 수, 수학 성적 및 수학 성취도 점수를 예측하며 중·고등학교에서의 학업성취도와 관련이 있다(Wolfgang, Stannard, & Jones, 2001).
- 초기 수학능력은 읽고 쓰는 능력의 강력한 예측 변수이다(Duncan et al., 2007).

○○ 주세요

아이는 간단한 지시를 따를 수 있습니다. 아이가 배움을 확장할 수 있도록 간단한 지시를 내리십시오.

 준비물

없음

놀이 방법

1. 아이에게 간단한 지시를 내리세요.
2. 아이가 얼마나 잘 수행하는지 보며 함께 즐거운 시간을 보내세요.
3. 다음은 몇 가지 제안입니다.
   - 컵 가져오세요.
   - 컵으로 마셔요.
   - 수건 가져오세요.
   - 수건을 의자 위에 놓으세요.
   - 전화기 가져오세요.
   - 전화로 대화하세요.
4. 지시를 내릴 때마다 "**부탁해.**"라고 말하고, 지시를 수행하면 "**고마워.**"라고 말하는 것을 잊지 마세요.

발달정보

아이가 성공적으로 수행할 수 있도록 간단한 지시를 내리는 것이 좋습니다. 아이들에게 적용할 수 있는 지시 사항은 무궁무진합니다. 지시를 내릴 때 "**부탁해.**" "**고마워.**"라는 말을 해 줍니다. 이 말은 여러분이 아이에게 처음부터 제대로 들려줘야 하는 중요한 단어입니다.

관련 연구

미국소아과학회(The American Academy of Pediatrics)의 가이드 『Caring for Your

Baby and Young Child: Birth to Age 5』에 따르면, 여러분의 어린 자녀는 갑자기 여러분이 말하는 모든 것을 알아들을 수 있게 될 것입니다. 이런 변화에 의문을 가질 수도 있지만, 이것이 사실이라는 것을 알게 되면 놀라우면서도 기쁠 것입니다. 이 주요한 발달 도약을 위해서 여러분은 자연스럽게 아기 언어를 줄이고, 높은 음조의 노래 같은 말투를 하지 않는 것과 같은 조치를 하게 될 것입니다. 여러분이 할 일은 간단한 단어와 짧은 문장을 많이 사용하는 것입니다. 여러분은 아이에게 최고의 언어 모델이 됨으로써, 아이가 혼란스럽지 않게 말하는 법을 배우도록 도울 것입니다.

읽기 시간 5

일상의 규칙적인 패턴은 규율의 기초가 됩니다. 규칙적인 읽기 시간을 정하는 것은 일상의 즐거운 부분이 될 수 있습니다. 잠자리에 들기 전이나 하루 중 둘 다 덜 피곤하고 보다 편안한 시간에 함께 읽기 활동을 하면 좋습니다.

준비물

- 그림책
- 글자가 큰 책
- 10×15cm 크기의 색인 카드
- 마커 또는 크레용

놀이 방법

1. 아이가 이해하기 쉽게 그림책을 읽어 줍니다.
2. 그다음, 글자가 큰 책을 읽어 줍니다.
3. 읽으면서 단어를 가리킵니다.
4. 같은 책을 반복해서 읽으면 아이가 단어에 익숙해질 수 있습니다. 시간이 지나면, 아이는 여기저기 단어를 채워 나가면서 읽기 과정에 더 많이 참여할 수 있을 것입니다.
5. **'한 발 뛰기' '점프' '손뼉 치기'**와 같은 단어를 카드에 적어 준비합니다. 이 단어 카드를 읽고 행동으로 옮기며 활동을 마칩니다.
6. 아이가 이 활동에 익숙해지면 더 많은 단어를 추가합니다.
7. 번갈아 가며 카드를 뽑고, 그것을 행동으로 옮깁니다.

발달정보

책을 아이의 삶의 일부로 만드는 것을 너무 일찍부터 시작할 수는 없습니다. 책을 소중히 다루고, 아이도 그렇게 하도록 도와주십시오. 책을 똑바로 세운 자세로 잡는 법을 알려 주고, 다 보고 바닥에 두지 않도록 가르쳐 주어야 합니다. 허용되는 행동과 허용되지 않는 행동에 대한 일관성을 유지하는 것이 중요합니다.

관련 연구

스탠퍼드 대학교 연구자인 Shirley Brice Heath는 상호작용하며 책을 읽은 아이들이 더 나은 독자가 된다는 것을 발견했습니다. Heath는 유치원 아이들을 대상으로 그들의 부모가 자녀에게 동화책을 읽어 주는 태도에 관하여 연구했고, 그 결과 부모가 자녀에게 적극적인 의사소통을 하면서 동화책을 읽어 줬을 때, 학생들의 읽기능력이 더 뛰어나다는 것을 발견했습니다.

이제 ○○이 해요

이 활동에서 아이는 여러분을 따라 하는 것을 즐거워할 것입니다. 그리고 그 과정을 통해 배우게 될 것입니다.

준비물

없음

놀이 방법

1. 아이와 함께 바닥에 앉습니다.
2. 다음과 같은 문장을 말하며 따라 하기 놀이를 시작합니다.
   "손뼉을 쳐요. 이제 ○○이도 손뼉을 쳐 봐."
   "머리를 쓰다듬어요. 이제 ○○이도 머리를 쓰다듬어 봐."
3. 바닥에 앉아서 몇 가지 동작을 한 후, 일어나서 실제 가사 활동을 따라 해 보도록 합니다.
   몇 가지 예가 있습니다.
   "바닥을 쓸어요. 이제 ○○이도 바닥을 쓸어 봐."
   "탁자에 있는 먼지를 닦아요. 이제 ○○이도 탁자의 먼지를 닦아 봐."
4. 처음에는 한두 가지 동작으로 시작하고 이후 몇 가지를 더 추가합니다. 여러분이 만들어 낸 동작으로 즐거운 시간을 보내세요.

발달정보

여러분과 아이 두 사람 모두 이 활동을 즐길 때에만 효과가 있습니다. 아이들은 따라 하는 것을 좋아하기 때문에, 여러분과 아이는 꽤 오랫동안 이 활동을 계속하게 될 것입니다.

관련 연구

미국소아과학회의 『Caring for Your Baby and Young Child: Birth to Age 5』에 따르면, 모방은 만 1세 때의 학습 과정에서 큰 부분을 차지합니다. 아이는 첫 1년 동안 그랬던 것처럼, 단순히 사물을 조작하는 대신에 실제로 빗을 이용해 머리를 빗고, 전화기에 대고 중얼거리고, 장난감 자동차의 핸들을 돌리며 앞뒤로 밀고 다닐 것입니다.

Row, Row, Row Your Boat

오래전부터 전해 내려오는 이 노래는 즐겁게 부를 수 있고, 아이들에게 유익한 운동으로도 이어질 수 있습니다. 노래만 부르는 것도 좋지만, 동작을 함께 할 수 있는 노래가 학습 가능성과 움직임 측면에서 더 가치가 있습니다.

👶 준비물

없음

🎱 놀이 방법

----

1. 바닥이나 카펫이 깔린 곳에 아이와 손을 잡을 수 있을 정도의 거리를 두고 마주 앉습니다.
2. 두 사람 모두 다리를 벌립니다. 그러면 아이의 발이 여러분의 허벅지 근처에 닿을 것입니다.
3. 손을 잡고 〈Row, Row, Row Your Boat〉에 맞추어 아이가 여러분을 앞뒤로 당길 수 있게 합니다.
4. 당기는 동작은 근력을 키우는 데 도움이 될 것입니다.

● **우리말 노래 <노를 저어요>**[2]
노를 저어요
강을 따라서
즐겁게 즐겁게 즐겁게 저어요
재미있어요

👶 발달정보

이 노래의 가사는 상징적인 수준에서 그 자체로 긍정적인 효과를 가지고 있습니다. 여러분은 이 활동에 참여하는 참가자로서, 노래를 부르면서 행동으로 그 노래의 의미를 표현할 수 있습니다.

---

2) 역자 주: 우리말 노래 〈노를 저어요〉로 대체할 수 있습니다.

👶 관련 연구

　　인간 발달의 기본적인 부분으로 널리 인식되는 '소속의 개념'은 대부분의 유아
교육 과정의 핵심 요소입니다. Amanda Niland 박사는 노래가 6개월에서 만 2세
사이의 아이들에게 소속감을 발달시키는 데 큰 역할을 한다고 말합니다. Niland
박사의 연구에 따르면, 아이들과 어른들 사이의 관계와 또래들 사이의 관계에서
노래하는 것이 정체성과 소속감을 형성하는 데 큰 역할을 한다는 강력한 증거가
있다고 합니다. 이 연구 결과는 어린아이들의 성장 과정에서 정체성과 소속감을
강화하는 방법으로서 음악, 특히 노래의 역할을 강조하는 기존 문헌들을 지지합
니다.

언어 언어의 질을 높이기: 새롭고 다양한 방법

양말 인형 놀이

작은 유아 양말은 아이의 인형이 될 수 있고, 큰 성인 양말은 여러분의 인형이 될 수 있습니다. 양말을 손에 끼고 인형을 만들어 대화하는 것은 일반적인 대화에서는 이뤄지지 않는 유아 대화를 이끌어 낼 수 있습니다.

준비물

- 성인 양말, 유아 양말
- 마커

놀이 방법

1. 고른 양말에 유성 마커로 웃는 얼굴을 그립니다.
2. 발가락 부분을 이용하여 얼굴 윗부분을 만들고, 뒤꿈치 부분은 인형의 입 아랫부분으로 남겨 둡니다.
3. 발가락 부분에 손가락을 넣고, 뒤꿈치 부분에 엄지손가락을 넣습니다.
4. 인형을 가지고 서로 대화합니다. 자유롭게 자신만의 특별한 대화를 만들어 보세요.
5. 얼굴이 없는 양말로 만들 수도 있습니다. 그 자체로 인형이 되기도 합니다.

발달정보

아이와 대화를 나누는 것은 좋지만 때론, 무슨 말을 해야 할지 생각해 내기 어려울 때가 있습니다. 인형 놀이로 이 문제를 해결할 수 있습니다. 양말 인형을 만들어 놀이하는 척 대화를 시작하는 것은 좋은 대화의 출발이 될 수 있습니다. 하나의 주제가 다른 주제로 이어질 것이고, 그것은 정말 즐거운 경험이 될 수 있습니다.

12
~
18
개
월

언
어

관련 연구

웹사이트 Extension.org에 실린 「Using Puppets in Child Care」에 따르면, 인형은 모든 연령대 아이들의 상상력을 자극하며, 아이들의 관심을 끄는 좋은 도구입니다. 인형을 이용하면 새로운 기술과 개념을 즐겁게 배울 수 있습니다. 연구자들은 유아기의 여러 발달 영역에서 인형의 유익함을 확인했습니다.

- 사회적 기술: 인형은 상호작용할 수 있는 구조화된 기회를 제공하여 유아의 의사소통과 사회적 기술을 향상시킬 수 있습니다.
- 정서 발달: 인형은 친구와 직접적으로 말하지 않아도 대화하는 방법을 알려 주거나 대화할 수 있는 '친구'가 되어 줌으로써 유아를 정서적으로 지원할 수 있습니다.
- 음악 감상: 인형은 음악과 창의적인 움직임을 더 흥미롭게 만들고 새로운 노래에 맞추어 단어와 동작을 가르칠 수 있게 합니다.

가리키고 이름 대기

신체 부위 이름은 아이의 높은 관심을 불러일으킵니다. 또한 의복의 이름도 아이의 언어를 자극할 수 있습니다.

👶 준비물

없음

🔘 놀이 방법

1. 아이가 좋아할 만한 문장을 준비합니다. 여기에 몇 가지 예가 있습니다.
   이것은 내 (머리)입니다.
   여기 내 (손)이 있습니다.
   나는 내 (셔츠)를 좋아합니다. (여러분이 좋아하는 또 다른 것이 있을 수 있습니다)
2. 신체의 한 부위나 의복의 한 종류를 가리키고 문장을 말합니다.
3. 정답을 말하기 전에 아이에게 먼저 명칭을 말할 기회를 줍니다.
4. 아이가 여러분의 놀이를 따라 하도록 격려해 주세요.

👶 발달정보

지금은 빈칸 채우기 유형의 언어 놀이에 익숙해지기 좋은 시간입니다. 아이는 여러분이 정답을 말하기 전에 대답하는 것을 아주 재미있어할 것입니다. 아이가 정확한 답을 모를 때, 여러분은 아이가 배워야 할 올바른 단어를 알려 줌으로써 더 빠른 습득을 도울 수 있습니다.

👶 관련 연구

인디아나 대학교의 연구자 Linda Smith와 Chen Yu에 따르면, 어린아이들은 많은 단어를 동시에 배울 수 있다고 합니다. 12~14개월 된 아이들을 대상으로 연구한 그들의 이론에 따르면, 아이들은 한 번에 한 단어만 제시될 때보다 단어와 이미지의 조합에 노출되었을 때 단어와 그림을 일치시키는 활동에서 더 성공적이었다고 합니다. 이러한 결과는 유아가 한 번에 한 단어만 배울 수 있다고 생각했던 이전 이론을 넘어서, 유아에게 가능한 한 많은 언어적 설명을 제공해야 한다는 생각을 뒷받침합니다.

나만의 공간

가상놀이를 하면 보통 새로운 언어가 많이 사용됩니다. 나만의 공간에서 가상놀이를 하는 것은 더 신비감을 주고, 언어 자극의 효과를 높여 줍니다.

준비물

- 작은 탁자
- 담요 또는 홑겹 이불
- 가상놀이에 필요한 사물

놀이 방법

1. 작은 탁자 또는 의자를 담요나 이불로 덮습니다.
2. 이불이나 담요 속에 원하는 소품을 놓아 주세요.
   - 플라스틱 컵, 접시, 식기류가 있다면 식당이 됩니다.
   - 인형과 인형 가구가 있다면 인형의 집이 됩니다.
   - 계산대, 약간의 음식 상자나 캔이 있다면 가게가 됩니다.
3. 숨겨 놓은 물건을 찾고 탐색하면서 아이와 함께 하는 놀이를 즐기세요.

발달정보

이 활동에는 '까꿍놀이'의 원리가 포함되어 있습니다. 숨겨진 사물을 찾는 것은 아이의 나이와 상관없이 즐겁고 재미있는 활동입니다. 이 놀이의 핵심은 사물의 이름을 말하고 이에 대해 이야기를 나누는 것입니다. 시간이 지남에 따라 점점 더 많은 활동이 가상놀이의 모습을 띠게 될 것입니다.

관련 연구

Anne Fernald와 동료들은 아이들이 두 돌이 되는 동안 새로운 단어를 인식하고, 이해하고, 말하는 데 점점 더 효율적이 된다는 것을 발견했습니다. 한 번에 하나씩 새로운 단어를 배우는 것보다 다양한 상황으로 접할 때 단어를 더 잘 인식하게 됩니다.

12 ~ 18 개월 | 언어

거울 놀이 2

거울은 언어 발달에 큰 자극이 됩니다. 76쪽에 있는 첫 번째 거울 활동은 "까르륵" "크큭" 하는 소리와 기타 반응들을 이끌어 내는 활동이었다면, 이번 활동에서는 단어에 보다 중점을 둡니다.

 준비물

손거울 또는 벽거울

🌐 놀이 방법

1. 아이와 함께 거울 앞에 앉습니다.
2. 아이가 내는 소리를 귀담아듣습니다.
3. 아이가 내는 소리가 '파'처럼 들린다면, 여러분의 팔을 가리키며 "팔"이라고 말할 수 있습니다.
4. 아이가 "팔"이라고 말하면, 아이의 팔을 가리키며 "너의 팔"이라고 말할 수 있습니다.
5. 아이가 "나의 팔"이라고 말하면, "그래, 너의 팔이야."라고 말할 수 있습니다.
6. 이 활동은 아이가 말하는 소리나 단어들을 더 높은 수준으로 끌어올리기 위해 계속해서 반응해 주는 것입니다. 이 방법은 매우 자연스러운 과정입니다.

발달정보

거울은 언어 강화와 밀접한 관련이 있습니다. 연구를 통해 우리는 사물에 이름을 붙이는 것과 일상의 언어가 중요하다는 것을 알고 있습니다. 거울은 이 두 가지 모두에 매우 효과적인 도구입니다. 손, 셔츠, 신발 등과 같이 쉽게 지목할 수 있는 사물들이 주변에 아주 많이 있습니다. 또한 웃음, 박수, 기타 여러 행동과 상호작용을 바탕으로 아이와 이야기 나눌 것이 매우 많을 것입니다.

관련 연구

BrightHubEducation.com에 실린 Laurie Patsalides의 「Infant-Toddler

Development with Daycare Mirrors」에 따르면, 거울은 사람들이 상호작용하는 것을 잘 볼 수 있게 하는 자연스러운 도구이며, 자기 정체성과 같은 중요한 정보를 얻을 수 있게 합니다. Patsalides는 거울이 영유아의 사회적 발달과 자기인식 발달에 효과적인 도구이며, 언어 강화가 두 영역에서 모두 중요한 역할을 한다고 말합니다. 또한 어린아이들은 거울을 이용하여 발음, 어휘, 식별 기술을 학습함으로써 읽기 전 기초 기술을 발달시킬 수 있습니다.

정리하기

여러분이 가지고 있는 것들 중 대량으로 준비할 수 있는 사물을 이용하여 이 활동을 할 수 있습니다.

👶 준비물

- 유아 블록, 색 클립, 크레용, 마커 등 대량으로 준비할 수 있는 사물들
- 사물을 담을 수 있는 용기

🏀 놀이 방법

1. 준비한 사물을 한쪽에 펼쳐 둡니다.
2. 다른 쪽에는 사물을 담을 적절한 용기를 둡니다.
3. 여러분과 아이가 번갈아 가며 사물을 용기에 담습니다.
4. 모든 사물을 용기에 다 넣을 때까지 놀이를 계속 진행합니다. 정리할 사물은 처음에는 적은 수로 시작하여 점점 더 많은 수로 늘릴 수 있습니다.

👶 발달정보

아이가 성장할수록 이 활동은 더 쉬워질 것입니다. 이 단계에서는 간단하게 시작하는 것이 좋습니다.

👶 관련 연구

『Baby and Toddler Learning Fun』에는 정리 정돈을 위한 지도 방법이 소개되어 있습니다. 이 방법은 부모나 양육자가 '모양 방석(shape seats)'을 만들어 어린아이들이 특정 영역이나 놀이 장소를 표시하는 데 사용할 수 있도록 하는 것입니다. 이 활동에서는 아이가 다양한 방식으로 분류하고 범주화하도록 영감을 줄 수 있으며, 이는 정리하는 기술을 익히는 데 매우 유익합니다.

자존감 자존감 향상: 아동 중심 놀이

어디 있나요? (장소 인식)

자아에 대한 인식은 이제 가정에 대한 인식으로 확장되고 있습니다. 아이가 어리고 여러분에게 애착을 더 가졌을 때는 집의 한두 장소에 있는 것이 적절했습니다. 그러나 이제 아이가 더 독립적인 단계에 있으므로 안전한 여러 장소를 경험하게 하는 것이 중요합니다.

준비물

없음

놀이 방법

1. 어디서든 시작할 수 있습니다. "○○이 어디 있니?"로 놀이를 시작합니다.
2. 아이가 뭐라고 말하든 "그래, 거실에 있구나."와 같은 말로 대답합니다. 다양한 사물을 가리키고 그에 대해 설명하면서 놀이를 확장합니다.
3. 두 사람이 원하는 만큼 놀이를 진행한 후, 다른 방으로 이동합니다. 각 방에서 동일한 패턴으로 놀이를 계속 진행합니다. 다음 방으로 이동하기 전에 각 방에서 2~5분 정도 시간을 보내도록 계획하세요.

발달정보

이렇게 여러 방을 탐색하는 것은 아이가 자신의 집에 대해 더 많이 이해하고 자신이 사는 곳에 대해 좋은 느낌이 들도록 돕는 즐거운 방법입니다. 방을 정하면 놀이가 시작됩니다. 다양한 사물을 인식하고 자발적으로 이름을 붙여 주는 것도 매우 좋습니다.

🍼 관련 연구

의사와 여러 전문가가 우리에게 도움이 되는 정보를 제공하지만, 가장 좋은 통찰력은 부모에게서 나옵니다. Eric Granitur의 책 『I Love You Daddy Even More: More Thoughts from a Father』에는 아이에게 집을 편안한 장소로 만들어 주는 방법에 대한 아이디어가 담겨 있습니다.

- 집에서 클래식 음악을 많이 들어 보십시오. 클래식 음악은 영혼을 진정시켜 줍니다. 또한 여러분과 자녀, 반려동물, 여러분의 집안을 더욱 평온하게 만들어 줍니다. 여러분이 즐기는 부드러운 음악은 여러분의 집을 편안한 휴식 장소로 만들어 줄 것입니다.
- 여러분에게 편안함과 기쁨을 주는 것들로 집을 매력적으로 꾸며 보십시오.
- 치료 효과가 있으므로 집안으로 가능한 한 많은 햇빛이 들어오게 하십시오.
- 아이들이 자유롭게 활동할 수 있도록 집을 가능한 한 개방적이고 친숙한 곳으로 만드십시오.

아이 주도 놀이

여러분은 하루에 많은 시간을 아이가 해야 할 것과 하지 말아야 할 것을 말하는 데 사용합니다. 이러한 이유로 아이는 이 자유로운 활동을 즐길 것입니다. 아이에게 완전한 주의를 기울이는 것만으로도 충분합니다.

 준비물

없음

놀이 방법

- -

1. 아무 방이나 들어가서 함께 앉습니다.
2. 자연스럽게 아이가 시작하는 활동을 하고, 아이가 주도하도록 하세요. 그것이 전부입니다!

발달정보

많은 육아 정보와 조언은 대부분 아이에게 무언가를 해 주어야 하는 지시 형태로 제공됩니다. 이러한 지시 사항들은 물론 훌륭하고 가치가 있습니다. 그러나 가장 중요한 개념 중 하나가 종종 간과되는데, 바로 아이에게 온전한 관심을 주는 것입니다. 오늘날 주의를 산만하게 하는 문제는 심각하며, 그것은 아이에게 가장 중요한 선물, 즉 온전한 관심을 주는 데 매우 방해가 됩니다. 아이의 나이와 상관없이 아이의 말을 들어 주고 이해하는 것보다 더 의미 있고 중요한 것은 없습니다.

관련 연구

Amy Morin은 「Positive Attention Reduces Behavior Problems in Kids」에서 교육 전략을 더 효과적으로 만들기 위해 부모가 할 수 있는 가장 중요한 것 중 하나는 자녀와 긍정적인 관계를 만드는 것이라고 말합니다. 그리고 그렇게 하는 가장 좋은 방법은 자녀와 함께 양질의 시간을 보내는 것이라고 말합니다. 부모의 긍정적인 관심은 강력한 힘입니다. 그녀는 그것이 아이들이 칭찬받기 위해 더 노력하고, 상대방을 존중하며, 목표를 이루고 싶어 하는 환경을 만들 수 있게 한다고 말합니다. 부모의 관심을 받은 아이들은 자신만의 관심 추구 행동을 줄입니다. 이 아이들은 더욱 차분하고, 협조적이며, 평온함을 보일 것입니다.

거친 신체 놀이

많은 교육 안내서에서 거친 신체 놀이가 등한시되고 있지만, 거친 신체 놀이는 아이의 발달에 매우 중요합니다.

준비물

없음

놀이 방법

1. 침대에 누운 후 아이를 여러분의 배 위에 앉힙니다.
2. 아이를 사방으로 부드럽게 튕깁니다.
3. 이렇게 즐겁고 신나는 놀이를 할 때 안전을 위해 항상 아이를 잡고 있어야 합니다.

발달정보

유대감은 나이와 상관없이 여러분의 육아 경험에서 중요한 부분입니다. 여러분은 하루하루 아이와 관계를 쌓아 가고, 매 순간이 소중합니다. 평상시의 정적인 활동을 통한 성취는 한계가 있습니다. 이와 같은 활동적이고 자극적인 신체적 놀이를 통해 유대감을 강화시킬 수 있습니다.

관련 연구

Anthony T. DeBenedet 박사와 Lawrence J. Cohen의 책 『The Art of Roughhousing: Good Old Fashioned Horseplay and Why Every Kid Needs It』에서는 거친 신체 놀이와 같은 활동적인 놀이가 아이를 똑똑하고, 정서적으로 교감을 잘하고, 사랑스럽고, 호감이 가고, 윤리적이고, 신체적으로 건강하고, 쾌활하게 만든다고 말합니다. 이러한 놀이는 부모를 불안하게 만들 수도 있습니다. 하지만 저자는 사람에게는 거친 신체 놀이에 대한 욕구가 내재되어 있기 때문에, 우리가 그렇게 놀 때 몸과 마음이 즐거워진다고 말합니다.

12
~
18
개
월

자
존
감

비눗방울 놀이

비눗방울은 아이에게 매우 매력적입니다. 비눗방울 놀이는 자존감 발달에 매우 중요한 '나는 할 수 있다'는 마음을 느끼게 해 줍니다.

 준비물

비눗방울 용액과 불기 도구

놀이 방법

1. 비눗방울 용액을 사용하거나 주방세제 반 컵에 물을 조금 희석해 직접 만듭니다.
2. 비눗방울 불기 도구가 없다면, 막대기와 공예용 도구로 만들 수 있습니다.
3. 비눗방울을 불고 아이가 거품을 터뜨리며 뛰어다니는 것을 지켜봅니다.
4. 만약 아이가 비눗방울을 불 수 있다면, 아이에게 거품을 어떻게 부는지 보여 주세요.
5. 주의사항: 액체를 핥지 않도록 주의하세요.

 발달정보

지금처럼 아이가 아주 어릴 때는 아이 혼자서 할 수 있는 활동이 거의 없습니다. 비눗방울을 터트리는 것은 아이가 스스로 할 수 있다고 느끼게 해 주는 완벽한 놀이입니다.

관련 연구

콜로라도 교육부(Colorado Department of Education) 웹사이트에 실린 「Bubbles and Toddlers」에는 비눗방울을 부는 것의 이점이 다음과 같이 나열되어 있습니다.

- 언어 발달 향상과 관련된 호흡 조절 및 복잡한 구강운동 발달에 도움이 됩니다.

- 비눗방울을 잡고 터트리면서 기어가기, 걷기, 도달하기, 오르기 등을 고양함으로써 운동 기술 발달과 관련된 근육을 강화합니다.
- 막대를 불고 비눗방울이 나오는 것을 보고 인과관계를 배웁니다.

비눗방울이 아이에게 주는 가장 큰 혜택은 바로 비눗방울이 터질 때마다 생기는 성취감입니다.

왼쪽, 오른쪽, 가운데

왼쪽-오른쪽 방향감각은 이 시기에 시작할 수 있는 중요한 기술입니다. 여러분이 하는 모든 말과 행동이 중요하며, 일정하게 유형화하며 익히는 것은 이후의 기술을 위한 기초를 마련합니다.

👶 준비물

없음

🏐 놀이 방법

아이가 걷게 되면, 이 간단한 걷기 놀이를 해 보세요. 아이의 한 손을 잡고 다음과 같이 말하면서 함께 움직여 보세요.

가운데로 걸어가 보자. 달려, 달려, 달려.
왼쪽으로 걸어가 보자. 야호, 야호, 야호.
오른쪽으로 걸어가 보자. 이제 다 했다.

👶 발달정보

많은 성인이 왼쪽-오른쪽 방향을 혼동하곤 합니다. 이들은 어린 시절 좌우 방향과 관련한 개념을 명확하게 유형화하지 못했을 가능성이 있습니다.

👶 관련 연구

www.betterhealth.vic.gov.au의 '왼손잡이(Left-handedness)'는 왼손잡이에 관한 정보를 제공합니다. 흥미롭게도, 이 주제는 100년 이상 연구되어 왔지만, 대부분의 사람(약 90%)은 오른손잡이이고 일부 사람들(약 10%)만이 왼손잡이인 이유는 여전히 알려져 있지 않습니다.

제6장　18~24개월

　아이는 이제 많은 활동에 참여할 수 있고, 그 활동에 바로 뛰어드는 것을 좋아할 것입니다. 또 자기 주변에서 일어나는 일에 영향력을 가지기 시작할 것입니다. 계단을 오르내리고, 공을 차고, 점프하고, 달리는 기술을 통해 이제 아이는 멀리까지 갈 수 있습니다. 18~24개월에는 표현 및 수용 어휘가 확장되어 말을 꽤 잘하게 됩니다. 이 시기에 열린 공간은 여러분과 아이의 삶을 훨씬 더 즐겁게 해 줄 것입니다. 마당, 공원, 울타리가 쳐져 있는 안전한 놀이 공간에서 아이와 자유롭게 뛰놀면 더없이 좋을 것입니다.

　지금까지는 아이에게 설명을 자주 해 주었지만, 이제부터는 지침, 경계, 규칙에 초점을 맞출 때입니다. 이렇게 가르치는 태도는 부모와 자녀 모두에게 도움이 될 것입니다. 어떤 활동을 시작하기 전에 아이에게 여러분의 기대를 명확히 전달하는 것이 중요합니다. 미리 이야기해 주는 것은 매일의 활동이 원활하게 진행되는 데 큰 역할을 할 것입니다.

지시 따르기를 좋아하는 걸음마기

　지금은 여러분이 주도권을 잡을 기회입니다. 이전에는 아이가 좋아하는 것에 맞춰 행동했지만, 이제부터는 여러분이 원하는 것을 해 볼 차례입니다. 아이에게 계획이 무엇인지 설명하고, 아이가 성공할 수 있도록 한 다음, 그것을 실행하기 위해 최선을 다하십시오. 아이는 지금 여러분의 지시를 기다리고 있고, 준비되어 있으며, 기꺼이 그것을 들어줄 수 있기 때문입니다.

18~24개월 발달이정표

- 한 사물에 영향을 주기 위해 다른 사물 사용하기
- 사물을 얻기 위해 기어오르기
- 필요시 장애물을 피해 옆으로 가기
- 기능적으로 적절한 방법으로 장난감과 사물을 사용하고 행동하기
- 행동 모방하기
- 기억한 단어 사용하기
- 손잡이 돌리기
- 블록 6개 쌓기
- 장난감 밀고 당기기
- 공차기
- 달리기 시작
- 걸어서 계단 오르내리기
- 점프하기
- 다른 사람 모방하기
- 색칠하기, 블록 쌓기 등 혼자 놀기
- 단순한 게임하기
- 옷 입기를 시도하기
- 다른 아이들 또는 어른들과 섞여 있는 상황에서 혼자 놀기
- 문장 형태의 말을 모방하기
- 50~300개 단어 인식하기
- 얼굴과 몸의 각 부분을 인식하기
- 지시 따르기
- 두 단어로 표현하기

인지 언어로 나타내는 인지 기능: 말하기와 이해

병뚜껑 놀이

나만의 큰 병뚜껑을 수집하기에 좋은 시기입니다. 병뚜껑은 크기와 모양이 다양하며, 어떤 것에는 글씨가 쓰여 있기도 합니다. 이 활동을 위해서는 단색의 큰 플라스틱 뚜껑을 선택하는 것이 좋습니다. 여기에서 **큰** 뚜껑의 기준은 아이가 삼킬 수 없을 정도의 크기를 말합니다.

준비물

- 단색의 큰 병뚜껑
- 플라스틱 용기

놀이 방법

1. 아이가 탐색할 수 있도록 용기에 병뚜껑을 넣습니다.
2. 병뚜껑을 세고, 쌓고, 분류하고, 흥미로운 작품을 함께 만들어 보세요.

발달정보

'개방형 놀이'는 유아의 학습 활동에 있어서 핵심적인 역할을 합니다. 적절한 재료를 제공하면 아이는 그것을 바탕으로 자유롭게 활동할 것입니다.

관련 연구

Jennifer Donahue의 「Toys that Encourage Creative Play」에서 시애틀 아동병원 아동건강센터 소장인 Dimitri Christakis 박사는 아이들이 직접 놀이를 연출하고 상상력을 발휘할 수 있도록 하는 장난감, 가지고 놀 때마다 달라질 수 있는 가능성이 있는 장난감이 이상적이라고 말합니다. 이러한 장난감들은 어린아이들에게 더 매력적일 뿐만 아니라 아이의 발달에도 더 가치가 있습니다.

18 ~ 24 개월

인지

종이 접시 퍼즐

이 시기에는 마트에서 파는 정식 퍼즐을 준비할 필요가 없습니다. 종이 접시가 훌륭한 퍼즐이 될 수 있습니다.

준비물

• 종이 접시
• 크레용

놀이 방법

1. 아이가 종이 접시에 색칠해 보도록 합니다. 디자인은 아이가 원하는 대로 하게 둡니다.
2. 접시를 두 조각으로 자릅니다. 어떻게 나누어도 상관없습니다.
3. 아이에게 조각을 주고 모양을 맞추게 합니다.
4. 다른 종이 접시로 세 조각 퍼즐도 만들어 시도해 보세요. 아이에게 필요한 만큼 도움을 줄 수 있습니다.

발달정보

여러분의 아이는 아직 어립니다. 그것은 여러분이 간단한 장난감은 직접 만들어 줄 수 있다는 것을 의미합니다. 아이는 만들어 준 장난감을 다른 복잡한 장난감보다 더 많이는 아니더라도 충분히 즐길 것입니다.

관련 연구

Janice Davis는 자신의 논문 「Why are Puzzles So Important for Kids Learning?」에서 아이들은 자신의 생각에 도전하고 정신을 훈련하기 때문에 처음부터 퍼즐을 가지고 노는 것을 좋아한다고 말합니다. 이 특별한 자극은 퍼즐을 아이들을 위한 중요한 교육적 학습 도구로 만듭니다. 아이를 위해 만들어진 퍼즐은 시각적·공간적 개념에 대한 인식을 발달시키고, 학습 개념과 적절한 범주를 더 잘 이해하도록 도와줍니다.

공놀이 1

공놀이는 아이가 성장함에 따라 더욱 중요해집니다. 지금이 시작하기 가장 좋은 시기입니다. 흥미로운 사실 중 하나는 공놀이는 매번 달라 절대 같은 상황이 일어나지 않는다는 것입니다. 이 활동은 시간제한이 없으며, 공식적으로 정해진 시작과 끝이 없습니다.

준비물

비치볼 또는 18~25cm 크기의 고무공 또는 플라스틱 공

놀이 방법

서로 마주 보고 서서 공을 이리저리 굴리는 것으로 활동을 시작하세요. 거기서부터 놀이를 발전시켜 나가세요.

발달정보

공놀이는 완전히 신체 활동인 것처럼 보이지만, 사실은 명확하고 중요한 사고의 결과입니다. 매번 속도와 방향을 다르게 조절하여 공을 굴리는 것은 공을 원하는 곳으로 보내기 위해 정확하게 계산된 결과입니다. 공을 굴릴 때마다 조금씩 다른 기술이 필요하며, 시도할 때마다 학습이 이루어집니다.

관련 연구

Kathy Gunner와 동료들이 발표한 『소아건강관리학회지(Journal of Pediatric Health Care)』에 따르면, 아이가 나중의 삶에 필요한 신체 기술을 발전시킬 수 있도록 달리기, 한발 뛰기, 춤추기, 던지기와 같은 활동에 참여하는 기회의 가치를 강조하는 것이 중요합니다. 공을 던지고, 잡고, 발로 차는 것은 눈-손 협응을 향상시킬 것입니다. 공원이나 뒷마당과 같이 활동적인 놀이를 할 수 있는 안전한 장소를 찾는 것이 관건입니다. 아이들이 매일 신체 활동을 경험하는 것은 아이의 심장 건강뿐만 아니라 유연성, 균형, 뼈와 근육의 힘을 유지하는 데 도움이 됩니다.

18
~
24
개
월

인
지

동물의 세계

동물의 행동과 소리는 아이에게 흥미로울 뿐 아니라 여러 학습에 도움을 줍니다.

준비물

- 잡지
- 가위(성인용)
- 15×20cm 크기의 색인 카드
- 풀(성인용)

놀이 방법

1. 잡지에서 동물 사진을 잘라 냅니다.
2. 준비한 카드에 붙입니다.
3. 동물 카드를 여러 장 준비하고, 아이와 번갈아 가며 하나씩 선택합니다.
4. 동물을 흉내 내 보세요. 가능하면 동물처럼 움직이거나 소리를 흉내 내세요.
5. 아이가 동물을 흉내 내기 어려워하면, 여러분이 도와줄 수 있습니다. 흉내 내기 쉬운 개, 고양이, 사자, 코끼리로 시작해 보세요.

발달정보

아이들은 아기 동물들과 그들의 귀여운 사진을 보고 싶어 합니다. 동물 카드 게임이나 그림책에 동물의 움직임과 소리를 더해 주면 아이들이 가장 좋아하는 활동이 될 것입니다.

관련 연구

가상놀이의 개념은 연구자들에 의해 더욱 진지하게 연구되고 있습니다. Beth Azar의「The Power of Pretending」에 따르면, 이러한 유형의 놀이는 아이들이 사회적으로 어울리는 능력과 연결될 수 있다고 합니다.

일대일 대응

이 활동에는 큰 종이 클립과 머핀 틀 또는 계란판이 필요합니다. 아이들이 다루기 좋은 크기와 질감을 가진 클립이 좋으며, 담는 용기에는 알맞은 크기의 칸막이가 있어야 합니다.

준비물

- 다양한 색상의 큰 종이 클립
- 머핀 틀 또는 계란판

놀이 방법

1. 여러 색의 종이 클립을 나누어 갖습니다.
2. 머핀 틀이나 계란판의 빈 부분에 클립을 하나씩 차례로 넣습니다.
3. 모든 칸에 종이 클립이 다 들어가면 게임이 종료됩니다.
4. 계속 게임을 하고 싶다면 칸마다 클립을 2개씩 넣을 수 있습니다.
5. 작은 블록, 게임 말, 코르크 마개와 같은 안전한 물건이라면 종이 클립 대신 사용해도 좋습니다. 아이를 혼자 방치하지 말고, 삼킬 수 있는 물건이 있는지 항상 주의하세요.

발달정보

일대일 대응은 기본적이고, 점진적으로 학습되며, 강력한 힘을 발휘하는 기술입니다. 이 게임은 수학 활동처럼 보이지 않고 단순한 놀이처럼 보이지만, 아이들이 일대일 대응 개념을 배울 수 있는 토대를 마련해 줍니다. 여러분의 아이는 아마도 이 활동을 즐길 수 있는 수준의 적절한 소근육 기술을 가지고 있을 것입니다.

관련 연구

WonderBaby.org에 실린 「'Just One!' The Beginnings of One-to-One Correspondence」에서는 숫자 개념과 수 세기와의 관계에 대해 설명합니다. 논문에 따르면, 많은 사람은 수 세기를 배우는 것이 기본이며 아이들에게 가르쳐야 할 기초적인 수학 기술로 생각합니다. 그러나 수 세기를 배우기 전에 일대일 대응이라는 수 이전(수 감각) 개념을 배워야만 합니다. 즉, 만약 여러분이 아이에게 **하나**라고 말하면, 아이는 하나의 사물을 세어 볼 수 있습니다. 많은 아이가 수학적인 개념 없이 기계적으로 사물을 세지만, 아직 숫자를 세는 것이 무엇을 의미하는지 배우지 못했습니다. 이러한 이유로 한 개씩 사물을 집어서 세는 것은 이 학습 과정에서 매우 효과적인 부분이 될 수 있는 기초 학습 기술입니다.

운동 **운동 발달: 놀이 시간을 더욱 즐겁게 하는 운동 발달**

블록 높이 쌓기

이제 블록을 2개 쌓는 활동에서 벗어날 시간입니다. 여러분과 아이는 높은 건물을 함께 짓는 파트너가 될 수 있습니다.

준비물
블록

놀이 방법

1. 둘 사이에 블록을 놓습니다.
2. 번갈아 가며 블록 위에 블록을 쌓아 올립니다.
3. 6개를 연속해서 쌓아 올리기 위해 노력하세요.

발달정보

이 활동에는 여러분과 아이 모두를 위한 즐거움이 있습니다. 여러분은 아이와 새로운 높이로 쌓는 것을 좋아할 것이고, 놀랍게도 아이는 블록이 넘어지는 부분을 가장 좋아할 것입니다.

관련 연구

Scholastic.com에 실린 논문 「All About Blocks」에 따르면, 블록은 삶의 축소판을 나타냅니다. 아이는 블록을 통해 사물의 작동 방식을 이해하고, 때로는 삶의 작동 방식에 대해서도 스스로 배울 수 있습니다. 블록 놀이는 전통적으로 소근육 발달과 관련이 있지만, 인지, 사회·정서, 언어와 같은 다른 발달 영역에서의 학습도 자극하는 것으로 밝혀졌습니다. 최근 연구들은 블록 놀이가 수학과 숫자의 성

운동 18~24개월

취와도 관련이 있다는 것을 보여 주고 있습니다. 다음은 블록 놀이에 대한 몇 가지 기본 사항과 발달 영역과의 관계입니다.

- 인지: 블록 놀이는 주로 인과관계에 관한 학습입니다. 채우기와 버리기, 쌓기, 쓰러뜨리기, 블록을 나란히 놓는 것은 모두 이 학습에 포함됩니다. 또한 크기, 사물 비교, 순서에 대한 학습도 이루어집니다.
- 운동: 블록을 잡는 방법, 블록의 느낌을 아는 것, 무겁고 가벼운 것을 경험하는 것, 블록을 가지고 다닐 수 있는 방법에 대해 인지하는 것은 블록 놀이를 통한 소근육 발달에 모두 포함됩니다. 또한 블록 놀이는 잡는 힘을 키우는 데 도움이 됩니다.
- 사회·정서: 새롭고 다양한 방식으로 부모와 상호작용하면서 성장합니다.
- 언어: 함께 즐기는 과정에서 자연스럽게 어휘력이 향상됩니다.

밀고 당기기

미는 장난감에는 보통 밀기 위한 단단한 손잡이가 있고, 반대로 당기는 장난감에는 당기기 위한 느슨한 끈이나 리본이 달려 있습니다.

준비물

밀고 당기는 장난감

놀이 방법

1. 아이가 여러 가지 밀고 당기는 장난감으로 노는 모습을 지켜보세요. 아이는 장난감과 함께 걷는 이 활동을 좋아할 것입니다.
2. 아이가 달리는 것에도 대비해야 합니다.

발달정보

밀고 당기는 장난감들은 어떤 식으로든 아이를 즐겁게 만들 수 있습니다. 장난감 유모차 또는 쇼핑 카트는 걷기에 목적을 부여하고, 가상놀이를 즐기게 하며, 무엇보다 균형감과 협응력이 발달하고 있는 유아에게 적절한 지지를 제공합니다. 아이는 여러분이 밀고 끌어 주는 기차와 자동차에도 매우 강한 호기심을 보일 것입니다. 하지만 이러한 것들은 아이의 걷기나 달리기를 촉진시킬 수 있지만, 특정의 대근육 운동을 지원하지는 않습니다.

관련 연구

WhatToExpect.com에 실린 「Why Push Toys Pay Off」에서는 아이들이 미는 장난감을 좋아하고 이 장난감들은 재미 이상의 가치를 제공한다고 말합니다. 먼저, 스스로 걷거나 서 있을 준비가 되지 않은 아이들에게 도움을 줍니다. 밀기 동작은 유아가 힘을 키우고 균형을 유지하며 자신감을 쌓는 데 도움이 됩니다. 또한 당기는 장난감은 균형감과 협응력을 증진시키는 데 도움이 됩니다. 미는 장난감과 당

18 ~ 24 개월 운동

기는 장난감 모두 아이들의 상상력을 키워 줍니다. 아이가 여러분이 잔디를 깎고, 카펫을 청소하고, 장 보는 것을 도와줄 때 아이의 자존감도 높아질 수 있습니다.

공 차기

고무공이나 비치볼을 추천합니다. 다른 공도 가능하며, 야외는 공놀이하기에 가장 좋은 장소입니다.

준비물

25cm 크기의 고무공 또는 30cm 크기의 비치볼

놀이 방법

1. 밧줄을 사용하여 마당을 두 부분으로 나눕니다.
2. 여러분과 아이는 밧줄을 가운데 두고 서로 반대편에 섭니다.
3. 먼저 아이 쪽으로 공을 찹니다.
4. 그다음 아이가 여러분 쪽으로 공을 차도록 격려합니다.
5. 두 사람이 계속 놀고 싶은 만큼 공을 주고받으며 즐거운 시간을 보내세요.

발달정보

발달 단계에서 공을 던지는 것 바로 전 단계가 발로 차는 것입니다. 실내에서도 할 수 있지만, 야외가 달리기에 적합하므로 야외에서 하는 것이 가장 좋습니다. 능숙하게 발로 차는 활동을 한 후에는 어떻게 던지기를 시작할 수 있는지 쉽게 배울 수 있습니다.

관련 연구

소아과 의사인 David Geller는 「How Can I Teach My Child to Hit, Kick, and Catch a Ball?」에서 아이들은 다른 사람이 하는 일을 관찰하고, 그 사람의 행동을 모방하고, 자신의 노력에 대해 긍정적인 강화를 받음으로써 학습한다고 말합니다. 이 접근법에 따르면, 여러분이 먼저 공차기를 시작해야 합니다. 그리고 공을 아이의 발 쪽으로 굴려 발로 차게 해야 합니다. 공이 아이의 발에 닿기만 해도 "참 잘했어."와 같은 말로 방금 아이가 한 일을 강화할 수 있습니다. 이 과정을 몇 번

하고 나면 아이는 스스로 공차기를 시작할 것입니다. 아이가 발로 공을 차면 더 많은 칭찬을 할 수 있습니다. 여러분은 아이가 공을 차는 방법을 얼마나 빨리 배우는지 보며 놀라게 될 것이고, 이 과정에서 중요한 역할을 했다는 사실이 기쁠 것입니다. 이제 이 과정을 경험했으니, 다음번 공을 던지거나 잡을 때도 이와 같은 방법을 사용할 수 있습니다.

계단 오르내리기 1

실제 계단을 이용하는 것이 가장 좋습니다. 만약 계단이 없다면 두껍고 튼튼한 책 한두 권을 사용해서 하나의 큰 계단처럼 만들어 놀이를 진행할 수 있습니다.

준비물

큰 책(선택 사항)

놀이 방법

1. 실제 계단의 맨 아래 또는 집에서 만든 두꺼운 책 계단 옆에서 시작합니다. 아이의 손을 잡고 걸어 올라갈 수 있도록 도와주세요.
2. 돌아서서 아이가 내려갈 수 있도록 도와주세요.
3. 다음과 같은 구호를 말하면서 활동을 계속할 수 있습니다.
   "올라가자! 위로, 위로, 위로."
   "이제 내려가자! 아래로, 아래로, 아래로."
4. 두 사람이 즐기는 한 이 활동을 반복하세요.

발달정보

계단을 오르내리는 것은 아이들에게 훌륭한 운동이며, 여러분에게도 좋습니다. 그것은 여러분이 이 즐거운 활동을 함께 함으로써 얻을 수 있는 이점이 있다는 것을 의미합니다.

관련 연구

듀크 대학교 인사과에 따르면, 정기적으로 계단을 오르는 사람들은 더 좋은 몸매와 더 높은 유산소 운동 능력을 가지고 있다고 합니다. 계단을 오르면 건강한 뼈, 근육 및 관절을 만드는 데 도움이 될 수 있습니다.

18
~
24
개
월

운동

Jack Be Nimble

아이가 점프를 좋아한다는 사실은 여러분에게 좋은 정보입니다. 재미있는 운율로 강화하면 운동 발달을 지원하고 기억력을 높이는 효과도 얻을 수 있습니다.

 준비물

불이 꺼져 있는 넓고 짧은 양초

놀이 방법

1. 이 유명한 노래에 어울리는 양초를 준비해 주세요. 만약 양초를 준비하기 어렵다면 크레용, 연필, 책이나 깨지지 않는 다른 안전한 사물로 대체할 수 있습니다.
2. 노래에 맞춰서 아이가 여러분이 준비해 둔 사물 위를 뛰어넘도록 도와주세요. 다음은 노래 가사입니다.
   〈Jack Be Nimble〉
   Jack be nimble.
   Jack be quick.
   Jack jumped over the candlestick.

● **우리말 노래 <악어떼>**[1]
정글숲을 지나서가자 엉금엉금 기어서가자
늪지대가 나타나면은 악어떼가 나온다
악어떼
정글숲을 지나서가자 엉금엉금 기어서가자
늪지대가 나타나면은 악어떼가 나온다
악어떼

 발달정보

어린 시절에 경험한 많은 운율과 노래가 초기 기술과 개념을 학습하는 데 도움

---

1) 역자 주: 우리말 노래 〈악어떼〉 등 점프하기, 기기와 같은 신체 활동을 유도할 수 있는 노래로 대체할 수 있습니다.

이 된다는 점은 흥미롭습니다. 즐거운 운율과 노래는 부모와 아이를 동시에 행복하게 해 줄 수 있습니다.

관련 연구

아이의 신체 활동에 관한 영유아 포럼(Infant and Toddler Forum)에 실린 연재 논문 「Physical Activity in Early Childhood: Setting the Stage for Lifelong Healthy Habits」에서는 아이의 건강 및 발달에 있어 신체 활동이 얼마나 중요한지 설명합니다. 놀랍게도 어린아이들에게도 신체 활동 부족은 고혈압, 체중 증가, 과도한 체지방, 나쁜 콜레스테롤 수치, 호흡기 질환, 심혈관 질환, 뼈 건강 문제와 같은 많은 건강 문제를 일으킬 수 있습니다. 신체 활동의 유익함은 신체 건강을 넘어 인지, 운동, 사회·정서, 언어 및 자존감 발달의 모든 영역으로 확장됩니다. 또한 유아기는 후기 아동기, 청소년기, 성인기에 이어질 건강한 행동과 패턴을 확립하는 데 중요한 시기입니다.

사회·정서 **사회적 놀이: 모든 면에서 중요한 사회 놀이**

두드리기 놀이

패턴대로 두드리는 것은 그 자체로 가치가 있습니다. 그뿐만 아니라 언어 발달과 관련된 음절을 인식하는 데에도 도움이 됩니다.

 준비물

없음

🎱 놀이 방법

1. 여러분과 아이가 탁자에 마주 보고 앉습니다.
2. 아이에게 여러분이 하는 것처럼 정확하게 따라서 두드리라고 말합니다.
3. 먼저 한 번 두드립니다. 아이에게도 한 번 두드려 보라고 합니다.
4. 다음은 두 번 두드리고, 그다음은 세 번 두드립니다.
5. 이 활동을 잘 수행하면, 반복적인 패턴으로 전환할 수 있습니다. 다음은 세 번씩 반복할 수 있는 패턴의 예입니다.
   길게, 짧게, 짧게
   짧게, 짧게, 길게
   길게, 짧게, 길게
6. '바/나/나' 또는 '아/이/스/크/림'과 같은 단어로 패턴을 만들 수도 있습니다.
7. 아이에게 먼저 두드려 보라고 한 다음 여러분이 그 패턴을 따라 할 수도 있습니다.
8. 두 사람이 계속하고 싶은 만큼 서로 두드리고 따라 하면서 즐거운 시간을 보내세요.

발달정보

이 활동을 언어치료사와 공유하면 좋습니다. 음절과 음절에 대한 인식은 명확한 말하기의 구성 요소입니다.

관련 연구

『Constructive Parenting』에는 영유아의 언어능력 향상을 위한 몇 가지 활동을 제안하는 '영유아 언어 발달 활동' 장이 있습니다. 12~24개월은 보통 첫 단어를 시작하는 시기로, 이 이후에는 더 많은 말을 하게 될 것입니다. 놀랍게 들릴지 모르지만, 아이의 어휘는 약 50개에서 300개로 늘어날 것입니다. 이전에는 단어와 문자를 말하는 데 집중했습니다. 이제 의사소통의 기초인 구절과 문장을 사용하기 시작할 때입니다. 이를 위한 매우 간단한 방법 중 하나는 반복입니다. 명확하게 발음되지 않은 단어나 간단한 구절을 들으면 다시 반복해서 들려주십시오. 이렇게 반복하면 아이가 더 잘 들을 수 있습니다. 아시다시피, 부모는 아이를 바로 잡아 주려는 경향이 있으며, 어린 자녀들은 보통 불만스러운 태도를 보입니다.

사회·정서

18
~
24
개
월

혼자 놀기

혼자 놀 수 있는 능력은 아이의 발달에 있어 훌륭한 기술입니다. 혼자 놀기가 사회적 행동과 반대되는 것처럼 보이지만, 이는 아이의 발달에 중요한 구성 요소입니다.

준비물

- 가방
- 가방에 담을 수 있는 사물: 튼튼한 보드북, 크레용과 스티커가 달린 색칠공부책, 놀이 찰흙, 소형 장난감 자동차, 인형, 삼킬 위험이 없는 특별히 좋아하는 장난감

놀이 방법

1. '혼자 놀기' 가방을 준비합니다.
2. 아이의 관심을 끄는 놀잇감으로 가방을 채웁니다.
3. 매월 초에 한 번씩 가방 속 놀잇감을 변경해 줍니다.
4. 아이에게 '혼자 놀기' 가방을 줍니다.
5. 타이머를 10분으로 설정합니다.
6. 타이머가 울릴 때까지 장난감을 가지고 놀 수 있다고 설명합니다.
7. 10분이 지나면 타이머를 10분 더 재설정할지 아니면 놀이를 멈출지 함께 결정할 수 있습니다.

발달정보

아이는 때때로 또는 자주 혼자서 노는 것을 즐깁니다. 그러나 이 활동이 일반적인 혼자 놀기와 다른 점은 한계처럼 작용하는 구체적인 지침과 같은 기준이 있다는 것입니다. 이는 다른 사람들과 함께 놀이할 때 존재하는 조건과 같습니다. 또 하나의 분명한 장점은 이 가방을 휴대할 수 있어서, 여러분이 어딘가 가서 아이를 혼자 놀게 할 필요가 있을 때 가지고 갈 수 있다는 것입니다.

🧑 관련 연구

『Your Baby & Child: From Birth to Age Five』라는 책에는 과도한 감독 없이 아이에게 장난감과 다른 안전한 가정용품을 가지고 자유롭게 즐길 수 있도록 하는 놀이에 대한 안내가 나와 있습니다. 저자 Penelope Leach는 아이에게 '공간, 사물, 시간, 함께 할 사람'과 같은 기본 사항을 제공하되, 아이의 사고력 발달은 아이 스스로에게 맡길 것을 권고합니다. 저자는 아이는 과학자이자 발명가이며, 아이 스스로 사물을 발견하고 탐구해야 한다고 말합니다. 여러분의 임무는 실험실, 연구 장비, 보조원 등 아이가 필요로 하는 것이 있을 때 지원해 주는 것입니다. 안전하게 허용할 수 있는 행동의 범위 내에서, 실제로 놀잇감을 가지고 하는 모든 것은 전적으로 아이에게 달려 있습니다. 그녀의 조언은 구조화된 놀이 지도와는 다르며 이것이 놀잇감을 다루는 적절한 방법을 가르치는 것을 대체하거나, 학습 과정마다 지침을 제공하기 위한 것은 아닙니다. Leach는 부모가 농장 동물들이 트럭을 타고, 블록으로 마구간을 만드는 것을 아이에게 보여 줌으로써 도움이 될 수 있다고 말하면서, 포장지, 헝겊 조각, 마분지 통, 플라스틱 용기와 같은 재료들이 들어 있는 '잡동사니' 상자를 준비할 것을 권하고 있습니다.

숨바꼭질

이 활동은 '까꿍놀이'의 발전된 형태입니다. 사물이나 몸을 숨기는 것은 아이에게 큰 즐거움이 될 것입니다.

준비물
숨길 사물: 공, 신발, 책, 연필, 휴지 등

놀이 방법

1. 한 번에 하나씩, 사물을 방 안에 숨깁니다.
2. 사물 일부가 드러나도록 숨긴 다음, 아이에게 찾아보라고 합니다.
3. 아이가 방을 둘러볼 때 방향에 대한 힌트를 줄 수 있습니다.
4. 또 다른 방법은 주방 타이머나 오르골을 숨기는 것입니다. 이렇게 소리가 나는 사물을 완전히 가려지도록 덮어 두고, 사물의 소리가 사물을 찾는 단서가 되도록 할 수 있습니다.
5. 이 놀이를 더 재미있게 하는 방법은 부모나 아이가 번갈아 가며 숨고 서로를 찾아보도록 하는 것입니다.

발달정보

훌륭한 장난감이나 게임의 주요 특징 중 하나는 놀람입니다. 아이들이나 어른들 모두 놀라는 것을 무척 좋아합니다.

관련 연구

『Constructive Parenting』에는 '놀이의 가치'라는 중요한 개념이 나옵니다. 여기에서는 세상에서 가장 좋은 장난감일지라도 아무도 가지고 놀고 싶어 하지 않으면 아무 소용이 없다고 말합니다. 얼마나 웅장해 보이는지, 얼마나 비싼지를 떠나, 놀이의 흥미를 끌기 위한 '놀이의 가치'가 없다면 그 장난감은 사용되지 않을 것입니다. 다음은 4가지 '놀이의 가치' 특성입니다.

- 시각적 흥미로움
- 재미있는 촉감
- 상호작용
- 놀람

　이러한 가치를 가진 장난감이 보통 가장 단순합니다. 블록이 그 예입니다. 블록은 색상이 어떠하든, 천연 목재 또는 다른 어떤 물질로 되어 있든, 항상 시각적으로 흥미롭고 만질 때 재미있습니다. 또한 혼자 놀거나 다른 사람과 상호작용하며 놀기에도 좋습니다. 그리고 놀람이 깃들어져 있습니다. 아이가 블록으로 무엇을 만들까요? 아이가 만들 때까지는 아무도 모릅니다.

사회 · 정서

18
~
24
개월

엄마 아빠 옷 입기

부모님의 옷을 입어 보는 것은 아이에게 매우 재미있는 일일 것입니다. 아이가 단순히 옷을 입어 보는 연습을 하는 것 외에도 부모님과 아이는 적절한 옷차림에 대한 부담이나 정해진 시간 없이 즐길 수 있습니다.

준비물
부모님의 옷

놀이 방법
1. 아이가 입어도 괜찮은 옷을 선택합니다.
2. 아이와 무엇을 입을 것인지 즐겁게 이야기합니다.
3. 옷을 입는 과정에 필요한 만큼 도움을 줍니다.

발달정보
아이들은 어른들의 큰 옷을 입는 것을 좋아할 것입니다. 아이가 여러분의 평범한 서츠를 입은 것을 보면 둘 다 얼마나 재미있을까요? 이제 아이가 가상놀이를 할 날이 멀지 않았음을 확신할 수 있습니다.

관련 연구
Raising Children 웹사이트에 실린 「Teaching Your Child How to Get Dressed」에서는 홍미롭지만 때로는 도전적인 발달 단계를 위한 실용적 아이디어를 제공합니다. 아이가 좀 더 큰 다음에 시작해도 된다고 생각할 수 있지만, 일찍부터 기초를 조성하고 몇 년에 걸쳐 노력해 가야 합니다.

옷 입는 법을 배우는 것은 단순히 옷을 입거나 벗는 것 이상의 것입니다. 그것은 모든 발달 영역에서 많은 기술을 터득하기 위한 연습을 제공합니다.

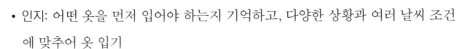

- 인지: 어떤 옷을 먼저 입어야 하는지 기억하고, 다양한 상황과 여러 날씨 조건에 맞추어 옷 입기
- 소근육: 버튼과 지퍼 채우기
- 대근육: 바지를 입으려고 균형 잡기
- 사회·정서: 생산적인 시간을 함께 즐기기
- 언어: 옷의 종류, 색상 및 크기 말하기
- 자존감: '나는 혼자서 할 수 있다'라는 성취감

함께 놀기

이 시기의 아이는 함께 노는 것을 즐길 것입니다. 그러나 그들은 같은 시간에 같은 장소에 있어도 본질적으로는 그들 각자 놀 것입니다. 이런 놀이를 **병행 놀이**(parallel play)라고 합니다.

준비물
놀잇감이 들어 있는 상자 2~3개

🎱 놀이 방법

1. 놀잇감이 들어 있는 상자를 준비합니다. 몇 가지 예가 있습니다.
   - 가게 놀이 – 빈 상자, 빈 플라스틱 용기, 장난감 계산대 및 매장을 연상시키는 다양한 재료
   - 요리 놀이 – 플라스틱 접시, 컵, 식기류, 그릇, 계량컵, 계량스푼, 주걱, 나무 숟가락, 국자와 그 외 적절한 주방용품
   - 옷 입기 – 오래된 옷, 보석류, 지갑, 더 이상 필요하지 않은 액세서리
2. 한 번에 하나의 상자를 꺼냅니다.
3. 선택한 놀잇감으로 가상놀이를 하는 모습을 보여 줍니다.
4. 아이도 선택된 놀잇감으로 함께 놀 수 있도록 격려해 주세요.
5. 영아, 유아, 그리고 다양한 연령대의 아이들이 이 놀이활동을 즐길 수 있습니다. 아이들은 모두 다른 방식으로 놀잇감을 사용할 것입니다.

발달정보

장난감이 가게에서 구매한 것들로 한정되어 있다고 생각할지 모르지만, 아이들은 주변에 있는 거의 모든 것을 장난감으로 가지고 놀 수 있습니다. 이 놀이와 관련하여 여러분의 가장 큰 역할은 놀잇감을 선택하고 아이들의 행동을 하나하나 예의주시함으로써 안전을 확인하는 것입니다.

관련 연구

　전미유아교육협회(NAEYC)에 따르면, 가상놀이는 어린이의 건강한 발달에 매우 중요합니다. 이 단체의 입장문에서는 극놀이가 인지적, 사회적, 정서적 이득을 가져온다고 말하고 있습니다. 미국소아과협회에서 이 주제에 관해 발표한 임상 보고서에 따르면 놀이가 건강한 발달에 있어 매우 중요하여 유엔인권고등위원회에 의해 모든 어린이의 권리로 인정되어 왔다고 합니다. 그리고 이러한 이점 중 많은 부분이 가상놀이에서 비롯된다고 합니다. Deborah J. Leong과 Elena Bodrova는 NAEYC의 『Young Children』에서 어른과 아이 간 상호작용은 가상놀이에서 매우 중요하다고 말합니다. 어른의 도움 없이는 아이의 놀이가 완전히 발달한 상태에 도달하지 못하기 때문에 아이들에게 놀이를 의도적으로 가르쳐야 한다고 말합니다. 그들은 가상놀이가 아이의 사회적 기술, 초기 수학 능력, 초기 문해 개념의 숙달 및 자기조절력을 키울 수 있다고 말합니다.

언어 확장: 매일 확장되는 언어

과자 모양 틀

이 활동에는 과자 모양 틀 세트, 색인 카드 한 팩, 연필 또는 크레용이 필요합니다. 놀이 찰흙 틀을 사용할 수도 있습니다.

준비물

- 과자 모양 틀
- 10×15cm 크기의 색인 카드
- 연필 또는 크레용

놀이 방법

1. 카드에 과자 모양 틀 하나를 따라 그립니다.
2. 아이 앞에 과자 모양 틀을 3개 놓습니다. 그중 하나는 카드에 그려진 모양과 일치해야 합니다.
3. 카드를 아이에게 주고 어떤 과자 모양 틀과 일치하는지 찾아보도록 합니다.
4. 아이가 일치하는 것을 찾으면 "맞췄다!"라고 외치도록 하세요.
5. 다른 카드에 다른 과자 모양 틀을 따라 그립니다.
6. 게임을 다시 시작합니다.
7. 3장의 카드에 과자 모양 틀을 따라 그려 총 5장을 만들고 전체 과정을 반복합니다. 그다음, 다른 방법으로 게임을 진행합니다. 몇 가지 방법이 있습니다.
    - 1개의 모양을 1개의 카드와 맞추세요.
    - 2개의 모양을 2개의 카드와 맞추세요.
    - 3개의 모양을 3개의 카드와 맞추세요.
    - 4개의 모양을 4개의 카드와 맞추세요.
    - 5개의 모양을 5개의 카드와 맞추세요.
    - 과자 모양 틀을 컵에 넣습니다. 그런 다음 아이와 번갈아 가며 모양을 고르고, 그것을 올바른 카드에 맞춥니다.
8. 여러분과 아이가 맞출 때마다 "맞췄다!"라고 외치는 것을 잊지 마세요.

👶 발달정보

이 활동적인 맞추기 게임으로 많은 단어 놀이를 할 수 있습니다. 여러분과 아이가 눈치채지 못하는 사이, 여러 가지 다양한 모양에 대한 어휘와 숫자를 말할 기회가 있을 것입니다.

👶 관련 연구

Bjorn Carey는 news.stanford.edu의 「Talking Directly to Toddlers Strengthens Their Language Skills」에서 아이들이 체력을 키우기 위해 영양가 있는 음식을 섭취해야 하듯이 최적의 언어와 인지 발달을 위해 언어 양분도 필요하다고 말합니다. 스탠퍼드 대학교의 연구자들은 엄마들에게 특수 장비를 사용하여 그들의 일상적인 가정환경에서 아이의 모습을 기록하도록 요청했습니다. 실험에 참여한 전체 집단은 저소득층이었지만, 일부 엄마들은 다른 엄마들보다 아이에게 더 많은 언어를 사용했습니다. 유아기에 양적 · 질적인 면에서 어휘에 충분히 노출된 아이들은 그렇지 않은 아이들보다 어휘력이 월등히 높은 것으로 나타났습니다.

분류하기

아이에게 인쇄물을 노출하는 것은 중요한 읽기 기회를 제공하는 것입니다. 이 활동은 인쇄된 단어를 한 번에 2개로 제한하여, 단순하고 의미 있는 형태로 만듭니다.

준비물

- 포켓이 2개 있는 파일
- 10×15cm 크기의 색인 카드
- 테이프 또는 풀
- 잡지

놀이 방법

1. 관심 있는 주제를 카드에 하나씩 적습니다. 대표적인 주제로는 꽃, 동물, 인물, 장난감, 음식 등이 있습니다.
2. 준비한 주제 카드를 파일 폴더의 포켓에 테이프, 스테이플러, 또는 풀 등으로 고정합니다.
3. 잡지에서 각 주제에 맞는 사진을 잘라 냅니다.
4. 각 주제마다 최소한 4장의 사진을 준비한 뒤 아이와 번갈아 가며 사진을 올바른 포켓에 넣습니다.
5. 필요한 만큼 아이를 도와줍니다.

발달정보

이 활동에서 의도한 목표는 분류 활동을 소개하는 것이지만, 사물의 이름과 같은 인쇄물을 추가하면 읽기 활동이 됩니다. 아이는 하루 동안 많은 말을 듣지만, 그 단어들을 해당 문자(인쇄물)와 연결할 기회가 거의 없었습니다. 아이들은 이제 그 기회를 얻게 되었습니다.

관련 연구

Bright Hub Education 웹사이트에서 Sylvia Cochran은, 분류하기가 아이의 학

습에 긍정적인 역할을 한다고 했습니다. 사물을 분류하고 정리하면서 놀이와 학습을 동시에 할 수 있습니다. 아이의 이러한 활동은 조직화 기술의 발달을 준비하고 분류하기의 입문 역할을 합니다. 교육자들은 유아기의 분류 활동이 수학, 음악, 화학, 물리학, 생물학 등 분류에 크게 의존하는 과목에서 성공을 위한 기초를 마련하는 방법이라고 믿습니다.

어떻게 할까요? (지시 따르기)

이 시기의 아이들은 지시를 따를 수 있습니다. 그리고 이 활동을 즐길 것입니다.

준비물

• 빈 휴지 상자
• 상자를 채우기 위한 사물들: 플라스틱 숟가락, 플라스틱 컵, 연필, 작은 인형, 작은 장난감 자동차, 스펀지, 열쇠고리, 블록, 명함

놀이 방법

1. 간단한 가정용품으로 상자를 채웁니다.
2. 번갈아 가며 사물을 고릅니다.
3. 각각의 사물에 대해 아이에게 간단한 지시를 합니다. 여기 몇 가지 예가 있습니다.
   • 컵에 숟가락을 넣습니다.
   • 연필을 종이 위에 놓습니다.
   • 인형을 침대 위에 놓습니다.

발달정보

아이들(그리고 어른들도)은 자신을 표현하기 위해 사용할 수 있는 단어보다 훨씬 더 높은 수준에서 이해할 수 있는 언어 지식을 가지고 있습니다. 따라서 아이에게 일상 표현 언어 수준 이상의 어휘를 사용한 간단한 문장으로 쉬운 지시를 내리는 것은 매우 효과적입니다. 진정으로 재미있는 게임이 될 것입니다.

관련 연구

The Directions Game이라는 유아용 게임이 있습니다. 『Baby and Toddler Learning Fun』에서 설명한 방법은 다음과 같습니다. 10×15cm 크기의 색인 카드에 카드당 하나씩 한 문장으로 된 간단한 지시 사항을 적습니다. 그다음 번갈아 가며 카드를 골라 지시를 따릅니다. 지시 사항은 두세 단어로 하는 것이 좋습니

다. '문을 닫으세요. 신발을 묶으세요. 손뼉을 치세요. 세 번 점프하세요. 탁자 주위를 걸으세요.'는 인기 있는 지시 사항입니다. 효과적인 읽기 전 기술인 문자(인쇄물)와 구어 간 연결성을 가르쳐 주기 위해 지시를 내릴 때는 단어를 가리킵니다. 아이들은 보통 활동적인 지시 따르기를 좋아합니다.

내가 좋아하는 것은······ (책 만들기)

이 활동에서는 아이에게 맞춘, 보다 개별화된 읽기 책을 만들면 좋습니다. 책을 만드는 데 권장되는 크기는 10×15cm 크기의 사진 앨범 정도입니다. 시중에서 10×15cm 크기의 사진 앨범과 색인 카드를 쉽게 구할 수 있습니다.

준비물

10×15cm 크기의 사진 앨범 또는 색인 카드

놀이 방법

1. '내가 좋아하는 것'이라는 제목으로 책을 만듭니다.
2. 오른쪽 페이지에 좋아하는 것을 하고 있는 아이의 사진을 붙입니다.
3. 왼쪽 페이지에 활동을 설명하는 간단한 문장을 씁니다. 여기 몇 가지 예가 있습니다.
   • 나는 수영을 좋아합니다.
   • 나는 책 읽기를 좋아합니다.
   • 나는 노는 것을 좋아합니다.

발달정보

요즘 나오는 어린이 책들은 정말 놀랍습니다. 대부분 뛰어난 작가들에 의해 만들어지며 매력적입니다. 책을 구매하거나 도서관에서 책을 빌리는 것 모두 바람직합니다. 그러나 어떤 책도 아이의 사진이 들어간, 우리 아이가 주인공인 책과는 비교할 수 없습니다. '내가 좋아하는 것'이라는 책은 아이의 긍정적인 태도를 만들어 주기 위해 고안되었으며, 긍정감을 더욱 높여 줍니다.

관련 연구

『Parent Involvement Begins at Birth』에는 '가족 책'을 만드는 것에 대한 정보가 들어 있습니다. 부모는 사진첩의 개념을 가족사진 책으로 확장할 수 있습니다. 이 장난감에서 아이는 더 많은 사진과 그에 상응하는 단어들을 보게 될 것입니다. 여러 번 반복해서 볼 수 있는 이런 책을 준비하면, 나중에 가족 구성원들의 이름 읽는 법을 배울 수 있는 기반을 마련할 수 있습니다. 이 책에는 가족 구성원이 포함됩니다. 가족을 엄격하게 전통적인 구성원으로 볼 수도 있고 또는 가족 안에 강아지, 고양이, 다른 반려동물, 그리고 심지어 매우 가까운 친구들을 포함할 수도 있다는 것을 보여 줌으로써 가족의 개념을 가르칠 수 있습니다.

18 ~ 24 개월

언어

부탁해요, 고마워요

아이에게 무언가를 해 달라고 부탁할 때가 매우 많습니다. 이 활동은 아이에게 "**부탁해요.**"라는 말로 존중을, "**고마워요.**"라는 말로 감사를 표현하는 기회를 만들어 줍니다. 아이가 "**부탁해요.**" "**고마워요.**"라고 말하도록 가르치는 가장 좋은 방법은 아이에게 말할 때 이러한 용어를 사용하는 것입니다.

준비물

칫솔, 치약, 깨지지 않는 컵, 숟가락, 냅킨, 작은 인형, 작은 장난감 자동차, 스펀지 등 줄을 세울 수 있는 사물

놀이 방법

1. 탁자에 약 5개의 흥미로운 사물을 늘어놓으세요.
2. 다음과 같은 문장으로 활동을 시작합니다.
   - 컵을 가져다줄래? 고마워.
   - 장난감 자동차를 가져다줄래? 고마워.
   - 냅킨을 가져다줄래? 고마워.
3. 아이가 사물을 잘못 가져오면 "이것은 스펀지야. 냅킨을 가져다줄래?"라고 다시 말합니다.
4. 이 활동 중에는 '**안 돼**'라는 말의 사용을 피합니다. 아이가 대부분의 내용을 제대로 이해하지 못하고 즐기지 못하면 활동을 중단합니다.

발달정보

이 활동은 아이에게 기본적인 예절을 가르치는 역할을 합니다. 또한 여러분이 아이에게 정중한 말을 할 때, 아이는 여러분이 보여 주는 존중에 감사할 것입니다.

관련 연구

Sears 박사의 웹사이트에 따르면, 존중을 가르치는 것은 일찍 시작되어야 합니다. 부모에게 다음과 같이 조언합니다.

1. 존중받기를 기대하십시오.

2. 예절을 일찍 가르치고, '**부탁해요**' '**고마워요**'와 같은 말을 자주 사용하십시오.

3. 좋은 매너를 보여 주십시오. 아이들은 모방을 통해 많은 것을 배우므로 자연스럽게 부모의 행동을 따를 것입니다.

4. 아이의 이름을 먼저 부른 후에 부탁하고, 아이도 역시 그렇게 할 것을 기대하십시오.

5. 사회 구성원으로 포함시키십시오. 아이를 사회적 환경에 포함시키는 것은 아이의 사회적 기술을 키울 것입니다.

6. 매너를 강요하는 것은 효과적이지 않을 수 있으므로 아이를 자주 지적하지 않도록 노력하십시오.

7. 행동을 바로잡아야 할 때는 정중하게 행동하십시오.

18
~
24
개월

언
어

자존감 자존감 발휘: 아동 중심 놀이

내가 무엇을 할 수 있는지 보세요!

아이들은 자신이 무언가를 할 수 있다는 것을 깨달을 때마다 매우 즐거워합니다. 아이가 자신의 능력을 깨닫도록 해 주는 것은 아이의 성장에 도움이 될 것입니다.

준비물

- 10×15cm 크기의 색인 카드
- 크레용 또는 마커

놀이 방법

1. 다음의 문장들을 하나씩 카드에 적습니다.
2. 카드를 고릅니다.
3. 카드를 읽고 그것을 동작으로 표현합니다.
4. 여러분 차례가 끝나면, 아이와 함께 문장을 '읽고', 아이 스스로 동작을 취하도록 격려해 주세요.
   - 난 걸을 수 있어.
   - 난 달릴 수 있어.
   - 난 점프할 수 있어.
   - 난 손뼉 칠 수 있어.
   - 난 안아 줄 수 있어.
   - 난 손을 흔들어 **인사**할 수 있어.
   - 난 의자에 앉을 수 있어.
   - 난 내 코를 만질 수 있어.
   - 난 손잡이를 돌릴 수 있어.
   - 난 내 발가락을 만질 수 있어.
5. 여러분과 아이 모두 원하는 만큼 창의력을 발휘하며 즐거운 시간을 보내세요.

발달정보

각 문장에서 반복되는 말은 '**할 수 있다**'입니다. 아이에게 힘을 실어 주는 이 말은 자존감 발달에 직접적이고 긍정적인 영향을 미칩니다.

관련 연구

『Words Can Change Your Brain』이라는 책에서 Andrew Newberg 박사와 Mark Robert Waldman은 책 제목 그대로 단어가 두뇌를 변화시킬 수 있다고 주장합니다. 연구자들은 단어가 유전자 발현에 영향을 미치는 힘을 가지고 있다고 말합니다. **평화**, **사랑** 같은 단어는 전두엽의 영역을 강화하고 긍정적인 사고와 면역기능을 촉진시킬 수 있으며, 어떤 단어는 동기를 높이고 회복력을 길러 줍니다. 반대로, 그들은 부정적인 영향을 미칠 수 있는 적대적인 언어도 있다고 말합니다.

18
~
24
개
월

자
존
감

이름 퍼즐 맞추기

아이가 가장 좋아하는 단어는 바로 자신의 이름입니다. 이 활동은 이름에 대한 시각적 인식을 키워 줄 것입니다.

준비물

- 10×15cm 크기의 색인 카드
- 크레용 또는 마커

놀이 방법

1. 아이 이름의 낱글자를 각 카드에 하나씩 적습니다. 예를 들어, 아이의 이름이 '홍길동'이면 세 개의 낱글자 '홍/길/동'을 각각의 카드에 적습니다.
2. 아이와 함께 낱글자를 조합하여 아이 이름을 정확하게 만드세요.
3. 처음 놀이를 시작할 때는 올바른 글자를 찾는 데 집중합니다.
4. 아이가 익숙해지면, 가능한 한 스스로 자신의 이름을 순서대로 배열하도록 하세요.

발달정보

반복과 친숙함은 아이들을 위한 배움의 과정에서 가장 큰 역할을 합니다. 아이와 함께 이 퍼즐 활동을 반복하면 본인 이름의 글자 순서와 이름이 어떻게 보이는지를 잘 알게 될 것입니다.

관련 연구

『Baby and Toddler Learning Fun』에는 가족사진이 담긴 책을 만들어 자기인식을 높이는 활동이 있습니다. 이 활동의 목적은 아이에게 가족 구성원이 누구이며, 어떻게 가족 구성원이 되는지 가르치는 것입니다. 그러나 배움의 성과를 바로 기대하기는 어렵습니다. 우리에게 필요한 것은 이름표가 붙은 사진을 계속 반복해서 보는 것입니다. 처음에는 부모가 모든 것을 읽어 줍니다. 아이는 더 많은 이름을 배우면서 사진 속 인물을 알아보게 될 것입니다. 반복해서 학습하도록 하면 이 학습 과제를 완수하는 데 도움이 되며, 개인의 특성은 그것을 더욱 특별하게 만들어 줄 것입니다.

춤추기

여러분의 아이는 춤추는 것을 좋아할 것입니다. 이 활동에서는 아이들을 위한 음악뿐만 아니라 박자와 리듬이 명확한 대부분의 음악을 사용할 수 있습니다.

 준비물

음악

🎾 **놀이 방법**

- -

1. 음악을 틀고 춤을 춥니다.
2. 함께 춤을 추거나 한 번씩 번갈아 가며 출 수 있습니다. 이 활동에는 규칙이 없습니다. 유일한 제안은 아이가 가능한 한 박자와 리듬을 유지하도록 격려하는 것입니다.

발달정보

움직임은 아이의 삶에서 많은 부분을 차지하므로, 춤은 아이의 일상에 자연스럽게 포함되어야 합니다. 걷기, 달리기, 점프하기 등도 좋지만, 춤은 아이의 움직임에 경계와 방향을 제시하는 데 도움을 주고, 동시에 성취감을 느끼도록 해 줍니다.

관련 연구

NDEO.org의 「Standards for Dance in Early Childhood」에서는 아이에게 있어 춤이 갖는 가치를 강조합니다. 가장 중요한 것은 춤이 우주에 대한 인간의 가장 원시적인 관계 중 하나를 구현한다는 것입니다. 춤은 언어가 형성되기 전에 시작된 언어 이전의 의사소통 도구이며, 아이들은 언어에 대한 통제력을 갖기 전에 자연스럽게 움직입니다. 아이들은 언어를 배우는 방법과 유사한 방식으로 움직임 패턴을 배운다는 증거가 있으며, 이러한 성취는 말하고 쓰는 것과 마찬가지로 큰 자부심을 가져다줍니다.

엄마 아빠에게 옷 입혀 주기

아이는 스스로 옷 입는 방법을 배우고 있습니다. 아이가 여러분에게 옷을 입혀 주는 것은 훌륭한 연습이 될 것입니다. 이 활동에는 어떠한 압박이나 시간제한이 없습니다. 아이는 이 활동을 통해 소근육 기술을 연습할 기회를 갖게 됩니다.

🍼 준비물

재킷, 모자, 장갑, 스카프, 양말 또는 신발 등의 어른 옷

🏐 놀이 방법

1. 양말이나 재킷처럼 아이가 쉽게 여러분에게 입힐 수 있는 겉옷 몇 벌을 꺼냅니다.
2. 아이가 가능한 한 혼자서 여러분에게 많은 옷을 입혀 주도록 합니다.
3. 아이가 일을 마치면, 고맙다고 말하고 훌륭하게 일을 해냈다고 말해 줍니다.

🍼 발달정보

아이들에게는 어른들의 '커다란' 몸에서 이루어지는 아주 작은 성취조차도 훌륭하게 느껴질 것입니다. 보통은 아이와 장난스러운 방식으로 상호작용하는 것에 대해 생각할 것입니다. 그러나 여기에서는 실제로 무언가를 할 수 있는 기회를 얻게 될 것이고, 아이는 그것을 정말 좋아할 것입니다.

🍼 관련 연구

연구자 David Grissmer와 동료들은 특히 취학 전 아동의 소근육 발달을 신경 써야 한다고 강조합니다. 취학 전 아동의 학습은 많은 측면에서 학문적 개념에 초점을 맞추고 있지만, 이 연구에서는 운동 기술이 아이의 미래 성취에 대한 추가적인 예측 변수라는 것을 보여 줍니다. 어린 시절의 강력한 운동 기술은 많은 학업 과제에서 아이들의 문제해결을 돕는 신경 연결을 강화합니다. 운동 기술이 발달할수록 아이들은 더 많은 경험을 할 수 있고, 이러한 경험들은 이후에 인지적 학업 성공에 더 잘 준비될 수 있도록 도와줍니다.

자존감

18
~
24
개
월

손 모양 그리기

아이가 부모와 분리되어 독립적인 정체성을 느끼는 단계에 접어들 때, 자신의 신체에 초점을 맞춘 활동을 좋아하게 됩니다. 손 모양 그리기로 이러한 활동을 시작하는 것은 매우 좋은 방법입니다.

준비물

- 연필 또는 크레용
- 하얀 종이

놀이 방법

1. 아이의 손을 따라 그립니다.
2. 왼쪽 손 그림 위에 **왼쪽**이라고 쓰고, 오른쪽 손 그림 위에 **오른쪽**이라고 씁니다.
3. 상단에 아이의 이름을 적습니다.
4. 종이에 낙서할 수 있도록 크레용을 줍니다.

발달정보

아이에게 관심을 가져 주는 것은 자존감을 키우는 데 도움이 됩니다. 아이의 손과 같은 특정한 신체 부위에 초점을 맞추는 것은 아이의 자기인식을 높여 주고, 그 과정에 아이를 참여시키면 효과가 더욱 강화됩니다. 보통은 단어를 사용하지 않고도 이와 같은 활동을 할 수 있지만, 단어를 쓰고 가리키고 읽는 것은 '**글자 인식**(print awareness)'이라고 불리는 과정과 단어가 의미를 가지고 있다는 것을 이해하는 데 큰 역할을 합니다.

관련 연구

텍사스 교육청(Texas Education Agency)에 따르면, '글자 인식'을 가진 아이는 글자가 말과 관련이 있음을 이해한다고 합니다. 초기 읽기 교육은 일반적으로 단어

인지와 음운 인식의 접근 방식으로 시작되지만, '글자 인식'은 아이의 읽기 능력 향상에 매우 중요하며 유아 수준에서 다양한 방식으로 도입될 수 있습니다. '글자 인식'은 문자, 단어, 기타 인쇄물을 손으로 가리키며 자주 읽어 줌으로써 노출시킬 수 있습니다. 책의 페이지를 넘기는 것, 페이지의 위아래를 찾는 것, 앞표지와 뒤표지를 확인하는 것 등은 모두 어른이 아이와 함께 연습할 수 있는 훌륭한 활동입니다. '글자 인식'을 가진 아이들은 페이지에 쓰인 것이 단어를 의미한다는 것을 알고 있으며, 이러한 지식이 읽기 학습을 시작하는 데 도움이 됩니다.

18 ~ 24 개월

자 존 감

제3부

2세에서 3세까지

이 책은 육아와 관련된 조언으로 가득합니다. 그러나 이 모든 것을 올바르게 만드는 한 가지 근본적인 특성이 있습니다. 바로 사랑입니다. 여러분이 아이를 사랑한다면 아이에게 가장 좋은 것이 무엇인지 알게 될 것입니다. 이것이 모든 문제에 대한 해결책처럼 들리지만, 여기에는 중요한 점이 남아 있습니다.

부모, 자녀, 가족, 지역사회가 다 다르기 때문에, 양육에 있어서도 고유한 특성에 따라 다르게 적용되며, 구체적인 지침이나 방법들도 다 다릅니다. 하지만 만약 하나의 공통된 법칙이 있다면, 매일 가능한 한 많이 배우고, 최선을 다해 아이를 지도하라는 것일 것입니다. 여러분은 아이의 인생에 긍정적인 변화를 가져다주는 사람입니다. 여러분이 해야 하는 일은 아이에 대한 깊은 관심과 사랑을 보여 주는 것입니다. 매일 여러분은 자신만의 특별한 방법으로 아이의 삶에 영향을 미칩니다. 아무도 그것을 더 잘할 수 없으며, 아이의 성장을 지원하기 위해 단 한 순간도 허투루 보낼 수 없습니다.

지금은 여러분이 자녀의 안내자, 후원자, 양육자로서 전문 지식을 발휘해야 할 매우 중요한 시간입니다. 여러분은 아이를 사랑하는 가장 강력한 힘과 능력을 갖추고 있습니다. 다른 전문가의 도움을 받으며 여러분의 육아 기술을 발휘하십시오. 아이가 매일 전일제 또는 시간제 보육 프로그램에 참여하고 있다면, 교사나 다른 양육자가 여러분을 돕고 있음을 기억하십시오. 아이가 어떤 종류의 치료 프로그램에 참여하고 있다면, 치료사는 아이를 돕고 여러분에게 중요한 기술을 가르쳐 줄 수도 있습니다. 그러나 궁극적으로는 여러분이 책임을 져야 합니다. 만약 조부모, 이모, 삼촌, 사촌 또는 친구가 여러분에게 아이에 대해 조언을 해 주며 경계를 넘어선다면, 그 제안을 받아들일 수는 있지만 결정은 여러분 스스로 내려야 합니다.

제7장 24~30개월

이전에 아이는 자기 주변의 모든 것을 만지느라 바빴지만, 만 2세가 되면 보다 선택적으로 행동하게 됩니다. 아이는 모든 것이 어떻게 작동하는지 알고 싶어 합니다. 그것은 아이를 더 완강하게 하고 다루기 어렵게 합니다. 또한 아이가 특정 인형, 동물 모형, 담요에 얼마나 애착을 갖는지 알게 될 것입니다.

아이가 훨씬 더 많은 것을 이해하기 시작했다는 사실이 매우 흥미로울 것입니다. 또한 아이는 집중하는 시간이 큰 폭으로 증가하게 되며, 이는 더 많은 학습 기회, 더 다양한 놀이 가능성, 더 많은 읽기 시간으로 이어질 것입니다. 여러분은 아이의 첫 번째이자 가장 중요한 선생님이므로, 이 단계를 이용해서 아이와 함께 평생 교육 과정을 시작하십시오.

멋진 두 살, 어린 탐험가가 왔다!

아이가 태어난 지 3년 차가 되면 성인의 기능과 유사한 초기 단계로 전환하기 시작합니다. 이 단계의 아이들은 어른들이 하는 많은 일을 할 준비가 되어 있고, 가능한 한 많은 시간을 함께하고 싶어 합니다. 3세가 되면 모든 식사는 성인 일정에 따라 이루어져야 하며, 변기에 용변을 보기 시작해야 합니다. 걷기, 말하기, 달리기, 점프하기 등의 기능이 더 완벽하게 형성될 것입니다. 이것은 인생의 가장 중요한 첫 3년의 최종 단계입니다. 이 특별한 시간을 즐기십시오.

24~30개월 발달이정표

- 크기를 이해하기 시작
- 공간 관계를 이해하기 시작
- 양을 인지하기 시작
- 유사함을 인지하기 시작
- 사물을 분류하기 시작
- 우세 손이 확립되기 시작
- 던지기 시작
- 물건에 대한 소유욕과 애착의 형성
- 변화를 거부하고 해 오던 방식을 고집하기
- 가상놀이 시작
- 복수형 단어 사용하기
- "주스 주세요."와 같이 문장을 사용하여 도움 요청하기
- 물건의 기능 설명하기
- 크기, 모양, 색깔 등 범주 이해하기
- 그림 속의 사물과 사람 이름 말하기
- 복잡한 지시 따르기

인지 인지 발달: 비약적으로 성장

자동차 놀이

'**붕붕, 부릉부릉, 쉭**' 이 소리는 지금까지 아이가 자동차 놀이를 할 때 들을 수 있었던 소리들입니다. 이제 그 놀이를 더 의미 있고 유익한 상황으로 이끌어야 할 때입니다.

준비물

- 장난감 자동차들
- 리본 또는 마스킹 테이프 2개

놀이 방법

1. 리본 또는 마스킹 테이프 2개로 가상 도로를 만듭니다. 방 전체에 실로 2개의 평행한 선을 만들거나, 큰 종이에 멋진 도로 시스템을 그릴 수도 있습니다.
2. 아이와 함께 여러 길을 가보며, 가상 여행을 즐기세요. 놀이를 함께 하면서 놀이를 의미 있게 만들고, 아이의 시야를 넓히며, 새롭고 흥미로운 어휘를 소개할 수 있습니다.

발달정보

아이가 실제 경험하는 현실 장면에서 우리는 많은 것을 가르칠 수 있습니다. 아이의 자연스러운 놀이를 관찰하고 실현 가능한 개념을 확장해야 합니다. 이 기회를 이용하여 도로 규칙과 교통 상황에 대한 주의 사항을 가르칠 수 있습니다. 아이들이 운전자, 승객, 보행자에 대해 알아야 할 정보가 많이 있습니다.

관련 연구

미국소아과학회(The American Academy of Pediatrics)는 부모들이 그들의 아이가 할 수 있는 것과 할 수 없는 것을 알지 못해 아이들이 종종 부상을 입는 경우가 있다고 말합니다. 아이들은 빨리 배우고, 점프하고, 달리고, 세발자전거를 타고, 익숙하지 않은 도구를 사용하는데 이 모두가 위험이 따르는 행동입니다. 만 2세 아이에게는 놀고 탐색하는 것도 많은 에너지와 집중이 필요합니다. 여러분의 아이가 구체적인 위험 상황을 인지하고 정확히 어떻게 행동해야 하는지 알고 있다고 생각되더라도, 세심하게 주의를 기울여야 합니다. 미국소아과학회는 자동차 안전과 관련해 다음과 같이 경고합니다.

- 아이가 길에서 세발자전거를 타거나 놀지 않도록 합니다. 아이는 울타리가 쳐진 마당이나 놀이터에서 놀아야 합니다. 차도 또한 위험합니다.
- 아이가 혹시 차 뒤에 있을지 모르므로 출발 전에 차 뒤로 가서 확인합니다. 백미러를 통해 아이가 보이지 않을 수도 있습니다.

기호 숨기기

색인 카드는 숨바꼭질 놀이에 좋은 도구가 됩니다. 카드에 여러분이 원하는 것을 무엇이든지 쓸 수 있어 유연하게 활동할 수 있습니다. 각 놀이에 권장되는 카드 수는 5장입니다.

준비물

- 10×15cm 크기의 색인 카드
- 크레용 또는 마커

놀이 방법

1. 각 카드에 기호를 씁니다. 숫자는 1에서 5까지의 범위로 설정합니다. 글자는 A부터 E까지 사용합니다. 도형은 원, 사각형, 삼각형, 직사각형 및 타원형을 사용합니다. 다른 기호도 가능하며, 몇 가지 제안되는 기호는 다음과 같습니다. ?, !, @, ☺, ♡
2. 방 곳곳에 5장의 카드를 숨깁니다.
3. 아이가 쉽게 찾을 수 있도록 카드 일부분이 보이게 숨기세요.
4. 아이가 카드를 찾아서 가져올 때마다 "(기호 이름) ○○ 찾았구나!"라고 말해 주세요.
5. 이 게임을 몇 번 반복하면, 아이는 기호의 이름을 말할 수 있을 것입니다.
6. 아이의 기호 인식이 자연스럽게 이루어지도록 도와주세요.

발달정보

이 활동에서는 반복과 친숙함이 중요한 두 가지 교육 도구가 됩니다. 그래서 이러한 놀이는 같은 범주에 속하는 기호를 그룹으로 묶어 진행되며, 각 그룹의 기호는 5개 이하로 구성됩니다. 기호는 단지 흥미를 위한 것이므로, 명칭을 붙일 필요는 없으며 반복과 친숙함을 통해 자연스럽게 학습될 것입니다. 이 활동의 또 다른 이점은 시각 변별 능력, 즉 각 개별 기호의 고유성을 인식하는 능력을 키울 수 있다는 것입니다. 이 기술은 유치원 수준의 읽기 능력을 갖추기 위한 기초가 됩니다.

24
~
30
개
월

인
지

🔵 관련 연구

교육학 석사 Aaron Loewenberg의 「New Research: Two-Year-Old Vocabulary Predicts Kindergarten Success」에 따르면, 학교에서의 성공을 위해서는 높은 어휘력을 갖추는 것이 중요합니다. 4년간 유치원에서 아이들을 가르쳤던 Loewenberg는 기본적인 문해력과 수학 능력을 갖춘 후에 유치원에 입학하는 것이 중요하다는 사실을 알게 되었습니다. 그는 성공적인 유치원 생활과 성인기를 위한 씨앗은 아이들이 유치원에 가기 몇 년 전에 심어진다는 연구 결과를 학술지 『Child Development』에서 인용하며, 만 2세 때 더 많은 어휘를 사용하는 아이들이 학업과 행동 모두에서 더 잘 준비된 상태로 유치원에 입학한다고 말합니다. 그는 이어 학업과 행동 능력을 잘 갖춰서 유치원에 입학하는 학생들은 일반적으로 더 많은 기회를 경험하게 된다고 덧붙였습니다.

짝 맞추기

세상의 많은 것이 짝을 이룹니다. 여러분의 집에서도 짝을 이루는 것을 쉽게 발견할 수 있을 것입니다.

준비물

아이가 다루기에 안전한 짝을 이루는 사물들

놀이 방법

1. 짝을 이루는 여러 사물을 모아 탁자 위에 놓습니다. 다음은 활동을 위해 제안하는 몇 가지 예시입니다.
   - 신발과 양말
   - 연필과 종이
   - 물병과 컵
   - 나이프와 포크
   - 셔츠와 타이
2. 아이에게 어울리는 짝을 골라 보도록 하세요.
3. 여러분의 차례입니다.
4. 아이가 어려워하면 필요한 만큼 힌트를 줍니다.

발달정보

짝 맞추기 놀이는 이 시기의 아이들에게 매우 즐거운 학습놀이이며, 이번 활동을 통해 이와 관련된 개념을 한 단계 끌어올릴 수 있습니다. 이 활동에는 이해능력이 필요하며, 이러한 연습은 아이의 논리적 추론 능력을 키워 줄 것입니다.

관련 연구

미국소아과학회의 웹사이트에서는 만 2세 아이의 지적 성장 발달과 관련된 통찰력 있는 칼럼들을 제공하고 있습니다. 아이는 이제 구체적인 사고 수준에서 벗어나, 보다 추상적인 사고를 하게 되었습니다. 더 많은 언어를 이해하고 정신적

24~30개월 인지

이미지를 형성하기 시작했습니다. 만 2세 아이는 사물을 실제로 조작하는 것 이상으로 훨씬 더 많은 일을 할 수 있습니다. 기억력과 논리력이 확장되면서, 모양이나 색을 고려하여 퍼즐을 맞추는 등 사물 간의 관련성에 대해 보다 추상적인 방식으로 이해합니다. 그리고 곧 행동의 목적이 분명해질 것입니다. 아이는 장난감 태엽을 감고, 불을 켜고 끄고, 심지어 몇몇 가전제품을 작동시키면서 보다 명확하게 인과관계를 배우게 될 것입니다. 또한 아이의 놀이가 더욱 복잡해지는 것을 볼 수 있을 것입니다. 아무렇게나 행동하는 대신, 좋아하는 인형을 침대에 눕히고 이불까지 덮어 주며 노는 것을 볼 수 있습니다.

사물 분류하기

창의력을 발휘하여 여러분의 집 주변에서 분류할 사물을 찾아보십시오.

준비물

분류 가능한 사물: 블록, 색 종이 클립, 색 고무줄, 은 제품, 연필, 펜, 양말, 수건, 장난감 자동차, 장난감 트럭, 인형

놀이 방법

1. 여러분이 선택한 사물을 꺼냅니다.
2. 종이 클립과 같은 작은 사물을 선택했을 때는 특히 주의 깊게 아이를 관찰해야 합니다.
3. 분류할 기준을 정합니다. 예를 들어, 블록을 세 가지 색으로 분류할 경우, 블록 중 하나를 알맞은 색깔 범주에 배치하면서 놀이를 시작합니다.
4. 블록들을 차례대로 적절하게 배치합니다. 다양한 기준과 여러 가지 방법으로 분류할 수 있지만 색깔, 크기, 모양이 가장 일반적입니다. 그러나 금발, 단발, 곱슬머리를 한 인형이나 질감이 다른 머리끈과 같은 다양한 범주도 생각해 볼 수 있습니다.

발달정보

분류놀이를 하기 위해서는 시중에 파는 장난감을 구매해야 한다고 생각하기 쉽지만, 관점을 바꿔서 생각해 볼 수 있습니다. 여러분의 집을 한번 둘러보면, 분류놀이를 하기에 적합한 물건들이 많이 보일 것입니다.

관련 연구

PBS.org의 「Child Development Tracker: Your Two-Year-Old」에서는 모든 아이의 발달이 개별적이고 복잡하지만, 아이들은 일반적으로 예측 가능한 순서로 발달한다고 말합니다. 각각의 아이는 자신만의 유형과 속도를 가지고 있으며, 환경과 개인적인 경험에 큰 영향을 받습니다. 만 2세 아이들은 놀다가 그들의 하루를 마무리하며, 그 시간 동안 중요한 수학 기술을 배웁니다. 한 가지 장난감을 사

용하여 다른 사물을 나타내며, 패턴을 인식하고 **'어제'** **'내일'**과 같은 시간 개념을 이해할 수 있습니다. 또한 만 2세 아이들은 일상적인 문제를 해결하기 위해 논리적 추론을 사용하기 시작합니다. 그들은 사물을 분류하고, 8개 이하의 퍼즐을 완성하고, 크기별로 막대에 고리를 끼울 수 있습니다. 또한 숫자 1과 2 수준에서 덧셈과 뺄셈을 이해할 수 있습니다.

낙서하기

낙서는 자연스러운 놀이입니다. 두꺼운 수성 마커나 굵은 크레용을 사용하는 것이 좋습니다.

준비물

- 수성 마커 또는 두꺼운 크레용
- 23×30cm 크기의 종이 또는 복사 용지 2장

놀이 방법

1. 여러분과 아이가 각자 종이를 가지고 서로 마주 보고 앉습니다.
2. 창의력을 발휘해 봅니다.
3. 함께 각자의 종이에 낙서를 합니다.
4. 낙서를 다 하면, 그림에 대해 서로 이야기를 나눕니다. 먼저 아이의 종이에 그려진 낙서를 가리키고 글자나 모양처럼 보이는 것에 표시하세요. 여러분의 종이에도 똑같이 하세요. 그런 다음 "무엇이 보이니?"라고 물으며 자유롭게 이야기를 나누세요.

발달정보

특정 글자나 형태를 가진 모양을 그리는 것을 기대할 수는 없지만, 자유롭게 활동하며 미래를 위한 토대를 마련할 수 있습니다. 글자 이름을 언급하고 모양을 가리키는 것만으로도 쓰기 발달의 배경을 만들 수 있습니다.

관련 연구

Michelle Anthony 박사는 「Early Literacy: Writing with 0-2 Year Olds」에서 문해력의 시작에 대해 설명합니다. 초기 글쓰기 능력의 대부분이 손가락과 손의 소근육 발달에 영향을 받기 때문에, 이러한 소근육 기술을 연습하면서 놀이를 하는 것이 좋습니다. 박사는 아이들이 두꺼운 수성 크레용과 마커, 가위, 핀셋, 집게, 분필, 붓 등과 같은 도구를 사용함으로써 이러한 능력을 키울 수 있다고 말합니다.

24 ~ 30 개월

인지

심지어 종이를 찢는 것도 소근육을 강화시킵니다. 아이들은 블록, 플레이도우나 손가락 물감과 같이 손으로 조작할 수 있는 사물을 가지고 놀아야 합니다. 쓰기 기술은 어른의 글쓰기를 보여 주면서도 가르칠 수 있는데, 여러분이 쇼핑 목록을 만들거나 생일 카드에 이름을 쓸 때 아이에게 그것을 보여 줄 수 있습니다.

운동 운동 기술 향상: 대근육/소근육

공 던지기

플라스틱 바구니가 이 활동에 적합합니다. 작고 깨끗한 플라스틱 세숫대야 2개를 사용할 수도 있습니다.

준비물

- 플라스틱 바구니 또는 세숫대야 2개
- 접힌 양말 5~8켤레

놀이 방법

1. 아이의 양말을 공처럼 말아 통에 채웁니다. 5~8켤레 정도가 적당합니다.
2. 아이에게 양말이 담긴 플라스틱 통 하나를 주고, 다른 빈 통 하나는 여러분이 갖고 있습니다.
3. 양말을 빈 플라스틱 통에 던지는 모습을 아이에게 보여 줍니다.
4. 아이가 양말을 던질 때 양말을 잡기 위해 통을 이리저리 움직여 보세요.
5. 양말이 여러분의 통에 모두 채워지면, 그것을 다시 아이의 통에 던져 넣습니다. 아이가 양말을 잘 잡을 수 있도록 통을 이리저리 움직여 보도록 격려하세요.
6. 위 방식이 너무 어려우면, 둘 다 바닥에 통을 내려놓고 놀이를 할 수 있습니다.

발달정보

던지기는 놀이의 일부이며, 놀이를 통해 동작을 하는 것은 던지기 기술의 건설적인 성장을 효과적으로 촉진합니다. 여러분은 이 작은 양말 공이 아이에게 딱 맞는 크기라는 것을 알게 될 것입니다.

관련 연구

babycentre.co.uk의 「Throwing and Catching: Toddler Development」에 따르면, 아이는 약 18개월부터 공을 던지기 위해 팔 전체를 사용하는 요령을 터득하기 시작합니다. 날아오는 공을 잡는 것은 더 어려워서, 아마도 만 3세 정도가 되어야 가능할 것입니다. 실내에서 공을 던질 때는 부드러운 스펀지 공이나 콩 주머니를 사용합니다. 이 시기 무렵의 아이는 바구니에 공을 던지는 도전을 즐길 수도 있습니다.

공놀이 2

아이에게 필요한 대부분의 장난감은 집에서 찾을 수 있지만, 몇 가지 간단한 기본 장난감은 특히 가치가 있습니다. 그중 하나는 부드러운 소재로 만들어진 지름이 18~25cm 정도 되는 공이며, 다양한 크기의 비치볼도 좋습니다.

👶 준비물

비치볼 또는 부드러운 공

🎱 놀이 방법

1. 아이와 몇 발자국 떨어져서 마주 앉고 공을 굴립니다.
2. 원하는 만큼 더 가까이 또는 멀리 이동하며, 최대한 편안하게 움직입니다.
3. 서로에게 공을 던지는 활동을 하고 싶으면 일어섭니다.
4. 굴리거나 던지면서 자신만의 게임을 만들어 갑니다.
5. 놀이의 재미를 높이려면 노래나 운율을 활용합니다.

👶 발달정보

이 놀이에서 공은 아이의 집중력을 키워 줍니다. 노래와 운율을 활용하면 경험을 더욱 풍부하게 할 수 있습니다. 이러한 요소들은 새롭고 창의적인 방법으로 놀이를 확장시켜 줍니다.

👶 관련 연구

Penelope Leach의 『Your Baby & Child: From Birth to Age Five』에 따르면, 이 시기에 해야 할 놀이의 새로운 특징은 바로 '사고(thinking)'입니다. 이전에는 공을 굴리거나 잡거나 차는 것에 초점을 맞추었지만, 이제 만 2세가 된 아이는 더 발전된 놀이를 하며 그것을 가지고 상상하고 새로운 것을 창조할 것입니다. 또한 손재주도 향상되어 다양한 방식으로 공놀이를 할 수 있습니다. 둘 사이에 놀이가 조용하고 예측 가능하다면 대화를 나누는 것도 도움이 될 것입니다. Leach는 부모가

24
~
30
개
월 운동

아이의 말을 듣고 아이의 질문에 대해 생각하는 것을 통해 아이의 사고 과정을 파악할 수 있다고 말합니다. 함께 이야기를 나눔으로써, 생각과 통찰력을 주고받고 흥미로운 정보와 참신한 아이디어를 제공할 수 있는 좋은 기회를 가질 수 있습니다.

The Wheels on the Bus

이 노래는 아이들에게 가장 인기 있는 노래 중 하나입니다. 이 노래에는 몇 가지 긍정적인 측면이 있습니다. 우선, 멜로디가 단순하고 배우기 쉽습니다. 가사가 논리적이고 여러 개념을 가르칠 수 있으며, 노래에 맞는 동작들은 협응을 촉진합니다. 또, 동작을 하면서 새로운 동작을 구성하게 하여 창의성에 도움이 됩니다.

준비물

의자 4개 이상

놀이 방법

1. 의자를 한 줄로 나란히 놓고 버스라고 부릅니다.
2. 앞에서부터 차례로 앉습니다. 처음에는 여러분이 운전사가 되고, 두 번째에는 아이가 운전사가 됩니다. (첫 번째 의자가 운전석입니다)
3. 놀이를 계속하는 동안 노래를 부르면서 자리를 바꿉니다.
4. 다음은 노래의 기본 가사입니다. 하지만 자신만의 창의적인 방법으로 나만의 노래를 만들 수 있다는 것을 기억하세요.

● **The Wheels on the Bus**

The wheels on the bus go Round and Round, Round and Round, Round and Round.

The wheels on the bus go Round and Round, all through the town.

The doors on the bus go open and shut, open and shut, open and shut.

The doors on the bus go open and shut, all through the town.

The wipers on the bus go swish, swish, swish, swish, swish, swish, swish, swish, swish.

The wipers on the bus go swish, swish, swish, all through the town.

The money on the bus goes clink, clink, clink, clink, clink, clink, clink, clink, clink.

The money on the bus goes clink, clink, clink, all through the town.

● **우리말 노래 <버스 바퀴가 빙글빙글>**[1]

버스 바퀴가 빙글 빙글
빙글 빙글 빙글 빙글
버스 바퀴가 빙글 빙글
마을을 돌아요

버스 경적이 빵 빵 빵
빵 빵 빵, 빵 빵 빵
버스 경적이 빵 빵 빵
마을을 돌아요

버스 문이 열리고
닫히고 열리고
버스 문이 닫히고
마을을 돌아요

버스 바퀴가 빙글 빙글
빙글 빙글 빙글 빙글
버스 바퀴가 빙글 빙글
마을을 돌아요

발달정보

다른 많은 동요처럼 이 노래의 가사는 세상을 배우는 데 도움이 됩니다. 또한 노래와 함께 하는 율동들은 자연스러운 움직임의 기회를 제공합니다. 이 두 가지 측면이 합해져 놀면서 배우는 행복한 노래를 완성합니다.

관련 연구

노래를 불러 주는 것은 아이에게 안정감을 주고 정서적으로도 유익합니다. 런던 대학교 교육 연구소의 Graham Welch 박사는 자신의 연구인 「The Physical, Psychological, Social, Musical, and Educational Benefits of Singing」에서 이러한

---

1) 역자 주: 우리말 노래 〈버스 바퀴가 빙글빙글〉을 기본으로 하여 자신만의 노래로 만들어 부를 수 있습니다.

이점을 보고했습니다. Welch는 노래가 인간 활동의 가장 긍정적인 형태 중 하나
임을 발견했습니다.

달리자!

달리기는 좋은 운동입니다. 지금은 만 2세 아이에게 '조절 가능한' 활동으로서 달리기를 가르치기 좋은 시기입니다.

 준비물

없음

🌐 놀이 방법

1. 아이와 밖으로 나갑니다.
2. 출발지를 선택합니다.
3. 짧은 목적지를 선택하고 함께 달립니다.
4. 여러분은 목적지에 남고 아이만 출발선으로 돌아가게 합니다.
5. 둘 다 준비가 되면 "제자리에, 준비, 출발" 신호를 보내고 아이가 다시 여러분에게 달려오도록 합니다.
6. 아이를 다시 출발선으로 돌아가게 하고, 둘 다 준비되면 "제자리에, 준비, 출발" 신호를 보내서 아이가 여러분에게 달려오도록 합니다.
7. 두 사람이 즐기는 한 이 과정을 반복합니다. 아이가 다시 출발할 준비가 되면 조금 더 빨리 달리도록 요청하세요.
8. 출발선에서 목적지까지 여러분과 아이가 함께 달리는 것으로 변형할 수 있습니다.

👶 발달정보

지금은 부모의 감독하에 신체 활동을 시작하기 좋은 때입니다. 움직이고, 더 나아가 빠르게 움직이는 것은 만 2세 아이들에게 필요한 활동입니다. 그러나 가장 중요한 것은 이러한 활동 중에 두 사람 모두 통제 범위 내에 머물러야 한다는 것입니다. 안전을 위해 아이는 항상 여러분이 상황을 책임지고 있다고 느껴야 하며 여러분도 그렇게 느껴야 합니다!

관련 연구

유아 교육 웹사이트 kidshealth.org의 「Fitness and Your 2-to 3-Year-Old」에서는 만 2세 아이들의 움직임에 관한 큰 그림을 보여 줍니다. 이 시기의 아이들은 걷고, 달리고, 차고, 던집니다. 몇몇은 점프를 할 수도 있습니다. 활동적인 아이가 되도록 격려할 때 이러한 기술을 염두에 두십시오. 그러한 기회는 아이가 계속해서 운동 능력을 향상시키고 다듬기 위해 필요한 것입니다. 함께 활동적인 게임을 하면서 공, 밀고 당기는 장난감, 어린이 자동차 등 연령에 맞는 활동적인 장난감을 제공하면 자연스럽게 터득할 것입니다. Mommy and Me 프로그램은 덤블링, 춤, 그리고 어른과 아이가 쉽게 배워 볼 수 있는 운동 동작을 소개합니다. 그러나 이러한 기술을 가르치기 위해 아이들을 외부 교육 프로그램에 등록시킬 필요는 없습니다. 다음은 가정 및 실외 놀이에 대한 몇 가지 훌륭한 지침입니다.

• 구조화된 (성인 주도) 신체 활동 최소 30분
• 구조화되지 않은 (자유놀이) 신체 활동 최소 60분
• 한 번에 한 시간 이상 활동하지 않기(수면 시간 제외)

손가락 운동

운동은 신체의 모든 부분, 심지어 손가락에도 좋습니다. 여러분의 아이에게 손가락 운동을 시켜 보십시오.

준비물

없음

놀이 방법

1. 아이에게 손가락 운동을 어떻게 하는지 가르쳐 줍니다.
2. 먼저 아이의 손가락에 시범을 보입니다. 그런 다음 함께 손가락 운동을 합니다.
3. 다음은 활동에 대한 지침입니다.
   • 흔들기   • 마사지하기   • 스트레칭하기

발달정보

이 활동은 손/발 마사지의 한 방법인 반사 요법(reflexology)의 기법에서 파생된 것입니다. 때로는 손가락 운동과 같은 작은 활동이 가장 큰 차이를 만들기도 합니다.

관련 연구

반사 요법은 몸을 이완시킨다는 면에서 요가와 비슷하지만, 주로 손과 발을 대상으로 하는 기법입니다. Mildred Carter와 Tammy Weber는 『Body Reflexology: Healing at Your Fingertips』에서 반사 요법이 아이들에게 어떻게 유익할 수 있는지에 대해 논의합니다. 아이들은 아직 태어났을 때의 모습을 많이 간직하고 있기 때문에 반사 요법을 사용하기 가장 쉬운 대상입니다. 아이들에게는 부드럽게 마사지를 시작합니다. 엄지와 같이 손이나 발의 특정 부위를 부드럽게 문지르면 신체의 다른 부분이 자연스럽게 이완됩니다.

사회·정서 사회성 발달: 사람, 장소, 사물

나의 이야기

모든 이야기가 흥미롭지만, 아이에게는 자기 자신에 관한 이야기가 가장 흥미로울 것입니다.

준비물

- 10×15cm 크기의 사진 앨범
- 10×15cm 크기의 색인 카드
- 마커 또는 크레용

놀이 방법

1. 앨범 오른쪽에 아이와 가족 그리고 친구들이 재미있는 일을 하고 있는 사진을 배치합니다.
2. 왼쪽에 카드를 놓고 반대쪽 사진에 대한 3~4단어 정도의 문장을 씁니다.
   - 새 신발이 있어요.
   - 할머니의 집을 좋아해요.
   - 여기 지수가 있어요!
   - 민호 삼촌은 재미있어요.
3. 이야기를 읽으면서 당신이 말한 단어를 가리키고, 그다음 사진을 가리킵니다. 각 문장과 사진에 대해 자유롭게 대화를 나눕니다.

발달정보

직접 만든 나만의 책에 가족 구성원과 친구들의 사진을 포함하는 것은 만 2세 아이에게 특별한 사람에 대한 인식을 높이는 데 도움이 됩니다. 아이의 추상적 사고력이 계속 발전함에 따라, 이러한 책은 아이의 추상적 사고를 확장시키는 데 귀중한 도구가 될 것입니다.

24~30개월 사회·정서

관련 연구

노르웨이 스타방에르 대학교 내에 있는 노르웨이 읽기 센터의 Stavanger Project에 따르면, 놀이에 뒤처지면 사회적으로도 뒤처질 수 있다고 말합니다. ScienceDaily.com에 보고된 프로젝트 조사에서는 정상적인 언어 발달을 보이는 만 2세 아이의 70%가 다른 아이들과 잘 놀지만, 언어능력이 부족한 만 2세 아이의 경우 단 11%만이 다른 아이들과 잘 어울린다는 결과가 나왔습니다. 언어능력이 부족한 아이들은 놀이를 이해하고 따라가는 데 어려움을 겪으며, 이로 인해 다른 아이들이 더 이상 그들을 그룹에 포함시키지 않을 수 있습니다. 배제당하는 것은 이후 장기적인 사회적 문제를 초래합니다.

놀이 영역 만들기

만 2세 아이들은 주의 집중 시간이 비교적 짧기 때문에 활동을 자주 바꾸는 것을 좋아할 것입니다. 이를 위한 좋은 방법은 다양한 놀잇감을 가지고 놀 수 있는 여러 놀이 장소를 만들어 주는 것입니다.

준비물

- 작은 담요 또는 시트 4개
- 다양한 장난감

놀이 방법

1. 놀이방의 각 구석에 담요나 시트를 펼칩니다.
2. 담요나 시트에 각각 다른 장난감을 놓습니다. 다음의 장난감을 배치할 수 있습니다.
    - 퍼즐
    - 두꺼운 크레용과 종이
    - 블록
    - 책
3. 클래식 음악을 틀면 놀이를 시작하고, 한 곳에 자리를 잡고 함께 시간을 보냅니다.
4. 10~15분 후에 음악을 멈추고 아이에게 다른 놀이 공간을 선택하도록 합니다.
5. 다시 놀 준비가 되면, 음악을 틉니다.
6. 아이와 함께 네 군데의 놀이 장소에서 모두 놀이를 할 때까지 이 과정을 반복합니다.

발달정보

이 시기의 놀이에서 가장 큰 문제 중 하나는 주의 집중 시간입니다. 시간과 공간적인 경계를 설정함으로써 여러분은 이러한 어려움을 정면으로 해결할 수 있고, 결국 놀이가 확장되면서 의미 있고 즐거운 놀이로 마무리될 것입니다.

24 ~ 30 개월 사회·정서

관련 연구

LiveScience.com에 실린 「Simple Trick May Improve an Infant's Attention Span」의 저자 Cari Neirenberg는 부모가 아이가 가지고 노는 장난감에 관심을 보이면 유아기부터 아이의 주의 집중 시간을 늘릴 수 있다고 말합니다. 연구 결과에 따르면, 부모가 장난감에 집중했을 때 아이는 부모가 눈길을 돌린 후에도 같은 장난감에 더 오랜 시간 주의를 기울인 것으로 나타났습니다.

몸 팅겨 주기 2

이 활동은 자연스러운 부모-자녀 간 상호작용을 통해 애정 어리고 자유분방한 방식으로 놀 수 있는 좋은 기회입니다. 이러한 리듬 활동에 사용하기 좋은 전래동요나 간단한 어린이 동요가 많이 있습니다.

준비물

없음

놀이 방법

1. 침대, 좋아하는 의자 또는 소파에 앉은 후, 아이를 무릎에 앉힙니다.
2. 아이를 위아래로 팅겨 줍니다. 아이가 이 활동을 즐기는 만큼 계속 진행합니다.
3. "사랑해"라고 말하거나 그 밖에 하고 싶은 다른 말을 해 주세요.
4. 아이를 보고, 미소 짓고, 함께 웃는 것을 잊지 마세요.
5. 떠오르는 동요가 있다면 아이에게 그 노래를 불러 주세요.

발달정보

통통 팅기는 것은 부모와 만 2세 아이들에게 특히 유대감을 주는 것으로 알려진 활동 중 하나입니다. 이 활동은 아이들에게 좋은 느낌을 주는 것 외에도, 부모에 대한 사랑을 느끼게 해 줍니다.

관련 연구

『Parent Involvement Begins at Birth』에서는 애정 어린 부모-자녀 관계가 처음부터 얼마나 중요한지와 그것이 미래의 발달에 지속적인 영향을 미친다는 것을 설명하고 있습니다. 관계는 사회성 발달의 전부입니다. 그리고 부모-자녀 관계는 첫 번째이자 가장 중요한 사회적 관계입니다. 부모-자녀가 함께하는 모든 활동은 차이를 만들며, 활동의 핵심은 자녀에 대한 사랑, 안전, 존중을 제공한다는 것입니다. 아이가 궁극적으로 자신과 타인을 돌볼 수 있도록 보호와 보살핌을 받고 있다는 것을 느껴야 합니다.

24~30개월

사회·정서

○○은 어디에 있나요? (집안의 사물 찾기)

가족은 발달하는 어린아이들의 양육에 중요한 영향을 미치며, 집 또한 그 역할을 합니다. 아이는 자신의 집과 그 안에 있는 많은 사물에 대해 알아 가는 것을 좋아할 것입니다.

준비물
집 안에 있는 사물

놀이 방법

1. 다른 방에 있는 특정 사물을 생각하고 그것을 설명합니다.
2. "○○은 어디에 있나?"라고 묻습니다.
3. 아이한테 그것을 가져다 달라고 부탁합니다.
4. 올바른 것을 가져오면, "고마워."라고 말합니다.
5. 만약 잘못 가져오면, 처음부터 다시 시작합니다.
6. 아이가 가져다준 사물이 5개가 되면 과정을 반대로 진행합니다. 한 사물을 가리키며 "○○은 어디에 있었나?"라고 묻습니다.
7. 아이가 대답한 후, 또는 필요하다면 여러분이 대답한 후에, 아이에게 그 사물을 원래 있던 곳에 다시 갖다 놓으라고 부탁합니다.
8. 모든 사물이 원래 자리로 돌아갈 때까지 계속 활동을 진행하세요.

발달정보

아이의 새로운 모습은 부모에게 기쁨을 가져다줍니다. 이전에는 아이가 간단한 지시를 따를 수 있었지만, 이제는 조금 더 복잡한 것을 처리할 수 있게 되었습니다. 아이는 여러분의 기뻐하는 모습을 보게 될 것이고, 여러분의 특별한 반응이 아이에게 얼마나 소중한 것인지 알게 될 것입니다.

관련 연구

『Constructive Parenting』에는 관계 발달에 대한 설명이 있습니다. 첫 번째이자 가장 중요한 부모−자녀 관계 이후에는 조부모, 형제 · 자매, 이모, 삼촌, 사촌, 그리고 가족의 가까운 친구와 관계를 맺습니다. 가족은 실제로 미래의 모든 관계를 위한 훈련장이며, 이러한 관계의 대부분은 처음 5년 동안 형성됩니다. 이 모든 관계는 아이의 일생 동안 지속적으로 확장됩니다. 부모와의 관계는 아이가 태어날 때부터 시작됩니다. 처음에는 아이에 대한 완전한 통제권을 갖는 상호작용으로 시작되지만, 시간이 지남에 따라 조금씩 아이에게 통제권을 넘겨주는 과정으로 바뀝니다.

24 ~ 30개월

사회 · 정서

차려입기

부모님의 옷을 입는 것은 아이들에게 매우 매력적인 일입니다. 또한 일상적으로 옷을 입고 벗는 기술에 대한 연습 기회도 가질 수 있습니다.

준비물

헌 옷과 액세서리

🎐 놀이 방법

1. 빨래 바구니에 옷을 넣습니다.
2. 넥타이, 지갑, 수첩, 장신구, 스카프 등 액세서리도 최대한 많이 넣어 두세요.
3. 아이가 이것들을 가지고 자유롭게 놀고 흉내 내도록 합니다.

발달정보

시작과 끝이 없는 개방형 놀이 방식이 이 활동의 주요 핵심입니다. 개방성이 이 활동의 주요 특징이지만, 여전히 한계를 정해 주는 것은 필요합니다. 그러므로 여러분이 바구니를 채워 주는 것과 놀이 장소를 정해 주는 것으로 이 활동의 구조 일부를 만들어 주는 것이 필요합니다.

관련 연구

웹사이트 Play and Playground Encyclopedia에서 설명한 대로, 개방형 놀이는 아이들이 제한에 얽매이지 않고 자유롭고 창의적으로 자신을 표현할 수 있게 해 줍니다. 전통적인 놀이에서는 일반적으로 점토, 모래, 페인트, 블록 등 자유로운 형태의 재료들이 사용됩니다. 이러한 놀이에서는 해결해야 할 규칙이나 기대 또는 구체적인 문제가 없으며, 완성을 목표로 하지 않습니다. 가정용품을 가지고 놀 때는 종이상자와 옷 등을 사용하여 극놀이를 더욱 실감나게 만들기도 합니다. 가상의 항구, 텐트, 자동차, 의상 등은 모두 아이들의 상상력을 키워 줍니다. 아이들에게는 막대기 하나가 기사의 검, 가수의 기타, 카우보이의 말, 개울 위의 보트, 고무줄이 달린 새총이 될 수 있습니다. 특히 만 2~3세 아동에게는 인형이나 주방 놀이와 같은 사실적인 소품이 적합합니다. 모든 아이는 종이, 크레용, 마커, 페인트, 가위와 같은 연령에 맞는 미술용품을 좋아하며, 몇 시간 동안 창의적인 개방형 놀이를 할 수 있습니다.

언어 구어 발달: 말로 하는 기본적 대화

산책하며 대화하기

산책은 부모와 자녀가 대화하기에 좋은 분위기를 만들어 줍니다. 두 사람이 더 많이 산책할수록, 활동은 더욱 풍성해질 것입니다.

준비물

없음

놀이 방법

1. 아이와 함께 산책하세요.
2. 자연스럽게 대화를 나누세요.

발달정보

산책은 분명 단순한 걷기나 달리기 이상의 이점이 있는 대근육 운동 중 하나입니다. 인지, 사회·정서, 언어, 자존감 모두 산책을 통해 발달할 수 있는 영역입니다.

관련 연구

Sears 박사의 웹사이트에서는 만 2세 아이와의 대화를 위한 좋은 사례를 소개하고 있습니다. 그가 쓴 「25 Ways to Talk So Children Will Listen」에는 만 2세 아이에게 도움이 될 만한 권장 사항이 포함되어 있습니다.

1. 아이와 마주 봅니다. 아이의 눈높이에 맞추어 아이의 눈을 바라보고 이야기하면 주의를 집중시킬 수 있습니다.

2. 아이에게 말을 겁니다. 항상 아이의 이름으로 대화를 시작합니다.

3. 간략하게 말합니다. 한 문장 규칙을 사용합니다. 여러분이 말하려고 하는 바를 정확히 알고 있다는 것이 느껴지도록 간단명료하게 말하는 것이 중요합니다.

4. 단순함을 유지합니다. 가능한 한 1음절 단어로 된 짧은 문장을 많이 사용합니다. 아이가 어릴수록 문장은 더 짧고 단순해야 합니다.

5. 긍정적이어야 합니다. "뛰지 마." 대신 "실내에서는 걷자."와 같이 말합니다.

6. 아이와 이야기할 때 예절을 지켜야 합니다. 만 2세 아이와 대화할 때 **'부탁해요'** **'고마워요'**를 사용합니다.

내가 원하는 것은……

자신을 표현할 수 있는 능력은 인생에서의 성공을 위해 중요합니다. '내가 원하는 것'은 자신을 표현하는 적절한 문장을 가르치기 위한 촉매제로 사용될 수 있습니다.

👶 준비물
없음

🎱 놀이 방법

1. 여러분과 아이는 서로 번갈아 가며 '내가 원하는 것은'으로 문장을 시작합니다.
2. 서로가 원하는 것을 들어 주기 위해 노력합니다. 여기 몇 가지 예가 있습니다.
   • "내가 원하는 것은 책입니다." 상대방은 책을 가져옵니다.
   • "내가 원하는 것은 초록색 베개입니다." 상대방은 초록색 베개를 가져옵니다.
   • "내가 원하는 것은 잡지입니다." 상대방이 잡지를 가져옵니다.

👶 발달정보

새로운 언어 표현이 계속해서 늘어날 것이므로, 아이의 학습에 대한 지속적인 지도와 지원이 필요합니다. '내가 원하는 것'이라는 말은 아마도 만 2세 아이에게 인기 있는 표현이 될 것이기 때문에, 이 간단한 놀이는 즐겁고 재미있는 방법으로 이 표현의 사용을 촉진할 수 있습니다.

👶 관련 연구

미국소아과학회에 따르면, 만 2세 아이는 여러분이 말하는 내용 대부분을 이해할 뿐만 아니라 어휘력이 빠르게 성장하여 약 50개 이상의 단어를 사용한다고 합니다. 이제 곧 "주스를 마셔요." "엄마는 쿠키를 원해요."와 같은 2~3개 단어로 이루어진 문장을 말할 것입니다. 그다음에는 "아빠, 공은 어디 있어요?" "멍멍아, 내 무릎에 앉아."와 같이 4~6개 단어로 이루어진 문장을 말할 것입니다. 또한 '**나, 너, 나를, 우리, 그것**'과 같은 대명사를 사용하기 시작합니다. 그리고 "내 컵을 원해요."

"나는 우리 엄마가 보여요."와 같은 '**나의 것**'에 대한 개념이 이어집니다. 미국소아
과학회는 일반적으로 남자아이가 여자아이보다 늦게 말을 시작하지만 이러한 차
이는 아이들이 학령기가 될수록 점차 해소됩니다.

크다, 작다

여러분과 아이는 같은 종류의 것들을 많이 가지고 있습니다. 차이점은 여러분의 것이 크고 아이의 것이 작다는 것입니다. 여러분이 '**크다**' '**작다**'의 개념을 가르치는 것에 초점을 두는 동안 아이는 많은 새로운 의복 단어들로 자신의 어휘력을 구축할 수 있는 기회를 가질 것입니다.

준비물

여러 가지 의복: 셔츠, 바지, 양말, 신발, 벨트, 모자 등

놀이 방법

1. 아이의 방에 들어가서 의복 5가지를 준비합니다.
2. 아이의 물건을 모두 내려놓은 후, 여러분의 것도 같은 종류로 가져옵니다.
3. 돌아가면서 각 이름에 해당하는 항목을 찾습니다. 서로에게 다음과 같은 말을 외칠 수 있습니다.
   • 큰 모자
   • 작은 신발
   • 큰 벨트

발달정보

이 활동은 '크다, 작다'가 핵심인 놀이입니다. 이 책의 앞부분에는 첫 1년과 앞으로 다가올 몇 년 동안에 해당하는 중요한 조언 몇 가지를 설명하고 있습니다.

1. 놀기-재미있게 놀기!
2. 자연스러움-자연스럽게 행동하기
3. 반응-주의를 기울이기
4. 터치-꼭 껴안아 주기

이 원리를 이용해 재미있고 생산적인 방식으로 아이와 놀면서 이 활동을 즐기세요.

👶 관련 연구

scholastic.com에 실린 Michelle Anthony 박사의 「Academic Learning in 0-2 Year Olds」에 따르면, 크기 개념은 만 2세 아이에게 가르치기 적절한 개념입니다. 크기 개념과 함께 가르치기 좋은 관련 개념들은 모양, 색깔, 단순한 사물 그림 인식입니다. 아이와 함께 앞에서 언급한 범주 중 하나를 정해 사물을 묶거나 분류하는 것은 이 시기의 발달로 적절합니다. 정한 기준에 따라 실제 사물들을 순서대로 나열하거나 짝 짓는 일은 다양한 활동을 즐겁게 만들 수 있는 훌륭한 방법입니다. 논문에 따르면, 만 3세 이전에 숙달될 가능성이 높은 개념에는 다음과 같은 것이 있습니다.

- '**더 크다**' '**더 작다**' '**더 길다**' 이해하기
- 신체 부위를 말하면 정확하게 가리키기
- 2~3개의 숫자를 연속해서 반복하여 말하기
- 물건을 넣거나 꺼내라는 요청에 반응하기
- '**젖은**'과 '**마른**', '**부드러운**'과 '**단단한**' 같은 반대 개념 이해하기
- 원인과 결과에 대한 적절한 반응: 무언가가 떨어지면 누군가가 집어 올 것이라고 예상하기

패턴

색종이는 우리 주변에서 쉽게 구할 수 있으며, 다양한 방법으로 사용될 수 있습니다. 먼저 색이 다른 색종이를 3장 선택합니다. 빨간색, 노란색, 파란색 또는 초록색을 추천하지만 어떤 색을 선택해도 상관없습니다.

준비물

- 색이 다른 색종이 3장
- 가위(성인용)

놀이 방법

1. 각 종이를 4분의 1로 자릅니다.
2. 세 가지 색상으로 패턴을 만들어 제시합니다.
3. 아이에게 여러분의 패턴과 동일하게 맞추어 보도록 합니다.
4. 이번에는 반대로 아이가 패턴을 만들게 합니다.
5. 필요한 만큼 아이를 돕습니다.
6. 두 사람이 계속 즐길 수 있는 한 놀이를 계속 이어 나갑니다. 나중에는 더 긴 패턴을 만들어 볼 수도 있습니다.

발달정보

이 패턴 활동은 두 사람 모두에게 쉽고 재미있을 것입니다. 패턴을 가르치는 동안 여러분이 어떤 패턴을 만들더라도 아이는 성장할 것이고, 동시에 대화를 주고받는 언어능력도 비약적으로 성장할 것입니다.

관련 연구

Mayo Clinic 웹사이트의 Q&A에서 Jay L. Hoecker 박사는 모든 아이가 자신만의 속도로 성장하고 발달하지만, 유아기의 언어 발달은 꽤 예측 가능한 경로를 따르는 경향이 있다고 말합니다. 다음은 평균 만 2세 아이들의 간단한 발달 지표입니다.

- 최소 50단어 말하기
- '나의 컵' 또는 '주스 없다'와 같이 두 단어를 함께 연결하기
- 단어의 절반 정도를 부모가 알아들을 수 있을 만큼 명확하게 말하기

24
~
30
개
월

언
어

읽기 시간 6

이 시기의 아이들도 읽기 활동에 참여시킬 수 있습니다. 아이와의 소통을 염두에 두는 것이 좋습니다. 모든 읽기 활동 이면에 있는 목적은 아이에게 메시지를 전달하는 것입니다.

준비물

끝소리가 같은 단어들이 포함된 그림책

놀이 방법

1. 함께 읽을 책을 선택합니다.
2. 아이에게 이야기를 여러 번 읽어 준 후에 각 페이지의 마지막 단어를 생략합니다. 여러분이 마지막 단어를 말하기 전에 아이가 먼저 말하도록 하세요.

발달정보

끝소리가 가장 기억하기 쉬우므로, 끝소리가 같은 단어들을 포함한 책이 마지막 단어 채우기 활동에 가장 적합합니다. 그러나 아이가 정말 좋아하고 여러 번 읽었던 책을 고른다면, 끝소리가 같은 단어를 포함하지 않더라도 이 활동에 적합할 수 있습니다. 이 활동에서는 아이의 참여가 가장 중요합니다.

관련 연구

미국 교육부 웹사이트의 「Start Early, Finish Strong: How to Help Every Child Become a Reader」에 나와 있는 지침은 읽기를 배우는 아이들의 조력자로서 부모의 엄청난 잠재력에 대해 설명합니다. 인간의 두뇌 발달에 대한 최근 연구는 부모가 자녀의 첫 번째 교사이며, 아이의 읽기 학습 과정에 부모가 개입하는지 안 하는지가 아이의 미래 읽기 능력과 문해력에 지속적인 영향을 미친다는 것을 보여 주고 있습니다. 아이에게 규칙적으로 책을 읽어 주는 것은 미래의 읽기 성취도에 직접적으로 긍정적인 영향을 미칩니다. 아이들은 생후 첫 3년 동안 많은 학습 능력을 발달시키며, 이때 뇌가 성인 크기의 90%까지 성장합니다. 부모가 읽어 주고, 노래 불러 주고, 아이에게 말 걸어 줄 때 뇌세포는 성장합니다.

24
~
30
개
월

언어.

자존감 자존감의 급성장: 자신에 대한 관심 증가

나를 보세요!

여러분이 아이에게 주는 여러 긍정적인 관심은 아이가 자신을 중요하다고 느끼는 데 도움이 될 것입니다. 지금이라도 아이를 대하는 여러분의 태도를 되돌아보아야 합니다.

 준비물

없음

> 🎱 **놀이 방법**
> ---
> 1. "나를 보세요, 무엇이 보이나요?"라는 재미있는 운율을 아이가 말하도록 가르치세요.
> 2. 일단 시작이 잘되면, 다음과 같은 몇 가지 반응을 보여 줍니다.
>   • 행복한 얼굴
>   • 파란 셔츠
>   • 갈색 머리
> 3. 좋은 반응을 얻기 위해, 아이에게 적절한 타이밍에 맞추어 운율을 반복하도록 가르치세요.
> 4. 여러분의 차례에도 이와 같은 방법으로 놀이를 진행합니다.
> 5. 신체와 옷의 여러 부분을 가리키면서 아이의 반응을 독려해 주세요.

발달정보

만 2세 아이들은 종종 부정적인 관심으로 인해 어려움을 겪을 수 있습니다. 그러나 이러한 반복적인 운율 활동으로, 부정적인 반응의 필요성이 줄어들었음을 알 수 있습니다. 여러분이 아이에게 긍정적인 인식을 더 많이 줄수록, 아이의 문제 행동과 곤란한 상황을 덜 마주하게 될 것입니다.

관련 연구

『Constructive Parenting』에서는 자존감을 키우기 위해 아이에게 긍정적인 관심을 기울이고 아이의 고유성에 대해 이야기하는 과정이 필요하다고 말합니다. 즉, 부모의 역할은 매일 아이만의 멋진 개성에 대한 기쁨을 표현하는 것입니다. 이 패턴을 꾸준히 따른다면, 아이는 시간이 지남에 따라 자신감과 자긍심을 키울 수 있을 것입니다. 아이를 다른 아이들과 비교하는 것은 자연스러운 일이지만, 계속해서 아이의 좋은 점을 찾고 그것을 표현해 주는 것이 많은 도움이 될 것입니다. 다음은 그대로 혹은 수정해서 사용할 수 있는 몇 가지 실용적인 예입니다.

- 미소가 멋있어.
- 눈이 반짝이네.
- 뺨이 부드러워.
- 긴 파마 머리를 좀 봐.
- 스스로 해냈구나.

나는 멋진 두 살이에요!

나이는 아이들뿐만 아니라 어른들에게도 자신을 자랑스럽게 만드는 중요한 개념입니다. 아이가 자신의 나이를 두 살이라고 말하고 손가락 두 개를 펼쳐 보이는 것에 능숙해지도록 하십시오.

 준비물

없음

🎱 놀이 방법

1. 아이와 함께 다음과 같은 짧은 운율을 말해 보십시오.
   부모: "몇 살이야?"
   아이: "두 살이에요."
2. 아이가 최대한 크고 분명하게 말하도록 가르칩니다.
3. 두 살이라고 말할 때 두 손가락을 올리는 방법을 보여 줍니다.

😊 발달정보

두 손가락을 보여 주며 **두 살**이라고 말하는 것은 자부심을 보여 주는 한 방법입니다. 말과 행동의 조합이 그 효과를 더욱 의미 있게 만드는 것입니다.

😊 관련 연구

Jenni Way는 「Number Sense Series: Developing Early Number Sense」에서 숫자에 대한 직관적인 감각은 아주 어릴 때부터 시작되며, 만 2세 정도의 아이들은 실제로 수를 이해하기 전에도 한 개, 두 개 또는 세 개를 자신 있게 셀 수 있다고 말합니다. 이 기술은 패턴에 대한 안정된 정신적 이미지를 형성하고 이를 숫자와 연관시키는 정신 능력에 기반한 것으로 보입니다. 수가 일정한 패턴으로 배열되면 그 집합을 인식하는 것이 훨씬 쉬워지기 때문에, 수 집합의 가치가 훨씬 높아집니다. 만 2세 아이들의 수 활동은 수 세기 소품, 블록, 작은 장난감과 같은 이동 가능한 물건으로 하는 것이 가장 좋습니다.

컴퓨터 놀이 1

이전에 아이가 컴퓨터 앞에 있는 여러분을 지켜본 경험이 있을 수도 있지만, 지금은 아이에게 몇 가지 기초 기술을 가르칠 수 있는 좋은 시간입니다.

준비물
컴퓨터

놀이 방법

1. 아이를 무릎 위에 앉힙니다.
2. 여러분이 선택한 아동용 웹사이트를 엽니다.
3. 여러분이 무엇을 하고 있는지, 화면을 통해 보고 있는 것이 무엇인지를 아이에게 설명합니다.
4. 아이에게 적절하다고 생각되는 방식으로 아이를 활동에 참여시키세요.

발달정보
아이들에게 영상을 노출하는 것이 권장되지는 않지만, 여러분의 지도하에 영상을 노출하는 것은 괜찮습니다. 이 활동은 부모와 함께하는 컴퓨터 시간이 긍정적인 관심의 표현이라는 개념을 따릅니다.

관련 연구
아이들에게 적절한 영상 노출 시간은 어느 정도일까요? 미국소아과학회에 따르면, 18개월 정도의 아이들에게 약간의 영상 노출이 가능하지만, 고품질 영상을 하루에 한 시간 이하로만 시청할 것을 권장하고 있으며, 아이들이 영상을 볼 때 부모가 옆에서 많이 개입할 것을 당부하고 있습니다. 물론, 아이들이 영상을 보지 않는다면 이 지침을 설정할 필요가 없을 것입니다. 하지만 아이들은 영상을 보고 싶어 합니다. Common Sense Media의 설문조사에 따르면, 부모 다섯 명 중 한 명만이 자녀의 영상 노출에 대한 미국소아과학회의 권장 사항을 알고 있다고 답했습니다. 반면, 절반은 이 권장 사항을 알지 못했습니다.

24
〜
30
개
월

자
존
감

Here We Go Round the Mulberry Bush

서로 손을 잡고 도는 서클 게임은 재미있을 뿐만 아니라 아이들의 참여를 유도하기에 좋습니다. 노래의 가사 중 'This is the way we······(우리는 이렇게 해요)'라는 부분은 여러분의 아이가 원하는 만큼 극적으로 연기할 수 있게 해 줄 것입니다.

준비물
없음

놀이 방법

1. 시계 방향으로 돌면서 아이와 함께 이 노래를 부릅니다. 한 소절을 부를 때마다 '옷을 세탁해요' 또는 '음식을 만들어요'와 같은 활동을 포함합니다. 창의적으로 행동해야 하는 부분이 나오면 가사에 맞는 동작을 취해 보세요.
2. 아이가 여러분과 비슷한 동작을 취하도록 격려해 주세요. 다음은 가사입니다.
   Here we go round the mulberry bush, the mulberry bush, the mulberry bush.
   Here we go round the mulberry bush so early in the morning.
   This is the way we. (wash the clothes, cook the food, iron the shirts······)
   This is the way we. (wash the clothes, cook the food, iron the shirts······)
   So early in the morning.
3. 한 번에 한 가지 동작을 취한 다음 다시 노래의 시작 부분으로 돌아갑니다.
4. 원하는 만큼 많은 동작을 만들어 보세요.

<동네 한 바퀴>[2]
다같이 돌자 동네한바퀴
아침일찍 일어나 동네한바퀴
우리보고 나팔꽃 인사합니다
우리도 인사하며 동네한바퀴
바둑이도 같이 돌자 동네한바퀴
다같이 돌자 동네한바퀴

---

2) 역자 주: 우리말 노래 〈동네 한 바퀴〉로 대체할 수 있습니다.

아침일찍 일어나 동네한바퀴
우리보고 나팔꽃 인사합니다
우리도 인사하며 동네한바퀴
바둑이도 같이 돌자 동네한바퀴

발달정보

이것은 'I can do it(나는 할 수 있어)' 동요 중 하나입니다. 행동을 나타내는 단어와 그것을 표현하는 단순한 동작의 조합이 함께 작용하여 적절한 아동 중심의 유능감과 성취감을 만들어 냅니다.

관련 연구

PBS.org에 게시된 Michael Sizer의 「The Surprising Meaning and Benefits of Nursery Rhymes」은 전래동요의 의미와 전래동요가 어떻게 그리고 왜 지금까지 전해지는지를 설명합니다. 전래동요의 기원은 오래전으로 거슬러 올라가기 때문에, 그 누구도 적정 연령을 알지 못합니다. 그러나 오늘날 우리가 다양한 연령대의 아이들에게 어떻게 적용하는지에 따라 차이가 있습니다. 전래동요는 다음과 같은 세 가지 영역에 도움이 될 수 있습니다.

- 두뇌 발달: 운율과 이야기의 반복은 아이들에게 언어가 이루어지는 방식을 가르쳐 주며, 기억력을 향상시킵니다.
- 문화: 세대를 아우르는 문화를 보존하고, 가족 대대로 공유된 의식을 제공합니다.
- 자신감: 어린아이들, 심지어 수줍은 아이들까지도 자신 있게 노래하고 춤추고 공연할 수 있도록 합니다.

24
~
30
개
월

자
존
감

동영상 놀이

요즘은 아이의 행동을 기록하는 것이 매우 쉽습니다. 아이의 모습을 영상으로 찍어 함께 보는 것은 두 사람 모두에게 재미있는 활동이 됩니다.

준비물

없음

놀이 방법

1. 아이가 노래, 춤 또는 자신이 선택한 다른 활동을 수행하도록 격려하세요.
2. 여러분이 특히 마음에 드는 부분과 아이가 보기에 가장 흥미롭고 의미가 있다고 생각하는 부분을 영상으로 찍어 기록합니다.

발달정보

아이 그리고 아이가 할 수 있는 일에 관심을 집중할수록, 아이는 스스로를 더 긍정적으로 느낄 것입니다. 아이가 자신의 행동을 성공시키는 것도 중요한 일이지만, 자신의 모습을 영상으로 볼 때 감동은 배가 됩니다.

관련 연구

PBS Parents의 「Child Development Tracker: Your Two-Year-Old」는 아이가 현재 가지고 있는 기술과 능력을 해석할 수 있는 현실적인 방법을 제공합니다. 여러분의 아이와 같은 사람은 없습니다. 모든 아이의 발달은 고유하고 복잡합니다. 아이들은 보편적으로 받아들여진 이정표에 따라 발달하지만, 다른 사람들과 같은 방식으로 또는 동시에 진행되지 않을 수 있습니다. 또한 아이의 발달은 그의 환경과 개인적인 경험에 의해 크게 영향을 받습니다. 일반적으로 만 2세 아이들은 감각과 운동 기술을 이용해 탐색하는 것을 즐깁니다. 아이들은 시행착오를 겪으며 간단한 문제를 해결하고, 무엇을 해내기 위해 여러 번 연습합니다. 또한 이 시기의 아이들은 더 많은 가상놀이를 합니다.

제8장 | 30~36개월

지금은 규칙적인 일과를 정하고 따르는 것이 매우 중요한 시기입니다. 이제 두 돌 반이 된 아이가 매일 규칙적인 생활을 할 수 있도록 지도해야 합니다. 아이는 이제 성인과 비슷한 기술을 이미 획득했거나, 발달시키는 과정에 있습니다. 아이는 쉽게 계단을 오르내리고, 문장으로 말하고, 원하는 것을 묻고, 세발자전거를 탈 수 있습니다.

이제 아이가 가능한 한 일과에 충실히 따르도록 도와야 합니다. 하루 세 번 규칙적인 시간에 균형 잡힌 식사하기, 매일 운동/놀이하기, 10~12시간의 수면이 권장됩니다. 아이가 이 흥미로운 변화를 이룰 수 있도록 돕는 기회를 즐기십시오.

세 살이 되다

아이의 생각이 점점 깊어지는 것을 지켜보십시오. 여전히 참을성이 없고 다소 자기중심적인 두 살배기의 모습도 보일 것입니다. 그러나 동시에 성장 중인 아이가 좋은 아이디어를 내고, 남을 도우려는 마음을 가지는 것을 보는 즐거움도 누릴 수 있을 것입니다.

30~36개월 발달이정표

- 크기를 더 잘 이해하기
- 공간관계를 더 잘 이해하기
- 수에 대한 이해 확장
- 유사함에 대한 지식
- 분류하기
- 부분-전체의 관계를 더 잘 이해하기
- 놀이 찰흙과 반죽을 조작하기
- 블록 약 8개 쌓기
- 달리기
- 걷기 균형 향상
- 발을 번갈아 가며 계단 오르기
- 양손 협응
- 성취에 자부심을 갖고, 도움받기를 거부하기
- 감독하에 옷 입기
- 기능 묘사로 사물 식별하기
- 간단한 지시 따르기

인지 인지 성장: 개념 이해

실외 활동

야외에 나가는 것은 독특한 경험입니다. 여러분과 아이에게 주어지는 외부 자극들을 즐기십시오. 그리고 아이의 질문에 대비하십시오. 아이는 많은 질문을 할 것입니다.

 준비물

없음

🔮 놀이 방법

1. 아이가 이 활동을 주도합니다. 밖으로 나가거나 창밖을 내다보며 아이에게 "무엇이 보이니?"라고 물어보세요. 나무, 자동차, 집 등 가능한 답변이 많이 있습니다.
2. 아이가 관심을 보인 주제로 좋은 대화를 계속 이어 가세요. 여러분은 '누가, 무엇을, 언제, 어디서, 왜'라는 질문을 많이 듣게 될 것입니다. 여러분이 할 수 있는 최선의 답을 제시하거나 아이와 함께 질문에 대한 답을 찾아보세요.

발달정보

만 2세 반 아이는 호기심이 매우 높습니다. 아이의 질문 중 몇 가지에 대한 대답은 바로 나오지만, 어떤 질문들은 여러분을 멈칫하게 할 것입니다. 만약 여러분이 답을 모르면, 함께 찾을 수 있다고 아이에게 말해 주십시오. 지역 도서관이나 서점을 방문해서 아이가 관심을 두는 주제에 대해 자세히 읽어 볼 수 있습니다. 또한 대답하기 어려운 질문들은 인터넷에서 답을 찾아볼 수 있을 것입니다.

관련 연구

Lauren Lowry는 「What Makes Your Child Tick? Using Children's Interests to

Build Communication Skills」에서 효과적인 의사소통은 어른들과 같은 방식으로 관심사에 대해 이야기 나눌 때 이루어진다고 말합니다. Lowry는 어른과 마찬가지로 아이들도 대화가 그들의 관심사에 기반할 때 상호작용하고, 주의를 기울이고, 새로운 단어를 배울 가능성이 더 크다는 것을 발견했습니다. 부모는 자동차나 트럭과 같은 아이들의 공통된 관심사를 알 수 있을 것입니다. 이 주제에 대한 아이의 관심을 유도하려면 다음과 같이 시도해 보십시오.

- 자동차를 가지고 노는 동안, 자동차에 연료를 가득 채우는 시늉을 할 수 있습니다.
- 함께 세차할 때, 무슨 일이 일어나고 있는지 이야기할 수 있습니다.
- 차가 빠르게 움직이는 것을 보면 "와, 저 차 빨리 간다!"라고 말할 수 있습니다.

더 많거나 더 적게

약 7세가 되면 아이는 '보존된다는 것'을 학습하여, 한 형태에서 다른 형태로 부피가 바뀌어도 물질의 양이 그대로 유지된다는 것을 알게 됩니다. 오늘날 많은 부모는 이 발달 기술이 실제로 획득되기 훨씬 전부터 아이의 이해를 높이기 위해 지금 소개되는 이러한 놀이를 하고 싶어 합니다.

준비물

- 짧고 넓은 유리잔
- 길고 가는 유리잔

놀이 방법

1. 짧고 넓은 유리잔에 물을 채웁니다.
2. 길고 가는 유리잔에 물을 옮겨 붓습니다.
3. 다음과 같은 질문을 합니다.
   - 물이 더 많아졌나요?
   - 물의 양이 같은가요?

발달정보

크기가 서로 다른 용기에 같은 양의 물이 들어 있을 때 이를 인지하는 능력을 '보존 개념'이라고 합니다. 이와 같은 상황에서 만 2세 반의 아이는 아마 정답을 맞히지 못할 것입니다. 하지만 지금 이를 알지 못한다고 해도 지능과는 아무런 관련이 없습니다. 아이는 자신의 연령에 맞게 발달하고 있으며, 아직 이처럼 높은 수준의 인지 기술을 배울 준비가 충분히 되지 않았을 뿐입니다. 그럼에도 이러한 놀이를 경험하는 것은 아이의 생각을 자극합니다.

30
~
36
개
월

인
지

관련 연구

이 보존 개념은 만 2세에서 7세까지 시간이 지남에 따라 발달하는 것으로 생각됩니다. 만 3세 아이는 보존 개념을 이해한다는 증거가 아직 없습니다. Carol Seefeldt와 Barbara Wasik의 『Early Education: Three, Four, and Five Year Olds Go to School』에는 이러한 종류의 놀이에 대한 내용이 있습니다. 은우에게 두 개의 컵을 보여 줍니다. 한 컵은 길고 좁으며, 두 번째 컵은 짧고 넓습니다. 둘 다 같은 양의 주스를 담을 수 있습니다. 은우의 엄마는 길고 좁은 컵의 주스를 짧고 넓은 컵에 부어 두 잔 모두 같은 양의 주스가 들어간다는 것을 보여 줍니다. 어떤 주스를 원하느냐는 질문에 은우는 길고 좁은 컵을 가리키며 "나는 이것을 원해요. 왜냐하면 나는 정말 목이 말라서 주스를 더 많이 마시고 싶기 때문이에요."라고 대답합니다. 은우가 이 컵을 고른 이유는 높이가 더 높기 때문입니다. 이 연령대의 아이들은 여전히 직관적 사고를 하고 있으며, 외현적 특징을 기반으로 이와 같은 문제를 해결합니다.

스티커 놀이

스티커를 좋아하지 않는 만 2세 아이가 어디 있을까요? 모양이 같은 스티커를 각각의 색인 카드에 붙여서 두 장이 한 쌍인 카드 세트를 만들어 재미있는 놀이를 해 보십시오.

준비물

- 스티커 세트
- 10×15cm 크기의 색인 카드

놀이 방법

1. 여러분이 먼저 색인 카드에 스티커를 붙이고 아이가 다른 색인 카드에 그것과 똑같은 스티커를 붙이도록 합니다.
2. 두 장이 한 쌍이 되는 카드를 계속 만들어 보세요.
3. 일단 다섯 쌍의 카드 세트가 완성되면, 다양한 놀이를 할 수 있습니다. 다음은 몇 가지 예입니다.
   - 쌍을 이룬 두 장의 카드 중 하나는 한 줄로 펼쳐 놓고, 나머지 하나는 한쪽에 쌓아 둡니다. 쌓아 둔 카드에서 한 장을 집어 한 줄로 펼쳐 놓은 쪽 카드에서 짝을 찾아 그 위에 올려놓습니다.
   - 모든 카드를 뒤집어 놓습니다. 카드를 뒤집어 최대한 많은 짝을 맞추는 짝 짓기 게임을 합니다. 아이 수준에 맞게 카드의 수를 조절하세요.
   - 한 쌍의 카드 중 하나를 방 주변에 숨겨 놓습니다. 아이에게 한 번에 하나의 카드를 주고 일치하는 카드를 찾도록 합니다.
4. 함께 놀 수 있는 스티커 맞추기 활동을 직접 만들어 보세요.

발달정보

처음 진행하는 카드 게임에서는 확실하고 분명한 이미지를 사용하십시오. 아이가 경험이 많아지면 더 구별하기 어렵게 만들 수 있습니다.

30 ~ 36 개월 / 인지

관련 연구

샌디에이고 몇몇 단체의 공동 프로젝트인 How Kids Develop은 만 2세에서 3세까지인, 이 흥미로운 한 해 동안의 다양한 발달 양상에 대한 개요를 제공합니다. 다음은 인지 발달과 관련된 몇 가지 기본 사항입니다.

- 간단한 이야기를 이해하기
- 인형과 동물 모형으로 가상놀이하기
- 익숙한 사물을 그 사물의 그림과 연결하기
- 3~4조각 퍼즐 맞추기
- 소꿉놀이하기
- 사진 속 사물의 이름을 말하고, 친숙한 활동을 하는 사람들의 사진 가리키기
- '하나, 둘, 셋'을 세고 그 숫자의 의미 이해하기

세탁물 분류하기

아이가 여러분의 일을 도와주는 것은 종종 실망을 안겨 줍니다. 그러나 옷을 분류하고 접는 것은 아이들의 놀이로 잘 활용될 수 있습니다.

 준비물

세탁한 옷

🔵 놀이 방법

1. 아이에게 옷을 종류별로 정리하는 방법을 보여 줍니다.
2. 속옷, 수건, 양말과 같은 물건들을 접는 방법을 보여 줍니다.
3. 만 2세 반의 아이는 수건과 같은 큰 세탁물을 접는 것을 도와줄 수 있을 것입니다.

발달정보

이 연령대에 강조되는 것은 규칙적인 생활 속 활동과 아이를 의미 있는 방식으로 그러한 활동에 참여시키는 것입니다. 이러한 활동은 아이의 자존감 구축과 직접적인 관련이 있습니다. 아이가 양말의 짝을 맞추고 사고력을 발휘하여 분류하며, 동시에 소근육 운동 기술을 연습할 수 있도록 해 주십시오. 또한 상황에 맞게 (때와 장소에 맞게) 옷을 입는 것에 대해 이야기해 주면 인지 발달에 도움이 됩니다. 이와 관련하여 아이의 지식을 더욱 넓히려면 특별한 행사를 위해 특정 유형의 옷을 보관하는 방법에 대해 이야기 나눌 수도 있습니다.

관련 연구

육아교육센터(Center for Parenting Education)는 가정에서 집안일을 돕는 아이들이 자존감이 더 높고, 책임감이 더 크며, 좌절감과 지연된 만족에 더 잘 대처할 수 있다고 말합니다. 교육자들은 이러한 자질이 학교에서의 높은 학업 성취에 기여한다고 여깁니다. 육아교육센터 웹사이트에 따르면, 연구자 Marty Rossman은 20대중반의 젊은 성인의 성공을 가장 잘 예측하는 요인이 3~4세에 집안일에 참여한 것이라는 점에서 어린 시절의 집안일을 돕는 활동이 성인이 될 때까지 지속적으로 영향을 미친다는 것을 발견했습니다.

종이 접시 놀이

종이 접시에 색칠하고, 홈이 있는 접시의 가장자리를 크레용으로 누르는 것이 얼마나 재미있는 일인지 기억하십니까? 그렇다면 여러분의 아이가 그 기회를 놓치지 않도록 해 주십시오.

준비물

- 종이 접시
- 크레용
- 어린이용 가위

놀이 방법

1. 종이 접시에 창의적으로 색칠합니다.
2. 다음은 색칠한 종이 접시를 가지고 놀 수 있는 몇 가지 방법입니다.
   - 색칠한 종이 접시 하나를 반으로 자릅니다. 그런 다음 다시 맞추어 봅니다. 2조각으로 재미있게 놀았다면 4조각으로 진행합니다. 3조각을 시도하고 싶을 수도 있습니다. 활동 중에는 1/2, 1/4, 1/3이라는 용어를 반드시 사용하세요.
   - 접시에 행복한 얼굴을 표현합니다. 눈, 코, 입을 잘라 내고 접시를 가면처럼 쓸 수도 있습니다.
   - 종이 접시에 1부터 12까지의 숫자를 써서 시계 판을 만듭니다. 색종이로 만든 시곗바늘을 고정장치를 이용하여 시계 중앙에 부착합니다. 그런 다음 아이에게 정각의 시간을 알려 주며 즐거운 시간을 보내세요. 아이가 이 개념을 이해할 것이라고 기대하지는 마세요. 하지만 시간의 개념을 소개하기에는 결코 이르지 않습니다.

발달정보

이 활동은 다음과 같은 방식으로 인지 발달에 도움이 됩니다.

- 2, 3, 4조각 퍼즐로 1/2, 1/3, 1/4 등의 개념을 가르칩니다.
- 얼굴에 눈, 코, 입을 배치하면서 어휘와 신체 부위 위치를 알려 줍니다.

- 아이를 1부터 12까지의 숫자에 노출하고 정각의 시간을 알려 줍니다.

다른 발달 영역에서도 성장할 수 있는 기회가 있습니다.

- 색칠 및 자르기 활동을 통해 소근육 연습을 합니다.
- 접시 가면을 쓰고 사회 · 정서적 가상놀이를 합니다.
- 상호작용을 통해 언어를 강화합니다.
- 창의력 및 성취감과 연결된 자존감이 발달합니다.

관련 연구

연구자들은 창의적 과정이 뇌에서 어떻게 작용하는지를 더 많이 연구하고 있습니다. 아주 복잡한 주제이지만, 『Scientific American』에 실린 「The Real Neuroscience of Creativity」에서 저자 Scott Barry Kaufman은 우뇌/좌뇌를 구분하는 것이 창의성이 어떻게 구현되는지에 대한 완전한 설명을 제공하지 않는다고 밝히고 있습니다. 그 대신, 창의적인 과정은 인지 과정과 감정의 많은 상호작용에 의존한다고 말합니다.

운동 운동 발달: 운동 기술 기초 향상

쌓아서 만들기

여러분은 아이와 함께 이 활동의 두 가지 측면인 자유로운 형태의 창의성과 서로를 모방하는 재미를 즐길 수 있을 것입니다. 이 활동은 공간관계와 눈-손 협응을 발달시키기 위한 최고의 활동 중 하나입니다. 시작은 자유롭게 만드는 것으로 합니다. 모방 활동은 향후 지도 판독 기술의 토대를 마련합니다.

준비물

쌓기 재료: 블록, 병뚜껑, 작고 평평한 나무막대기, 도미노 등

놀이 방법

1. 쌓기 재료를 선택합니다.
2. 다음은 활동을 위한 제안입니다.
   - 아이와 나란히 앉아 자유롭게 만듭니다.
   - 아이와 협동해서 함께 작품을 만듭니다.
   - 아이가 모방할 수 있는 작은 모형을 만들어 보여 줍니다. 반대로 아이가 간단한 구조를 만들면 여러분이 그것을 모방합니다.

발달정보

프로젝트 놀이가 시작되고 있으며, 이는 독립적인 놀이 영역에서 한 발짝 나아간 것입니다. 개방형 활동을 통해 아이는 방향, 흐름, 특정 목표를 향해 나아가는 능력을 유지할 수 있습니다.

관련 연구

ParentingScience.com에서 Gwen Dewar는, 블록이 아이들에게 매우 유익하다

30
~
36
개
월

운동

고 말합니다. 블록과 여러 건축 완구는 아이들의 사고방식을 바꿀 수 있으며, 계획하고 함께 만드는 과정을 통해 창의성을 자극하고 중요한 학습 기술을 향상시킬 수 있다고 생각됩니다. 연구에 따르면, 블록은 다음과 같은 영역에서 아이들의 능력 향상에 도움이 됩니다.

- 운동과 눈-손 협응
- 공간적 관계
- 창의적, 확산적 사고
- 사회 · 정서 발달
- 언어

그 밖의 이점으로는 가상놀이의 발달, 그리고 이후의 보다 발전된 산수 능력과의 연계 등이 있습니다.

균형 있게 걷기

이 활동에서는 직선 경로를 걷는 것이 좋습니다. 아이가 익숙해지면 약간의 곡선을 주어도 좋습니다.

준비물
마스킹 테이프 또는 색 테이프

놀이 방법

1. 마스킹 테이프를 이용하여 아이가 넘어지지 않고 걸을 수 있을 정도로 적당히 넓은 길을 만듭니다. 방을 가로지르거나 복도를 지나도록 하세요.
2. 번갈아 가며 길을 걷습니다.
3. 아이가 여러분이 만들어 놓은 선을 따라서 걸으려고 할 때, 필요하다면 아이의 손을 잡아 줄 수 있습니다.

발달정보
걸음마를 처음 배울 때는 아이의 자세가 약간 불안정합니다. 아이가 자랄수록 균형은 개선되고 걸음걸이는 좋아집니다. 이제 균형을 잡는 것이 어렵지 않습니다. 아이는 이 안전한 '평균대' 위를 걷는 것을 자신이 가장 좋아하는 놀이 유형 중 하나라고 생각할지도 모릅니다.

관련 연구
아이들은 모두 다르며, 다른 속도로 발달합니다. 대부분 기술은 각자의 속도로 발달하지만, Amanda Morin은 Understood.org에서 만 2세 이상의 아이들이 다음과 같은 것을 배워야 한다고 말합니다.

- 두 발로 걷고, 뛰고, 점프하기
- 걸으면서 장난감을 당기고 옮기기

- 공을 던지고 차기, 두 손으로 잡기
- 발끝으로 서서 한 발로 균형 잡기
- 가구와 놀이기구에 오르기
- 난간을 잡고 위층으로 올라가기: 한 발씩 발을 번갈아 가며 오르기

물놀이

이 활동은 목욕 시간에 할 수 있습니다. 욕조, 큰 세면대, 싱크대에서도 놀이를 할 수 있습니다.

준비물

따르는 용기: 계량컵, 국자, 깔때기, 플라스틱 컵, 플라스틱 병

놀이 방법

1. 욕조(또는 다른 대체물)를 물로 채웁니다. 주의사항: 절대 아이를 물 주위에 방치하지 마세요.
2. 다양한 물을 따르는 도구를 준비해 주세요.
3. 아이는 욕조에서 그것을 가지고 놀며 즐거운 시간을 보낼 것입니다.

발달정보

개방형 놀이는 아이의 일상에 계속해서 포함되어야 합니다. 물놀이는 개방형 놀이로 딱 알맞으며, 특히 목욕 시간이나 다른 물놀이 시간에 유용합니다.

관련 연구

Carol M. Gross 교수는 「Science Concepts Young Children Learn through Water Play」에서 물놀이가 탐구를 통해 아이들의 학습을 촉진하는 주요한 과학과 수학 매개체 역할을 한다고 말합니다. 물과 다양한 작은 플라스틱 용기는 훌륭한 감각 경험과 학습 경험을 제공할 수 있습니다. 다양한 장소에서의 자유로운 물놀이는 다음과 같은 많은 과학 개념의 기초를 마련할 수 있습니다.

- 물리학(흐름, 운동)
- 화학(용액, 응집력)
- 생물학(식물과 동물의 삶)

30
~
36
개
월

운동

• 수학(측정, 등가, 부피)

물놀이를 통해 이러한 개념을 익히게 되면, 이후의 학교생활과 삶에서 많은 학업 과목들을 이해하는 데 도움이 될 것입니다. Gross는 아이들이 물, 모래, 진흙과 같은 자연 과학 재료를 탐구할 때 질문하고, 관찰하고, 비교하고, 상상하고, 발명하고, 실험을 설계하고, 이론을 세운다고 말합니다.

계단 오르내리기 2

계단 오르기는 모든 연령대에 좋은 운동입니다. 아이가 몇 걸음만 올라도 괜찮습니다. 사용할 수 있는 계단이 없는 경우 아이용 발판을 사용할 수 있습니다.

준비물

발판(선택 사항)

놀이 방법

1. 아이의 손을 잡고 계단을 3칸 올라갑니다.
2. 돌아서서 계단을 3칸 내려갑니다.
3. 다음은 놀이할 때 어울리는 운율입니다.

   하나, 둘, 셋; 날 보세요.

   셋, 둘, 하나; 재미있어요.
4. 아이가 더 높이 올라가기를 원한다면 다음을 시도해 보세요.

   넷, 다섯, 여섯; 장난치기.

   여섯, 다섯, 넷; 이제 그만.

발달정보

이 활동은 하나의 특정 영역(이 경우에는 운동)을 촉진하기 위해 고안된 완벽한 활동 중 하나이지만, 다른 네 가지 영역에서도 성장을 촉진합니다. 이 활동은 다음과 같이 구성됩니다.

- 운동: 계단을 오르내릴 수 있는 대근육 기술 및 운동 기회
- 인지: 계단의 개수와 일대일 대응으로 초기 수 세기 교육
- 사회 · 정서: 함께 활동하는 기회
- 언어: 재미있는 운율을 배울 수 있는 기회
- 자존감: 성공적인 계단 오르기

30 ~ 36 개월 운동

관련 연구

childandfamilydevelopment.com의 「Is Your Child Struggling to Walk Up or Down Stairs?」에서는 아이들에게는 위로 올라가는 것이 아래로 내려가는 것보다 훨씬 쉽다고 설명합니다. 이것은 순전히 아이와 계단 오르내리기를 할 때 다시 내려오는 것을 부모가 도울 수 있도록 하기 위한 주의사항으로서 언급됩니다. 그러나 이 기사에서 가장 강조하는 것은 발달 지연을 경계해야 한다는 것입니다. 다음의 발달이정표를 이용하여 점검해 보고 문제가 의심되는 경우 주저하지 말고 물리치료사에게 연락하여 정식 치료가 필요한지 알아보아야 합니다. 아마 약간의 안내만으로도 충분할 것입니다.

- 평균적으로 9~12개월 정도의 아이들은 계단을 기어 올라갈 수 있습니다.
- 평균적으로 만 2세 아이들은 난간이나 한 손을 잡고, 한 계단에 두 발을 모아 가며 올라갈 수 있습니다.
- 만 2세 반 아이들은 일반적으로 도움 없이 한 계단에 두 발을 모아 가며 독립적으로 올라갈 수 있습니다.
- 만 3세 전후로 아이들은 난간을 잡고 한 발씩 번갈아 가며 계단을 오르내릴 수 있습니다.
- 평균적으로 만 3세가 되면, 아이들은 도움 없이 한 발씩 번갈아 가며 계단을 오르내릴 수 있습니다.

일반적으로 대부분의 아이는 만 3세 후반이 되면 계단을 독립적으로 오르내릴 수 있어야 하고, 발을 번갈아 가며 걸을 수 있어야 합니다.

놀이 찰흙

반죽 놀이는 진흙으로 시작하여 이제는 놀이 찰흙과 다른 유사한 재료들을 이용한 놀이로 확장되었습니다. 이러한 놀이는 아이의 소근육 발달을 돕는 자연적인 방법입니다.

👶 준비물

놀이 찰흙 또는 유사한 재료

🏐 놀이 방법

1. 놀이 찰흙이나 이와 유사한 재료를 가지고 서로 마주 앉습니다.
2. 여러분과 아이가 원하는 만큼 창의력을 발휘하여 다음 순서대로 놀이를 진행합니다.
3. 손바닥으로 놀이 찰흙이나 기타 재료를 공 모양으로 굴립니다.
4. 손바닥으로 반죽한 공을 납작하게 팬케이크 모양으로 누릅니다.
5. 검지로 팬케이크에 행복한 표정을 만듭니다.
6. 손바닥과 손가락으로 팬케이크 반죽을 긴 뱀 모양으로 굴립니다.
7. 긴 뱀 모양 반죽에서 한쪽의 작은 조각을 떼어 따로 보관합니다. 나머지 긴 뱀 모양을 그릇 모양으로 감습니다. 작은 조각을 사용하여 그릇에 들어갈 사물을 만듭니다.

👶 발달정보

놀이 찰흙 그리고 이와 유사한 많은 대체품은 아이가 소근육 운동 기술을 연습하고 동시에 창의력을 발휘할 수 있도록 편리하고 안전한 물질로 만들어졌습니다. 이런 종류의 놀이에 사용할 수 있는 플라스틱 도구가 많이 있지만, 꼭 필요한 것은 아닙니다. 아이에게 여러 가지 가상놀이 기술이 있으면, 위 준비물 자체만으로도 이러한 놀이 시간을 즐길 수 있습니다.

👶 관련 연구

가족을 위한 전미유아교육협회(NAEYC) 웹사이트에 실린 「Playdough Power」에서는 어린아이들이 이 놀이를 통해 얻게 되는 이점에 대해 설명합니다. 이 간단한 유치원 필수품은 아이들이 상상력을 발휘하고 손가락의 작은 근육을 강화시킬 수 있도록 해 줍니다. 또한 놀이 찰흙은 매력적이기 때문에, 공유하고, 주고받고, 다른 사람들과 함께 놀이하게 되면서 사회적 기술을 향상시켜 주는 역할도 합니다. 이 놀이는 규칙이 없기 때문에 아이들이 유능함을 느낄 수 있는 형태의 개방형 놀이로 간주됩니다. 대화를 통해 언어가 성장하고, 직접 체험하는 경험을 통해 과학 학습이 이루어지며, 측정과 수 세기를 통해 수학 전문 지식을 쌓고, 찌르고 굴리고 주무르는 것을 통해 신체 발달이 이루어집니다. 최근 연구에 따르면, 손가락과 손을 사용하는 것은 실제로 뇌를 자극하고 뇌가 만드는 신경 연결의 수를 증가시킨다고 합니다.

사회 · 정서 사회성 발달: 아이의 사회적 시간

우리 가족

가족은 미래의 모든 관계를 위한 훈련장입니다. 가족 구성원과 가족의 친한 친구의 다양한 연령, 성격, 성별은 아이의 고유한 성장과 발달에 영향을 미칩니다. 이러한 사람들과의 상호작용을 통해 아이는 자신을 소중하고, 필요하며, 중요한 존재로 인식하고, 자랑스러워하게 됩니다. 가족 구성원과 가족의 친한 친구들이 멀리 떨어져 지내는 경우가 있는데, 이때 사진은 함께 보낸 시간의 추억을 떠올리며 아이가 그들을 기억하는 데 도움이 될 수 있습니다.

준비물

- 10cm×15cm 크기의 사진 앨범
- 가족사진
- 풀 또는 테이프

놀이 방법

1. 사진 앨범의 오른쪽 페이지에 가족 및 가까운 친구들의 사진을 넣습니다.
2. 왼쪽 페이지에는 사진 속 인물들의 이름을 인쇄하여 넣습니다.
3. 먼저 왼쪽에 있는 인쇄물을 가리킨 후 그 이름을 말합니다.
4. 오른쪽 페이지에서 해당 사진을 가리키고 같은 이름을 말합니다. 전체에 걸쳐 이러한 방식으로 계속 진행하세요.

발달정보

사진첩을 이용하면 그것을 반복해서 볼 수 있고 언제든지 그 안에 있는 사람들에 대해 계속 이야기할 수 있는 기회를 만들 수 있습니다.

30 ~ 36 개 월 사회 · 정서

관련 연구

『Parent Involvement Begins at Birth』에서는 출생부터 만 3세까지 아이와 함께 보낸 시간이 그들의 세계를 정의하므로, 부모의 개입이 자녀의 발달에 얼마나 중요한지를 논합니다. 익숙하고 규칙적인 일과를 통해 아이들은 가치관, 자기 훈련, 일과 놀이의 습관, 기타 중요한 개인 발달 특성을 배웁니다. 단순한 일상의 습관은 아이들에게 안전하고 안정적인 환경을 제공합니다. 아이돌보미나 대체 양육자가 함께할 수 있겠지만, 부모나 조부모, 이모, 삼촌, 사촌 또는 가까운 친구가 누구보다 가장 잘 수행할 수 있습니다. 중요한 연결고리는 사랑입니다. 제 책에서 저는 코넬 대학교의 전임교수이자 Head Start의 창립 멤버 중 한 명인 Urie Bronfenbrenner의 말을 인용합니다. 그는 어린이에게는 한 명 이상의 성인의 지속적이고 '비이성적인 개입(irrational involvement)'이 필요하다고 말합니다. '비이성적인 개입'이란 누군가는 그 아이에게 빠져 무조건적 사랑을 주는 것을 의미합니다.

무슨 일이야? (사진 탐색 놀이)

아이에게 보여 줄 사진을 찾는 데는 어린이 잡지가 제일 좋습니다. 카탈로그와 일부 우편물도 훌륭한 자료가 될 수 있습니다.

준비물

- 어린이 잡지
- 도화지
- 풀 또는 테이프

놀이 방법

1. 흥미롭고 재미있어 보이는 상황을 묘사하는 사진을 약 5~10개 선택합니다. 그것들을 잘라 내어 색 도화지에 붙입니다.
2. 모든 사진을 아래로 향하게 하여 쌓아 놓습니다.
3. 돌아가며 사진을 고르고 그것에 대해 이야기합니다. 항상 "무슨 일이야?"로 놀이를 시작하세요. 아이가 할 말이 많지 않다면 다음과 같은 몇 가지 개방형 질문을 해 주세요.
   - 그림에 누가 있지?
   - 사람들은 어디에 있지?
   - 이런 장면은 언제 일어나지?
   - 이 남자는 왜 그렇게 행복하고, 슬프고, 화가 났을까?
   - 이 남자는 어떻게 그곳에 갔을까?

발달정보

아이와 함께 시간을 보내는 것이 핵심입니다. 미국 교육부에 따르면, 아이들과 함께 시간을 보내고 함께 무언가를 하는 것은 학교 준비의 두 기둥입니다.

관련 연구

Penelope Leach의 책『Your Baby & Child: From Birth to Age Five』에는 성인과 아이의 대화에 대한 지침이 나와 있습니다. 자녀와 대화를 많이 하면 할수록 좋습니다. 그러나 여러분의 대화 방식이 얼마나 효과적인지와 관련된 실제적인 조건들이 있습니다. 무엇보다도, 여러분이 하는 말이 아이에게 흥미로워야 합니다. 그렇지 않으면 전혀 가치가 없습니다. 또 다른 조건은 그것이 어떤 면에서는 아이의 생각과 조화를 이루어야 하고 또한 긍정적이어야 한다는 것입니다. 부모-자녀 간 대화가 유용하려면 단순한 대화가 아닌 진정한 주고받기가 있어야 합니다. "응"이나 "그래?"만 말한다면, 여러분이 말하는 것은 라디오의 배경 소음보다도 효과적이지 않을 것이며, 아이는 더 이상 대화에 참여하지 않을 것입니다. 어른들이 혼자서 하는 긴 이야기도 아이들에게 상처를 줍니다. 아이가 말하도록 기다리는 것은 매우 중요하며, 의미 있는 양방향 대화를 위해 반드시 필요합니다.

휴식

요즘과 같은 바쁜 시대에는 아이의 일정이 상당히 계획적으로 짜여 있는 경우가 많습니다. 만 2세 아이는 어린이집에 다니든, 집에서 양육을 받든, 아니면 다양한 활동에 참여하든 항상 이곳저곳으로 이동하기 위해 서두를 것입니다. 이렇듯 정신없이 바쁜 생활방식을 고려할 때 진정한 휴식은 매우 중요하고 가치 있는 개념입니다. 마음을 진정시키는 음악은 두 사람 모두 긴장을 풀고 휴식을 취하는 기분이 들도록 도와줄 것입니다.

준비물
클래식 또는 기타 편안한 음악

놀이 방법
1. 좋아하는 클래식 음악이나 마음에 드는 편안한 음악을 틉니다.
2. 소파나 편안한 의자를 찾아서 발을 올리고 긴장을 풉니다. 아이가 자신만의 특별한 장소를 찾아보게 하세요.
3. 아이가 듣는 동안 편안하게 음악을 즐기세요.

발달정보
여러분과 아이 모두 하루 중 이 특별한 시간을 좋아할 것입니다. 타이머를 설정하여 이렇게 마련한 소중한 시간을 충분히 활용하는지 확인할 수도 있습니다. 이 활동에서 유일하게 요구되는 것은 선택한 장소에 머물면서 음악을 듣고, 특별히 아무것도 하지 않는 것입니다.

관련 연구
런던 대학교 교육 연구소의 Susan Hallam에 따르면, 음악은 두뇌 발달에 강력하고 긍정적인 영향을 미칩니다. Lori Kase Miller가 『Parents』에 게재한 논문은 이

30 ~ 36 개월 **사회·정서**

러한 생각을 따라가며, 아이가 언어를 배우기 위해 옹알이하는 것과 마찬가지로, 음악적으로도 옹알이한다는 사실을 발견했다고 말합니다. 『This Is Your Brain on Music』의 저자인 Daniel Levitin 박사는 아이가 노래를 만들 수 있으며, 이를 통해 자신만의 다양한 음악적 아이디어를 창조할 수 있다고 말합니다.

어떻게 작동하나요?

여러분은 아이가 눈에 보이는 모든 것을 밀고, 당기고, 돌리고, 열고, 닫는 것을 볼 수 있을 것입니다. 이제 그 관심을 집중시켜야 할 때입니다.

준비물

조작할 장난감: 장난감 자동차, 끌 수 있는(당기는) 장난감, 뚜껑이 있는 작은 플라스틱 병, 덮개가 있는 작은 상자, 3분 타이머 등

놀이 방법

1. 아이에게 특별 장난감 상자를 줍니다.
2. 여러분이 찾은 밀고, 당기고, 돌리고, 여닫을 수 있는 안전하고 아이에게 적절한 모든 것을 이 상자 안에 넣습니다.
3. 다양한 장난감을 가지고 놀면서 아이와 함께 즐거운 시간을 보내세요.

발달정보

재미있는 방법으로 소근육 기술을 키우는 것은 아이의 발달에 매우 좋습니다. 하나의 특별 상자에 집중하여 활동을 유지하는 것은 이러한 놀이의 효과를 증진시킵니다.

관련 연구

아동 치료 및 가족 자원 센터(Children's Therapy and Family Resource Centre)에 따르면, 손의 작은 근육을 사용하여 아기들이 자신의 몸과 주변 세상을 탐색하기 시작할 때, 소근육 발달은 아주 원시적인 방식으로 시작된다고 합니다. 하지만 전체적인 신체가 더 안정되기 시작한 후에야 진정한 기술로서의 소근육이 발달하기 시작합니다. 인지 및 사회 · 정서 발달은 특정 수준의 눈-손 협응이 가능해지기 전에 도달해야 하는 또 다른 영역입니다. '밀기, 당기기, 돌리기, 열기, 닫기' 동작은 기

본적인 전신 발달과 적절한 수준의 인지 및 사회·정서적 기능이 결합되어야 비로소 가능해집니다.

옷 짝 맞추기

여러분의 아이는 스스로 옷 입는 법을 배우고 있으며, 상의와 하의를 맞춰 보는 활동은 아이가 옷 입는 것을 배우는 데 도움이 되는 즐거운 활동이 될 것입니다.

준비물

- 셔츠 5벌
- 반바지 또는 바지 5벌

놀이 방법

1. 옷을 준비합니다.
2. 아이가 위아래 옷을 맞춰 한 쌍씩 짝을 만들어 보게 하세요. 잘못된 선택은 없지만, 여러분의 의견을 제시하고 이유를 설명할 수 있습니다.

발달정보

이 활동은 옷 입는 법을 배우는 기본적인 기술을 길러 줍니다. 여러분의 아이가 여러분이 만들려고 했던 것과 같게 한 벌을 만들 필요는 없습니다. 이 과정에서 중요한 것은 여러분의 아이가 참여하고 자신의 의견을 제시한다는 것입니다.

관련 연구

Lauren Weichman의 논문 「Dressing Skills: Developmental Steps for Kids」에 따르면, 옷을 입는 것은 간단해 보이지만, 양손 협응, 좌우 식별, 자세 안정, 운동 계획을 포함한 여러 가지 기술을 필요로 합니다. 부모로서 자녀가 몇 살에 이러한 기술들을 가지는지 그리고 지금 어느 정도인지를 알기 어려울 수 있으므로, 다음의 지침은 자녀를 이해하는 데 도움이 될 것입니다. 다음은 만 2세 반 아이들이 할 수 있고, 즐길 수 있다고 여겨지는 것들입니다.

30
~
36
개
월

사
회·
정
서

- 고무줄 바지를 내려서 벗습니다.

- 큰 단추를 풉니다.

- 단추 달린 셔츠를 입습니다.

아이가 만 3세에 가까워지면, 다음과 같은 능력을 갖추어야 합니다.

- 양말과 신발을 신습니다. 반대 발에 신거나 양말이 뒤집혀 있을 수 있습니다.

- 약간의 도움을 받아 단추 없는 티셔츠를 입습니다.

- 큰 단추를 채웁니다.

- 바지를 내립니다.

- 지퍼를 끼우는 것은 도움을 받아, 지퍼를 올리고 내릴 수 있습니다.

언어 언어 발달: 유창하고 세련되어지는 언어

인형과 대화하기

인형은 아이와 대화하려고 할 때 훌륭한 촉진제가 됩니다. 직접 만든 인형이나 상점에서 구매한 인형을 이 활동에 사용하면 좋습니다. 낡은 양말을 사용해서 나만의 인형을 만들 수도 있습니다.

준비물
인형 또는 동물 봉제 인형

놀이 방법
----
1. 여러분과 아이를 위한 인형 또는 동물 봉제 인형을 선택합니다.
2. 여러분의 인형 또는 동물 봉제 인형과 대화를 시작합니다.
3. 아이가 자신의 인형을 통해 말하도록 격려합니다.

발달정보
대화는 여러 면에서 유익합니다. 대화 중 잘못된 말을 계속 고쳐 주면 놀이에 방해가 될 수 있으므로, 단어, 구 또는 문장의 오류를 들었을 때 정확하게 수정해서 반복해 주는 것이 가장 좋습니다.

관련 연구
『Boosting Brain Power』의 저자인 Jill Stamm 박사에 따르면, 아이들은 발달 단계마다 다른 이유로 인형을 좋아한다고 말합니다. 박사는 아이들이 대화를 시작하는 데 도움이 되는 '언어의 시작 도우미'로 다채로운 인형을 사용할 것을 권장합니다. 아이의 연령이 증가함에 따라, 아이는 인형과 정서적으로 연결되고 인형을 통해 더 많은 통제력을 갖게 되면서 편안함을 느낄 것입니다.

30
~
36
개
월

언
어

동전 놀이

기억 기술은 시간이 지날수록 성장하므로, 아이의 기억 기술을 길러 주기 위해 이 활동을 자주 시도해 보십시오.

준비물
동전 10개

놀이 방법

1. 10개의 동전을 한 줄로 놓습니다.
2. 아이와 함께 세어 보세요.
3. 10개의 동전을 더 가깝게 붙여 놓습니다.
4. 아이에게 동전이 이전보다 적거나 같은지 물어보세요. '같다'가 정답이지만 아이가 "더 적다"라고 말하면, 동전은 여전히 같고 단지 더 가까이 붙어 있는 것이라고 설명합니다.

발달정보

이 활동은 지금부터 아이와 함께 할 수 있는 간단하고 재미있는 놀이입니다. 만 2~7세를 전조작기라고 부릅니다. 이 시기에 보존 개념이 발달하기 시작하지만 이러한 기술은 보통 7세에 가까워질 때까지는 완성되지 않습니다. SimplyPsychology.org에 정의된 '**보존**(conservation)'이라는 용어는 모양이 변해도 양은 변하지 않는다는 것을 이해하는 것이며, 물질을 재배치하는 것이 질량, 수, 부피 또는 길이에 영향을 미치지 않는다는 것을 이해하는 능력을 의미합니다.

관련 연구

심리학자 Jean Piaget는 1960년대에 자신의 자녀들을 관찰하여 발달 단계를 분류하고, 이를 기반으로 구체적 조작기 단계의 개념을 처음 밝혔습니다. 그는 7세 이전에는 이러한 특정 수준의 이해가 드물다는 것을 발견했습니다. 만 2세 반의 아이가 이 활동에 참여하면서 보존 개념을 이해할 것이라고 기대해서는 안 되지만, 많은 사람이 이런 종류의 놀이를 즐기고 있습니다.

쏟아지는 질문

이 시기는 아이가 많은 질문을 할 때이며, 가족사진은 흥미로운 질문들을 촉진할 수 있습니다.

준비물

가족사진 앨범

놀이 방법

1. 사진 앨범을 살펴보면서 다음과 같은 질문을 합니다.
   - 사진에 있는 사람은 누구지?
   - 이 남자는 무엇을 하고 있지?
   - 그들이 어디로 가고 있다고 생각해?
   - 파티, 여행 또는 방문은 언제 했지?
   - 왜 그렇게 했다고 생각해?
2. 돌아가면서 사진에 대해 질문합니다.

발달정보

지금은 많은 질문을 하는 때이므로, 질문하기를 촉진할 수 있는 상황을 만들어 주는 것이 두 사람 모두에게 좋습니다.

관련 연구

Brandy Frazier, Susan Gellman, Henry Wellman이 수행한 연구에 따르면, 호기심은 미취학 아동의 삶에서 중요한 역할을 합니다. 아이들이 '왜'라는 질문을 많이 하는 이유는 설명을 듣고 싶어 하는 진정한 열망에서 비롯됩니다. 연구자들은 만 2~5세 아동의 '어떻게' '왜'라는 질문과 그 설명을 듣고자 하는 요구에 초점을 맞추어 두 가지 연구를 수행했으며, 성인에게서 받은 답변에 대한 아동의 반응을 주의 깊게 살펴보았습니다. 결과는 아이들이 설명적인 대답을 들었을 때, 그러지 않았

30
~
36
개
월

언
어

을 때보다 더 만족스러워하는 것으로 나타났습니다. 또한 설명적인 대답을 듣지 못했을 때 처음 했던 질문을 반복하거나 자신만의 대안적인 이유를 제시할 가능성이 더 높았습니다.

묘사하기

떼를 부리면서 표현하는 것이 줄어들면서 아이의 발달에서 말 명료도가 더욱 중요해지고 있습니다. 지금은 아이가 대화에서 자신의 생각을 분명하게 표현하는 연습을 해야 할 시기입니다.

준비물
안전하고 재미있는 사물 5개

놀이 방법
1. 준비한 사물을 책상 위에 올려놓습니다.
2. 돌아가며 자신이 고른 사물을 상대방에게 설명합니다.
3. 여러분이 더욱 완벽하게 설명을 할수록, 아이도 여러분과 똑같이 하려고 할 것입니다. 다음은 참고할 수 있는 몇 가지 예시 문장입니다.
   - 작고 하얀 책이에요.
   - 큰 빨간 모자예요.
   - 부드러운 주황색 스펀지예요.
   - 푹신푹신한 둥근 공이에요.
   - 행복한 곰 인형이에요.

발달정보
이 활동은 모든 면에서 여러분이 자녀에게 모델로서 얼마나 중요한지를 잘 상기시켜 줍니다. 여러분의 말은 아이가 자신의 생각을 명확하게 표현하도록 돕는 데 매우 중요합니다. 그것은 아이의 발달을 위한 훈련 언어입니다.

관련 연구
언어병리학자 Dorothy P. Dougherty는 아이의 올바른 언어 모델링을 위해 다음을 제안합니다.

30
~
36
개
월

언
어

- 명확하고 자연스럽게, 그리고 정확하게 말합니다. 눈을 마주치면서 이해하기 쉬운 속도로 말합니다.
- 단어를 올바른 방법으로 발음하는 모범을 보여 줍니다. 아이가 단어를 틀리게 말하면, 그 단어를 정확하게 말하고 아이에게 정확하게 다시 말할 기회를 줍니다.
- 어려운 단어를 반복하고 어려운 소리를 더 크고 길게 발음하여 강조합니다. 대화를 계속 이어 가면서 그 단어를 대화 속에 자연스러운 부분으로 만듭니다.
- 아이에게 정확한 발음을 많이 들려줍니다. 이렇게 하면 정확한 발음과 잘못된 발음의 차이를 더욱 쉽게 구별할 수 있으며, 아이가 준비되었을 때 정확하게 발음하기도 더 쉬워집니다.

읽기 시간 7

아이와 함께 책을 읽으면서 많은 정보를 공유할 수 있습니다. 함께 책을 읽는 시간이 많을수록 교육의 질과 양이 더 높아집니다.

준비물

그림책

놀이 방법

1. 이야기를 들려주거나, 교훈을 가르치거나, 주어진 주제에 대한 정보를 제공하는 책을 선택합니다. 반드시 유치원 수준의 책을 선택해야 합니다.
2. 읽다가 잠시 멈추어 그림을 가리키며 이야기를 나눕니다.
3. 무슨 일이 일어나고 있는지 아이에게 질문합니다.
4. 정답이나 오답이 없는 다양한 질문을 하면, 아이가 내용을 얼마나 잘 이해하는지 파악하는 데 도움이 됩니다.
5. 아이의 답변을 너무 오래 기다리지 마세요. 아이에게 여러분의 생각을 자유롭게 말해 주세요. 이것이 아이를 곤란하게 하는 것이 아니라 공유하고 양육하는 경험이 된다는 것이 중요합니다.
6. 아이가 질문을 하면 같은 질문을 다시 아이에게 해서 대답해 보게 합니다. 많은 경우 아이들은 자신이 대답하기 위해 질문을 합니다. 그렇지 않은 경우 아이에게 질문을 다시 하고 잠시 후에 대답해 주세요. 다음은 예입니다.
   아이: "소년은 어디 있나요?"
   부모: "소년은 어디 있을까?"
7. 아이가 바로 대답하지 않으면 여러분이 대답해 주세요.
   부모: "소년은 나무 뒤에 있어."

발달정보

다양한 주제를 다루는 유치원 수준의 책이 많이 있습니다. 아이가 특별히 관심을 가질 만한 책을 선택하십시오. 어떤 책을 선택해야 할지 모르겠다면, 지역의 도서관 사서가 큰 도움이 될 것입니다.

관련 연구

미국 교육부 웹사이트의 지침에 따르면, 아이들의 두뇌는 배우면서 성장합니다. 인생의 중요한 첫 3년이 끝날 무렵에 더 많은 배움의 기회를 가졌던 아이일수록 두뇌가 커지고 미래의 학습에 더 잘 준비할 수 있게 된다고 합니다. 어릴 때부터 읽어 주기, 노래 불러 주기, 말 걸어 주기를 하는 것은 미래 학습의 기초가 됩니다.

자존감 자존감 발달: 자존감 활약

나를 따라 해

여러분이 아이를 따르면, 아이는 즐거워합니다. 아이가 여러분을 따르게 하면 이것이 무엇을 의미하는지 정확히 알게 될 것입니다.

준비물

없음

놀이 방법

1. 여러분과 아이 중 한 명이 먼저 리더가 됩니다. 리더가 "나를 따라와."라고 말하면, 리더를 뒤따라 여러 방으로 이동합니다. 놀이에 재미와 흥미를 더하려면 특정 색상의 무언가를 찾기 위해 떠나는 것처럼 해 보세요. 돌아다니다 그 사물을 찾으면 멈추고 "찾았다!"라고 외치세요.
2. 아이가 색상을 선택하고 다양한 사물을 찾도록 도와주세요. 이 놀이에는 놀람이 있습니다.

발달정보

여러분의 아이는 다른 사람들이 시키는 일을 하는 데 터무니없이 많은 시간을 보냅니다. 리더로서 맨 앞에 설 수 있는 이 기회는 아이에게 큰 자부심과 기쁨을 가져다줄 것입니다.

관련 연구

Joey Papa의 「Follow-the-Leader Children's Games」에 따르면, 리더 따르기 놀이는 아이들에게 다른 사람의 말을 경청하도록 유도하는 놀이입니다. 또한 아이들에게 지시 따르는 법을 가르치면서 재미있는 방법으로 아이들과 소통할 수 있습니다. 이 활동은 자존감 발달에 크게 기여하며, 인지, 운동, 사회·정서 및 언어 발달에도 도움이 됩니다.

30 ~ 36 개월 자존감

신나게 춤추기

음악에 맞추어 춤을 추는 것은 큰 즐거움입니다. 그 춤을 공연으로 바꾸면 훨씬 더 가치 있는 활동이 됩니다. 관중 앞에서 춤을 추는 것은 아이에게 더 많은 긍정적인 관심을 가져다줍니다.

준비물
여러분이 선택한 음악

놀이 방법
1. 좋아하는 음악을 재생합니다.
2. 번갈아 가며 음악에 맞추어 춤을 춥니다.
3. 상대방이 공연하는 것을 보는 동안 앉을 자리를 마련합니다.
4. 가족이나 친한 친구들을 여러분의 춤 공연에 초대하세요!

발달정보
만 2세 반 아이는 아마 언제 어디서나 춤추는 것을 좋아할 것입니다. 아이가 공연하는 동안 아이에게 온전한 관심을 기울여 주면 여러분이 이 활동을 소중히 여긴다는 것을 보여 줄 수 있습니다.

관련 연구
국립무용교육원(National Dance Education Organization)에 따르면, 춤은 성장하는 아이들의 다양한 특성을 발달시키는 강력한 조력자입니다. 아이들은 움직이고 감정을 표현하는 것을 좋아하기 때문에, 그리고 그것이 자연스럽게 이루어지기 때문에, 유아 교육에 춤을 포함시키는 것은 매우 타당합니다. 다른 많은 활동과 마찬가지로 춤은 다소 과소평가됩니다. 춤이 단순한 신체 활동인 것처럼 보이지만, 실제로 춤에는 신체적 이점보다 인지, 사회·정서, 언어, 자존감 면에서의 이점이 훨씬 더 많습니다.

컴퓨터 놀이 2

이 활동은 이미 아이가 컴퓨터에 노출된 경험을 바탕으로 진행됩니다. 이제 키보드를 가지고 재미있게 노는 시간을 가져 보십시오.

준비물
컴퓨터

놀이 방법

1. 워드 또는 한글 프로그램을 엽니다.
2. 빈 문서에서 글자 크기를 16으로 설정합니다.
3. 아이에게 키보드를 눌러 자신의 이름 쓰는 법을 가르쳐 줍니다.
4. 다른 원하는 단어나 문장을 추가할 수 있습니다. 간단한 문장으로는, 다음과 같은 표현이 있습니다.
   - 나는 너를 좋아해요.
   - 웃을 수 있어요.
   - 손뼉을 치세요.
5. 입력한 단어나 문장을 출력합니다.
6. 컴퓨터를 하는 동안 아이를 혼자 두지 마세요.

발달정보

이러한 유형의 놀이는 구조화되어 있으며, 아이가 언어와 기초 기술 능력을 경험할 수 있는 훌륭한 방법입니다. 컴퓨터와 같은 장비를 적절하게 다루는 방법을 가르쳐 줌으로써, 여러분의 자녀는 책임감을 갖게 되고, 그것은 아이가 자신을 가치 있는 존재로 느낄 수 있게 해 줄 것입니다.

관련 연구

미국소아과학회는 만 2세 미만의 아이는 영상통화 외에 미디어 보는 시간을 갖지 말 것을 권장하지만, 만 2세가 되면 약간의 노출이 도움이 될 수 있다고 말합니다. 세상이 더욱 디지털화됨에 따라, 아이들은 손글씨 기술을 배우는 것 외에도 타이핑하는 방법을 배워야 합니다. 컴퓨터나 스마트 기기에서 사용할 수 있는 무료 교육용 타이핑 프로그램이 많이 있으므로 그것을 활용하고, 사용 시간은 1시간 이내로 제한합니다. PBS의 Child Development Tracker에서는 만 2세 아이는 다음과 같은 몇 가지 요인으로 인해 컴퓨터 사용을 통해 이점을 얻을 수 있고 더 많은 언어능력을 개발할 수 있다고 말합니다.

- 만 2세 아이는 호기심이 많습니다.
- **'왜, 무엇을, 어떻게'**라는 질문을 던지는 그들의 언어능력을 통해 새로운 발견이 쉽습니다.
- 수백 개의 단어를 말하고 이해할 수 있습니다.
- 간단한 지시를 이해합니다.
- 이 연령대의 아이들은 읽기와 쓰기의 기초를 다지고 있습니다.

나처럼 해 봐요(동작 모방하기)

적절하게 사용되는 단어를 듣는 것은 아이들이 단어의 의미를 배우는 데 도움이 됩니다. 그것을 동작으로 나타내면 더욱 기억에 남을 것입니다.

준비물

없음

🎾 놀이 방법

1. "두 팔을 머리 위로 들어 올립니다. 팔을 아래로 내립니다."와 같이, 몸을 움직이며 아이에게 여러분의 움직임을 설명합니다.
2. 만 2세 반의 아이에게 여러분의 움직임을 따라 해 보라고 말합니다.
3. 아이가 이해하고 나면, 아이는 자기 몸을 움직일 수 있고 여러분이 아이를 따라 할 수도 있습니다. 다음은 몇 가지 예입니다.
   - 키가 작아요. 커졌어요.
   - 자리에 앉아요. 일어서요.
   - 점프해요. 손뼉을 쳐요.

발달정보

어떤 종류의 동작이든 아이들에게는 학습 경험이지만, 아이가 여러분 앞에서 동작하게 되면 학습의 힘은 더 커집니다. 여러분의 관심은 아이의 기분을 좋게 하고, 학습 과정을 더 의미 있게 만들 것입니다. 또한 번갈아 가며 학습 경험을 공유하는 것도 효과적입니다. 이를 통해 아이에게 학습 경험을 공유하는 것의 가치를 알려 줄 수 있기 때문입니다.

관련 연구

PBS의 Child Development Tracker는 만 2세 아이에 대한 훌륭한 설명을 제공합니다. 이 웹사이트에서는 다양한 기술과 활동이 언급되는데, 다음 사항은 모든 종류의 동작과 움직임을 장려하는 활동을 지원합니다.

- 만 2세 아이들은 자신의 주변을 탐색하기 위해 감각과 운동 기술을 사용하는 것을 즐깁니다.
- 가상놀이를 많이 합니다.
- 더욱 완전한 문장을 만들기 위해 대부분의 품사를 사용합니다.
- 간단한 지시를 이해합니다.
- 악기나 가정용품을 두드리거나 흔들어 소리를 냅니다.

이야기 녹음하기

여러분의 아이는 여러분이 녹음한 이야기를 특히 좋아할 것입니다. 집에 있는 동안 함께 듣는 것도 좋지만, 여러분이 집을 비운 시간에 듣는 것을 훨씬 더 좋아할 것입니다. 이야기를 여러 번 반복해서 들은 후, 아이는 인쇄된 단어들 중 일부를 인식하기 시작할 수 있습니다.

준비물

- 그림책
- 녹음기
- 유리잔
- 금속 숟가락

놀이 방법

☆ 책을 고른 후, 녹음기를 준비하고 녹음을 시작합니다.
1. 책 표지의 제목과 지은이의 이름을 읽습니다.
2. 책에 그림을 그린 이가 있다면 그 이름도 읽습니다.
3. 책장을 넘길 때가 되었음을 알려 주는 신호로 숟가락으로 유리잔을 두드려서 소리를 냅니다. 아이가 책장을 넘길 시간을 줍니다. 제목 페이지를 읽고 다시 유리잔을 두드립니다.
4. 모든 페이지를 읽는 동안 이와 같은 단계에 따라 반복합니다.
5. 책의 내용은 천천히, 명확하게, 실감 나게 읽으세요.
6. 녹음을 마친 후, 아이와 함께 녹음된 내용을 들어 보세요.
7. 아이에게 페이지 전환 소리가 나면 다른 페이지로 책장을 넘겨야 한다고 알려 줍니다.
8. 책을 다 읽은 후에는 아이에게 책장 넘기기를 아주 잘했다고 말해 주세요.

발달정보

일반적인 책도 좋고, 녹음이 된 책도 훌륭하지만, 아이가 여러분이 직접 녹음한 책을 읽어 본 경험은 없을 것입니다. 녹음할 때 내 아이만을 위한 개별화된 내용을 넣으면 아이는 더욱 즐거워할 것입니다. 아이의 이름을 말하고 특별한 메시지를 추가하면 학습 경험의 효과를 높이는 동시에 아이의 자존감을 높일 수 있습니다.

관련 연구

웹사이트 Encyclopedia on Early Childhood Development에 따르면, 세심한 부모-자녀 관계는 아동 발달의 대부분의 측면에 긍정적인 영향을 미칩니다. 높은 자존감, 우수한 학업 성취도, 높은 인지 발달 및 행동은 이런 효과적인 양육을 받은 아이들에게서 가장 두드러집니다. Susan H. Landry 박사는 향후 학교에서의 성공을 위해 필요한 인지 및 사회적 기술은 '반응적 육아'로 알려진 양육 방식에 의해 가장 잘 뒷받침된다고 말합니다. '반응적 육아'는 강력한 언어 의사소통과 아이의 관심사에 주의를 기울이고 확장하는 것이 특징입니다.

에필로그 | 부모의 힘

　여러분의 아이가 세상에 태어났을 때, 동시에 부모로서의 여러분도 함께 태어났습니다. 여러분은 신생아를 안는 방법도 몰랐을 것입니다. 그리고 아마 아이를 키운다는 것에 약간 두려움을 느꼈을지도 모릅니다. 하지만 이제는 모든 것이 변했고, 여러분은 아이를 잘 키우는 방법 그리고 그 이상의 것을 배웠습니다. 신생아들은 섬세하고 많은 보살핌이 필요하며, 그것은 아무나 해 줄 수 있는 것이 아닙니다. 이 점은 여러분이 다른 사람의 아이를 어떻게 안아 줄지 잘 몰랐던 것을 생각해 보면 명확하게 알 수 있습니다.

　다른 흥미로운 점은 아이가 여러분이 누구인지 알고 있다는 것입니다. 여러분의 아이는 여러분이 안아 주는 것을 더 좋아합니다. 두 사람은 아무리 사소한 것이라도 매일의 모든 상호작용을 통해 서로에 대해 더 잘 알게 됩니다.

　아이를 안는 것에도 변화가 생깁니다. 매일 아이가 성장하고 조금씩 무거워지면 아이를 안을 수 있는 힘도 함께 커집니다. 친구나 조부모는 아이를 안는 것을 어려워할 수 있으나, 여러분은 그것을 쉽다고 생각할 것입니다.

　체중 증가와 관련된 개념은 점진적으로 성장하는 아이의 발달 과정과 유사합니다. 아주 조금씩, 여러분의 아이는 연령과 단계에 맞게 성장합니다. 변화는 천천히, 꾸준히, 여러분의 눈앞에서 일어나지만, 일상적인 상호작용으로는 보기 어렵습니다. 이 책에 나와 있는 활동들은 이러한 점을 염두에 두고, 여러분이 아이의 발달을 세심하게 지켜보고, 아이와 즐거운 시간을 보낼 수 있도록 고안되었습니다.

　매분, 매시간, 매일의 시간은 특히 영유아기의 자녀 인생에서 중요합니다. 아이의 모든 경험은 이후의 삶에 영향을 미칩니다. 그 과정은 길을 만드는 것과 비교될 수 있습니다. 잘 가꾸어진 풀밭을 상상해 보십시오. 한 사람이 한 방향으로 걸어가고, 다른 사람은 그와 다른 방향으로 걸어갑니다. 모든 사람은 자신만의 길을 찾습니다. 따라서 아이의 뇌는 자신이 경험한 것을 통해 형성됩니다. 아이가 보고, 듣고, 맛보고, 만지고, 냄새를 맡는 모든 것이 뇌의 신경 회로를 개발하고 확장시키는 경험이 됩니다. 반복되면 강해집니다. 생애 초기에 일상에서 이루어지는 긍정적 혹은 부정적 경험은 이후 삶에도 영향을 미칠 것입니다. 만약 초기 경험의 대부분이 긍정적이라면 아이는 생산적인 방식으로 자랄 것입니다. 하지만 경험 대부분이 어떤 식으로든 긍정적이지 않다면 부정적인 행동을 보일 것입니다. 유전적인 요인은 아이가 성장하는 방식에 중요한 역할을 하지만 환경적인 요인 역시 매우 중요합니다.

아이는 만 4~5세가 되면 학교에 갈 준비를 하기 때문에, 생애 첫 3년 동안 가장 훌륭한 초기 경험에 노출되어야 합니다. 아이가 많은 경험을 하기 위해서는 모든 부모가 그러한 경험을 어떻게 제공하는지 알아야 합니다. 발달은 시간이 지남에 따라 자연스럽게 일어나는 통합적인 과정이기 때문에, 아이와 함께 노는 것은 매우 중요합니다.

여러분의 자녀와 함께 놀고 배우는 행복한 시간이 되기를 바랍니다.

참고문헌

Addyman, Caspar, and Ishbel Addyman. 2013. "The Science of Baby Laughter," *Comedy Studies* 4(2): 143−153.

Ainsworth, May D. S., et al. 1978. *Patterns of Attachment: A Psychological Study of the Strange Situation*. Hillsdale, NJ: Erlbaum.

American Academy of Pediatrics, "American Academy of Pediatrics Announces New Recommendations for Children's Media Use," news release on October 21, 2016. https://www.aap.org/en-us/about-the-aap/aap-press-room/pages/american-academy-ofpediatrics-announces-new-recommendations-for-childrens-media-use.aspx

American Academy of Pediatrics. 2015. "Cognitive Development: Two-Year-Old." Healthy Children. https://www.healthychildren.org/English/ages-stages/toddler/Pages/Cognitive-Development-Two-Year-Old.aspx

American Academy of Pediatrics. 2015. "Is Your Baby's Physical Development on Track?" Healthy Children. https://www.healthychildren.org/English/ages-stages/baby/Pages/Is-Your-Babys-Physical-Development-on-Track.aspx

American Academy of Pediatrics. 2015. "Language Development: 2-Year-Olds." Healthy Children. https://www.healthychildren.org/English/ages-stages/toddler/Pages/Language-Development-2-Year-Olds.aspx

American Academy of Pediatrics. 2015. "Safety for Your Child: 2 to 4 Years." Healthy Children. https://www.healthychildren.org/English/ages-stages/toddler/Pages/Safe.y-for-Your-Child-2-to-4-Years.aspx

American Academy of Pediatrics. 2009. *Caring for Your Baby and Young Child: Bith to Age 5*. New York: Bantam.

American Academy of Pediatrics. 2003. "Eye Examination in Infants, Children, and Young Adults by Pediatricians." *Pediatrics* 111(4). http://pediatrics.aappublications.org/content/111/4/902

American Optometric Association Foundation. n.d. "InfantSEE." American Optometric Association Foundation. http://www.infantsee.org/

Anthony, Michelle. n.d. "Early Literacy: Writing with 0−2 Year Olds." Scholastic Parents. http://www.scholastic.com/parents/resources/article/early-literacy-writing-0-2-year-olds

Ask Dr. Sears. n.d. "12 Ways to Raise a Confident Child." Ask Dr. Sears. https://www.askdrsears.com/topics/parenting/child-rearing-and-development/12-ways-help-your-child-build-self-confidence

Ask Dr. Sears. n.d. "25 Ways to Talk So Children Will Listen." Ask Dr. Sears. https://www.askdrsears.com/topics/parenting/discipline-behavior/25-ways-talk-so-children-will-listen

Azar, Beth. 2002. "The Power of Pretending." *Monitor on Psychology* 33(3): 46.

Baby Centre. n.d. "Throwing and Catching: Toddler Development." Baby Centre. https://www.babycentre.co.uk/a556927/throwing-and-catching-toddler-development

Balmain, Melissa. n.d. "Boost Your Baby's Self-Esteem." Parenting. http://www.parenting.com/article/boost-your-babys-self-esteem

Balmain, Melissa. 2008. "How to Raise a Confident Kid." CNN.com. http://www.cnn.com/2008/HEALTH/family/09/08/parenting.confidence/index.html

Beaty, J. J. 2014. "Early Writing and Scribbling." Education.com. https://www.education.com/reference/article/early-writing-scribbling/

Benasich, April, et al. 2014. "Plasticity in Developing Brain: Active Auditory Exposure Impacts Prelinguistic Acoustic Mapping" *Journal of Neuroscience* 34(40): 13349−13363.

Bergelson, Elika, and Daniel Swingley. 2011. "At 6-9 Months, Human Infants Know the Meanings of Many Common Nouns" *Proceedings of the National Academy of Sciences*. http://www.pnas.org/content/109/9/3253

Bergelson, Elika, and Daniel Swingley. 2014. "Early Word Comprehension in Infants: Replication and Extension." *Language Learning and Development* 11(4): 369−380.

Berman, Jenn. n.d. "10 Reasons Play Makes Babies Smarter." Parenting.com. http://www.parenting.com/article/why-play-makes-babies-smarter

Bhattacharjee, Yudhijit. 2015. "Baby Brains: The First Year." National Georgraphic. http://ngm.nationalgeographic.com/2015/01/babybrains/bhattacharjee-text

Borchard, Therese. 2013. "Words Can Change Your Brain." Everyday Health. http://www.everydayhealth.com/columns/therese-borchard-sanity-break/420/

Boris, Neil, Michael Fueyo, and Charles Zenah. 1997. "The Clinical Assessment of Attachment in Children Under Five." *Journal of the American Academy of Adolescent Psychiatry* 36(2): 291−293.

Boys Town National Research Hospital. n.d. "Giving Your Child Positive Attention." Boys Town National Research Hospital. https://www.babyhearing.org/parenting/positive-attention

Brown, Stephanie. 2017. "Why Your Child Should Be Playing with Balls." Very Well. https://www.verywell.com/why-your-child-should-be-playing-with-balls-289705

Cacola, Priscila, et al. 2015. "Futher Development and Validation of the Affordance in the Home Environment for Motor Development-Infant Scale (AHEMD-IS)." *Physical Therapy* 95(6): 901−923.

Carey, Bjorn. 2013. "Talking Directly to Toddlers Strengthens Their Language Skills, Stanford Research Shows." Stanford News. http://news.stanford.edu/news/2013/october/fernald-vocab-development-101513.html

Cater, Mildred, and Tammy Weber. 1983. *Body Reflexology: Healing at Your Fingertips*. New York: Reward Books of the Penguin Group.

The Center for Parenting Education. n.d. "Responsibility and Chores: Pat I: Benefits of Chores." The Center for Parenting Education. http://centerforparentingeducation.org/library-of-articles/responsibility-and-chores/part-i-benefits-of-chores/

Centre of Excellence for Early Childhood Development (CEECD) and the Strategic Knowledge Cluster on Early Child Development (SKC-ECD). 2011. "Physical Activity in Early Childhood: Setting the Stage for Lifelong Healthy Habits." http://www.excellence-earlychildhood.ca/documents/parenting_2011-04.pdf

Child & Family Development. 2013. "Is Your Child Struggling to Walk Up or Down Stairs?" Child & Family Development. http://www.childandfamilydevelopment.com/blog/2013/05/03/is-your-child-struggling-to-walk-up-or-down-stairs

Child Development Institute. n.d. "Forms of Play." Child Development Institute. https://childdevelopmentinfo.com/child-development/play-work-of-children/pl3

Children's Therapy and Family Resource Centre. n.d. "Infant Developmental Milestones." Children's Therapy and Family Resource Centre. http://www.kamloopschildrenstherapy.org/fine-motor-skills-infant-milestons

Childress, Dana. 2013. "Peek-A-Boo—Strategies to Teach Object Permanence." Early Intervention Strategies for Success blog. http://veipd.org/earlyintervention/ 2013/03/21/peek-a-boo-strategies-to-teach-object-permanence/

Clark, Jane E. 2007. "On the Problem of Motor Skill Development." *Journal of Physical Education, Recreation, and Dance* 78(5): 39–44.

Cochran, Sylvia. 2012. "A Guide to Fun and Easy Sorting Activities for Toddlers." Bright Hub Education. http://www.brighthubeducation.com/toddler-activities-learning/34774-simple-sorting-activities-for-toddlers/

Colorado Department of Education. n.d. "Bubbles and Toddlers." Colorado Department of Education. https://www.cde.state.co.us/cdelib/bubblesfortoddlers

Common Sense Media. 2017. "The Common Sense Census: Media Use by Kids Age 0 to 8." Common Sense Media. https://www.commonsensemedia.org/research/the-common-sense-census-media-use-by-kids-age-zero-to-eight-2017

Connolly, Maureen. 2007. "Your Baby: 10 Milestones for the First 2 Years." CNN. http://www.cnn.com/2007/HEALTH/parenting/06/07/par.baby.milestones/

Davis, Janice. 2012. "Why Are Puzzles So Important for Kids Learning?" Learning4Kids. http://www.learning4kids.net/2012/02/21/why-are-puzzles-so-good-for-kids-learning/

DeBenedet, Anthony T., and Lawrence J. Cohen. 2011. *The Art of Roughhousing: Good Old-Fashioned Horseplay and Why Every Kid Needs It.* Philadelphia, PA: Quirk Books.

Decarr, Kristen. 2016. "Parents Increase Kids' Attention Span with Focus on Shared Objects." Education News. http://www.educationnews.org/parenting/parents-increase-kids-attention-span-with-focus-on-shared-objects/

Dewar, Gwen. 2016. "Why Toy Blocks Rock: The Science of Building and Construction Toys." Parenting Science. http://www.parentingscience.com/toy-blocks.html

Donahue, Jennifer. 2008. "Toys that Encourage Creative Play." ParentMap. https://www.parentmap.com/article/toys-that-encourage-creative-play

Dougherty, Dorothy. n.d. "Speech and Language Problems: Seven Ways to Help Your Child Speak Clearly." Parent Guide News. http://www.parentguidenews.com/Articles/SpeechandLanguageProblems

Duncan, et al. 2007. "School Readiness and Later Achievement." *Developmental Psychology* 43(6): 1428–1446.

Eckersley, Sian. 2013. "Mouth Activities." Occupational Therapy for Children. http://occupationaltherapyforchildren.over-blog.com/article-mouth-activities-118113011.html

Encyclopedia on Early Childhood Development. 2011. "Physical Activity in Early Childhood: Setting the Stage for Lifelong Healthy Habits." Encyclopedia on Early Childhood Development. http://www.excellence-earlychildhood.ca/documents/parenting_2011-04.pdf

Erikson, Erik. 1950. *Childhood and Society.* New York: Norton.

Extension.org. 2015. "The Block Center in Child Care." Extension.org. http://articles.extension.org/pages/67335/the-block-center-in-child-care

Extension.org. 2015. "Using Puppets in Child Care." Extension.org. http://articles.extension.org/pages/67243/using-puppets-in-child-care

Farroni, Teresa, et al. 2002. "Eye Contact Detection in Humans From Birth." *Proceedings of the National Academy of Science of the United States of America* 99(14): 9602−9605.

Fernald, Anne, Amy Perfors, and Virginia Marchman. 2006. "Picking Up Speed in Understanding: Speech Processing Efficiency and Vocabulary Growth Across the 2nd Year." *Developmental Psychology* 42(1): 98−116.

Field, Tiffany, Miguel Diego, and Maria Hernandez-Reif. 2007. "Massage Therapy Research." *Developmental Review* 27(1): 75−89.

Fox, Robin. n.d. "Food and Eating: An Anthropological Perspective." Social Issues Research Centre. http://www.sirc.org/publik/foxfood.pdf

Frazier, Brandy, Susan Gelman, and Henry Wellman. 2009. "Preschoolers' Search for Explanatory Information Within Adult-Child Conversation." *Child Development* 80(6): 1592.

Geller, David. n.d. "How Can I Teach My Child to Hit, Kick, and Catch a Ball?" Baby Center. https://www.babycenter.com/404_how-can-i-teach-my-child-to-hit-kick-and-catch-a-ball_6881.bc

Gillespie, Linda. 2009. "Why Do Babies Like Boxes Best?" *Young Children* 64(3): 48−49.

Gervain, Judit, et al. 2008. "The Neonate Brain Detects Speech Structure." *Proceedings of the National Academy of Science of the United States of America* 105(37): 14222−14227.

Goldberg, Sally. 2002. *Constructive Parenting*. Boston, MA: Allyn and Bacon.

Goldberg, Sally. 2001. *Baby and Toddler Learning Fun*. Cambridge, MA: Perseus.

Goldberg, Sally. 1997. *Parent Involvement Begins at Birth*. Needham Heights, MA: Allyn and Bacon.

Goldberg, Sally. 1981. *Teaching with Toys*. Ann Arbor, MI: University of Michigan Press.

Gonzalez-Mena, Janet. 2007. "What to Do for a Fussy Baby: A Problem-Solving Approach." *Young Children* 62(5): 20−24.

Granitur, Eric. 1996. *I Love You Daddy: Thoughts from a Father*. Miami Beach, FL: Sydney's Sproutin' Company.

Greenberg, Jan. 2012. "More, All Gone, Empty, Full: Math Talk Every Day in Every Way." *Young Children* 67(3): 62−64.

Grissmer, David W., et al. 2010. "Fine Motor Skills and Early Comprehension of the World: Two New School Readiness Indicators." *Developmental Psychology* 46(5): 1008−1017.

Gross, Carol M. 2012. "Science Concepts Young Children Learn through Water Play." *Dimensions of Early Childhood* 40(2): 3−12.

Gunner, Kathy B., et al. 2005. "Health Promotion Strategies to Encourage Physical Activity in Infants, Toddlers, and Preschoolers." *Journal of Pediatric Health Care* 19(4): 253−258.

Guyton, Gabriel. 2011. "Using Toys to Support Development Infant-Toddler Learning and Development." *Young Children* 66(5): 50−54.

Hallam, Susan. 2010. "The Power of Music: Its Impact on the Intellectual, Social, and Personal Development of Children and Young People." *International Journal of Music Education* 28(3): 269−289.

Harmon, Katherine. 2010. "How Important Is Physical Contact with Your Infant?" Scientific American. https://www.scientificamerican.com/article/infant-touch/

Harper, Laurie J. 2011. "Nursery Rhyme Knowledge and Phonological Awareness in Preschool Children." *The Journal of Language and Literacy Education* 7(1): 65−78.

Heath, Shirley Brice. 1982. "What No Bedtime Story Means: Narrative Skills at Home and at School." *Language in Society* 11(1): 49−76.

Hoecker, Jay. n.d. "Should I Be Concerned That My Two-Year-Old Doesn't Say Many Words and Is

Hard to Understand?" Infant Toddler Health, Mayo Clinic. http://www.mayoclinic.org/healthy-lifestyle/infant-and-toddler-health/expert-answers/toddler-speech-development/faq-20057847

Henry, Sarah. 2016. "How to Build Your Preschooler's Self-Esteem." Baby Center. https://www.babycenter.com/0_how-to-build-your-preschoolers-self-esteem_64036.bc

Herbert, Jane S., Julien Gross, and Harlene Hayn. 2006. "Age-Related Changes in Deferred Imitation Between 6 and 9 Months of Age." *Infant Behavior and Development* 29(1): 136–139.

Hirshon, Bob. n.d. "Bouncing Babies." American Association for the Advancement of Science. http://sciencenetlinks.com/science-news/science-updates/bouncing-babies/

Holland, Jeanne W. 2008. "Reading Aloud with Infants: The Controversy, the Myth, and a Case Study." *Early Childhood Education Journal* 35(4): 383–385.

Honig, Alice. 2010. "Keys to Quality Infant/Toddler Care: Nurturing Baby's Life Journey." *Young Children* 65(5): 40–47.

How Kids Develop. 2008. "Childhood Development: 2 to 3 Years." How Kids Develop. http://www.howkidsdevelop.com/2–3years.html

Huitt, William G., and Courtney Dawson. 2011. "Social Development: Why It is Important and How to Impact It." *Educational Psychology Interactive*. Valdosta, GA: Valdosta State University. www.edpsycinteractive.org/papers/socdev.pdf

Infant and Toddler Forum. 2013. "Physical Activity and Play for Toddlers." Infant and Toddler Forum. https://www.infantandtoddlerforum.org/media/upload/pdf-downloads/3.4_Physical_Activity_and_Play.pdf

Indiana University. 2008. "New Thoughts on Language Acquisition: Toddlers as Data Miners." Science Daily. https://www.sciencedaily.com/releases/2008/01/ 080129215316.htm

Institute of Medicine. 2000. *From Neurons to Neighborhoods: The Science of Early Childhood Development*. Washington, DC: The National Academies Press.

Jensen, Eric. 2005. *Teaching with the Brain in Mind* (2nd ed). Alexandria, VA: ASCD.

JRank. n.d. "Hand-Eye Coordination: Toddlerhood, Preschool Years, School-aged Children. JRank. http://psychology.jrank.org/pages/294/Hand-Eye-Coordination.html

Kaufman, Scott Barry. 2013. "The Real Neuroscience of Creativity." *Scientific American*. https://blogs.scientificamerican.com/beautiful-minds/the-real-neuroscience-of-creivty/

Kaufman, Scott Barry. 2012. "10 Insights to Enhance the Joy of Learning." *Psychology Today*. https://www.psychologytoday.com/blog/beautiful-minds/201208/10-insights-enhance-the-joy-learning

KBYU Eleven. 2010. "The Brain: How Children Develop." KBYU Eleven. http://www.kbyutv.org/kidsandfamily/readytolearn/file.axd?file=2011%2F3%2F5＋The＋Brain.pdf

Kear, Nicole. 2017. "Teaching a Toddler to Follow Directions." Parenting. http://www.parenting.com/article/teaching-a-toddler-to-follow-directions

Kidd, Celeste, Steven T. Piantadosi, and Richard N. Aslin. 2012. "The Goldilocks Effect: Human Infants Allocate Attention to Visual Sequences That Are Neither Too Simple Nor Too Complex." *PLoS One*. http://journals.plos.org/plosone/article?id=10.1371/journal.pone.0036399

Kopko, Kimberly. n.d. "Research Sheds Light on How Babies Learn and Develop Language." Cornell University College of Human Development, Outreach, and Extension. http://www.human.cornell.edu/hd/outreach-extension/upload/casasola.pdf

Koralek, Derry. 2015. "Ten Things Children Learn from Block Play." *Young Children* 70(1).

Kuhl, Patricia K. 2011. "Early Language Learning and Literacy: Neuroscience Implications for Education." *Mind, Brain, and Education* 5(3): 128–142.

Landry, Susan. 2014. "The Role of Parents in Early Childhood Learning." Encyclopedia on Early Childhood Development. http://www.child-encyclopedia.com/parenting-skills/according-expets/role-parents-early-childhood-learning

Lao, Joseph. 2017. "Infant Language Development." Parenting Literacy. http://www.parentingliteracy.com/parenting-a-z/45-mental-development/97-infant-language-development

Leach, Penelope. 2010. *Your Baby & Child: From Birth to Age Five*. New York: Knopf.

Leong, Deborah J., and Elena Bodrova. 2012. "Assessing and Scaffolding: Make-Believe Play." *Young Children* 67(1): 28–34. https://www.naeyc.org/files/yc/file/201201/Leong_Make_Believe_Play_Jan2012.pdf

Leong, Victoria, et al. 2017. "Speaker Gaze Increases Information Coupling Between Infant and Adult Brains." *Proceedings of the National Academy of Sciences* 114(50): 13290–13295.

Levitin, Daniel. 2007. *This Is Your Brain on Music*. New York: Penguin.

Liberman, Zoe, et al. 2016. "Early Emerging System for Reasoning about the Social Nature of Food." *Proceedings of the National Academy of Sciences* 113(34): 9480–9485.

Live Science. 2012. "Why Are 'Mama' and 'Dada' a Baby's First Words?" Live Science. https://www.livescience.com/32191-why-are-mama-and-dada-a-babys-first-words.html

Loewenberg, Aaron. 2015. "New Research: Two-Year-Old Vocabulary Predicts Kindergarten Success." New America. https://www.newamerica.org/education-policy/edcentral/vocabstudy/

Lowry, Lauren. n.d. "What Makes Your Child 'Tick'? Using Children's Interests to Build Communication Skills." The Hanen Centre. http://www.hanen.org/helpful-info/articles/what-makes-your-child-tick-.aspx

Martinez, Eliza. n.d. "Manipulative Play Activities for Toddlers." Our Everyday Life. http://oureverydaylife.com/manipulative-playactivities-toddlers-1476.html

McKay, Liesa. 2017. "Out of Sight, Out of Mind: The Development of Object Permanence." Intellidance. http://blog.intellidance.ca/blog/8-10-2011/out-sight-out-mind-development-object-permanence

McLeod, Saul. 2010. "Concrete Operational Stages." Simply Psychology. https://www.simplypsychology.org/concrete-operational.html

Micco, Nicci. n.d. "12 Fun Baby Learning Games." Parenting. http://www.parenting.com/article/baby-learning-activities

Miller, Lori Kase. 2014. "The Benefits of Introducing Baby to Music," *Parents Magazine*. http://www.parents.com/baby/development/intellectual/rock-the-cradle/

Moore, Kimberly. 2011. "Does Singing to Your Baby Really Work?" *Psychology Today*. https://www.psychologytoday.com/blog/your-musical-self/201107/does-singing-your-baby-really-work

Morin, Amanda. n.d. "Developmental Milestones for Typical 2-Year-Olds." Understood.org. https://www.understood.org/en/learning-attention-issues/signs-symptoms/developmental-milestones/developmental-milestones-for-typical-2-year-olds

Morin, Amanda. n.d. "The Importance of Self-Awareness for Kids with Learning and Attention Issues." Understood for Learning and Attention Issues. https://www.understood.org/en/friends-feelings/empowering-your-child/self-awareness/the-importance-of-self-awareness

Morin, Amy. 2016. "Positive Attention Reduces Behavioral Problems: Daily 'Time In' Can Reduce the Need for 'Time Out.'" Very Well. https://www.verywell.com/positive-attention-reduces-behavioral-problems-1094784

Moss, Kate. 2005. "Some Things to Learn from Learning through Touch." Texas School for the Blind and Visually Impaired. http://www.tsbvi.edu/seehear/spring05/things.htm

NAEYC for Families. n.d. "Playdough Power." NAEYC. https://www.naeyc.org/our-work/families/playdough-power

Narvaez, Darcia. 2011. "Where are the Happy Babies?" *Psychology Today*. https://www.psychologytoday.com/blog/moral-landscapes/201108/where-are-the-happy-babies

National Dance Education Organization. 2017. "Standards for Dance in Early Childhood." NDEO. http://www.ndeo.org/content.aspx?page_id=22&club_id=893257&module_id=55411

National Institute of Child Health and Human Development. n.d. Safe to Sleep. https://www1.nichd.nih.gov/sts/Pages/default.aspx

National Institutes of Health. 2013. "Shape Your Family's Habits: Helping Kids Make Healthy Choices." NIH News in Health. https://newsinhealth.nih.gov/issue/feb2013/feature1

Nemours. n.d. "Fitness and Your 2- to 3-Year-Old." KidsHealth. http://kidshealth.org/en/parents/fitness-2-3.html

Newberg, Andrew, and Mark Robert Waldman. 2012. *Words Can Change Your Brain: 12 Conversation Strategies to Build Trust, Resolve Conflict, and Increase Intimacy*. New York: Avery.

Nierenberg, Cari. 2016. "Simple Trick May Improve an Infant's Attention Span." Live Science. https://www.livescience.com/54594-tips-to-improve-infants-attention-span.html

Niland, Amanda. 2015. "Row, Row, Row Your Boat: Singing, Identity, and Belonging in a Nursery." *International Journal of Early Years Education* 23(1): 4–16.

Northport-East Northport Public Library. n.d. "Road to Reading." Northport-East Northport Public Library. http://www.nenpl.org/childrens/programs/roadtoreading.php

Pantell, Robert, et al. 2002. *Taking Care of Your Child: A Parent's Guide to Complete Medical Care*. Boston, MA: Da Capo Press.

Papa, Joey. n.d. "Follow-the-Leader Children's Games." Our Everyday Life. https://oureverydaylife.com/followtheleader-childrens-games-5811204.html

Parlakian, Rebecca, and Claire Lerner. 2007. "Promoting Healthy Eating Habits Right from the Start," *Beyond the Journal: Young Children on the Web*. http://va.gapitc.org/wp-content/uploads/2012/11/3-RockingandRolling.pdf

Patsalides, Laurie. 2012. "Infant-Toddler Development with Daycare Mirrors." Bright Hub Education. http://www.brighthubeducation.com/toddler-activities-learning/101124-mirrors-as-a-developmental-tool/

Petersen, Sandra, Emily J. Adams, and Linda Gillespie. 2016. "Rocking and Rolling: Learning to Move." *Young Children* 71(5).

PBS Parents. n.d. "Child Development Tracker: Your Two-Year-Old." PBS Parents. http://www.pbs.org/parents/childdevelopmenttracker/two/index.html

Piaget, Louis. 1977. *The Development of Thought: Equilibration of Cognitive Structures*. New York: Viking.

Pierce, Patsy, ed. n.d. *Baby Power: A Guide for Families for Using Assistive Technology With Their Infants and Toddlers*. Chapel Hill, NC: The Center for Literacy and Disabilities Studies. http://www2.edc.org/ncip/library/ec/power.htm

Play and Playground Encyclopedia. n.d. "Open-Ended Play." Play and Playground Encyclopedia. https://pgpedia.com/o/open-ended-play

Raising Children Network. 2017. "Building Self-Esteem: Babies and Children." Raising Children. http://raisingchildren.net.au/articles/self-esteem_different_ages.html

Raising Children Network. 2015. "Teaching Your Child How to Get Dressed." Raising Children. http://raisingchildren.net.au/articles/getting_dressed.html

Reading Rockets. n.d. "Print Awareness." Reading Rockets. http://www.readingrockets.org/teaching/reading-basics/printawareness

Reading Rockets. 2007. "Nursery Rhymes: Not Just for Babies!" Reading Rockets. http://www.readingrockets.org/article/nursery-rhymes-not-just-babies

Roberts, Michelle. 2005. "Babies 'Have Favorite Colours.'" BBC News. http://news.bbc.co.uk/2/hi/health/4474725.stm

Scholastic. n.d. "All About Blocks." Scholastic. http://www.scholastic.com/parents/resources/article/creativity-play/all-about-blocks

School Sparks. n.d. "Fine Motor Development." School Sparks. http://www.schoolsparks.com/early-childhood-development/fine-motor

Science Daily. 2015. "Two-Year-Olds with Poor Language Skills Fall Behind at Play." Science Daily. https://www.sciencedaily.com/releases/2015/11/151110083123.htm

Science NetLinks. n.d. "Bouncing Babies." Science NetLinks. http://sciencenetlinks.com/science-news/science-updates/bouncing-babies/

Seefeldt, Carol, and Barbara Wasik. 2010. "Cognitive Development of Preschoolers." Education. https://www.education.com/reference/article/cognitive-development-preschoolers/

Seo, Kyoung-Hye, and Herbert Ginsburg. 2004. "What Is Developmentally Appropriate in Early Childhood Mathematics Education? Lessons from New Research." In Engaging Young Children in Mathematics. Hillsdale, NJ: Lawrence Erlbaum.

Sizer, Michael. n.d. "The Surprising Meaning and Benefits of Nursery Rhymes." PBS.org. http://www.pbs.org/parents/education/reading-language/reading-tips/the-surprising-meaning-and-benefits-of-nursery-rhymes/

Snow, Catherine E. 1977. "The Development of Conversation Between Mothers and Babies." *Journal of Child Language* 4: 1–22.

Society for Research in Child Development. 2009. "When Preschoolers Ask Questions, They Want Explanations." Science Daily. https://www.sciencedaily.com/releases/ 2009/11/091113083254.htm

Stahl, Aimee E., and Lisa Feigenson. 2015. "Observing the Unexpected Enhances Infants' Learning and Exploration." *Science* 348 (6230): 91–94.

Stamm, Jill. 2016. *Boosting Brain Power: 52 Ways to Use What Science Tells Us*. Lewisville, NC: Gryphon House.

Stiefel, Chana. n.d. "What Your Child Learns By Imitating You." Parents. http://www.parents.com/toddlers-preschoolers/development/behavioral/learning-by-imitating-you/

Supporting Success for Children with Hearing Loss. n.d. "Self-Concept: Infants, Toddlers, Preschoolers." Supporting Success for Children with Hearing Loss. http://successforkidswithhearingloss.com/for-professionals/self-concept-infants-to-preschoolers/

Teaching Strategies. 2010. "Research Foundation: Mathematics." Teaching Strategies. https://teachingstrategies.com/wp-content/uploads/2017/03/Research-Foundation-Math.pdf

University of California at San Diego School of Medicine, Child and Adolescent Services Research Center. 2008. "Childhood Development: 2 to 3 Years." How Kids Develop. http://www.howkidsdevelop.com/2-3years.html

University of Maryland Medical Center. n.d. "Infant Reflexes." University of Maryland Medical Center. http://www.umm.edu/Health/Medical/Ency/articles/Infant-reflexes

University of Missouri Extension. n.d. "Building Strong Families: Kids and Self-Esteem." University of Missouri Extension. http://extension.missouri.edu/bsf/selfesteem/index.htm

University of Rochester Medical Center. 2017. "Toddler/Preschooler Safety Tips." University of Rochester Medical Center, Golisano Children's Hospital. https://www.urmc.rochester.edu/childrens-hospital/safety/age-tips/toddler-safety.aspx

University of Texas at Arlington. 2015. "Household Items, Toys Key to Infant Motor Skill Development, Research Finds," Science Daily. https://www.sciencedaily.com/releases/2015/06/150604100913.htm

Urban Child Institute. 2012. "Enhancing Development Through the Sense of Touch." Urban Child Institute. http://www.urbanchildinstitute.org/articles/research-to-policy/research/enhancing-development-through-the-sense-of-touch

Urban Child Institute. 2014. "Self-Confidence Starts Early." Urban Child Institute. http://www.urbanchildinstitute.org/articles/features/self-con.idence-starts-early

U. S. Department of Education. 1999. "Start Early, Finish Strong: How to Help Every Child Become a Reader." America Reads Challenge, U. S. Department of Education. https://www2.ed.gov/pubs/startearly/index.html

Wallace, Meri. 2012. "Simple Ways to Build Your Baby's Self-Esteem." *Psychology Today.* https://www.psychologytoday.com/blog/how-raise-happy-cooperative-child/201205/simple-ways-build-your-babys-self-esteem

Walton, Patrick. 2014. "Using Singing and Movement to Teach Pre-Reading Skills and Word Reading to Kindergarten Children: An Exploratory Study." *Language and Literacy* 16: 54−77.

Warnick, Melody. 2017. "Baby Speech Developmental Milestones." Parenting. http://www.parenting.com/article/baby-speech-milestones

Way, Jenni. 2005. "Number Sense Series: Developing Early Number Sense." NRICH Project. https://nrich.maths.org/2477

Weichman, Lauren. 2012. "Dressing Skills: Developmental Steps for Kids." North Shore Pediatric Therapy. http://nspt4kids.com/therapy/dressing-skills-developmental-steps-for-kids/

Weisleder, Adriana, and Anne Fernald. 2013. "Talking to Children Matters: Early Language Experience Strengthens Processing and Builds Vocabulary." *Psychological Science* 24(11): 2143−2152.

Welch, Graham. 2012. "The Benefits of Singing for Children." Researchgate.com. https://www.researchgate.net/profile/Graham_Welch/publication/273428150_The_Benefits_of_Singing_for_Children/links/550061710cf2d61f820d6e83/The-Benefits-of-Singing-for-Children.pdf

What to Expect. 2017. "Best Toys for Toddlers." What to Expect. https://www.whattoexpect.com/toddler/photo-galley/best-toys-for-toddlers.aspx#01

What to Expect. 2017. "Why Push Toys Pay Off." What to Expect. https://www.whattoexpect.com/playroom/playtime-tips/push-toys.aspx

White, Burton. 1995. *The New First Three Years of Life.* New York: Fireside.

Wolfgang, Charles, Laura Stannard, and Ithel Jones. 2009. "Block Play Performance Among Preschoolers As a Predictor of Later School Achievement in Mathematics." *Journal of Research in Childhood Education* 15(2): 173−180.

Wonder Baby. n.d. "'Just One!' The Beginnings of One-to-One Correspondence." Wonder Baby. http://www.wonderbaby.org/articles/just-one

Zangl, Renate. 2014. *Raising a Talker.* Lewisville, NC: Gryphon House.

Zero to Three. 2016. "Birth to 3 Months: Your Baby's Development." Zero to Three. https://www.zerotothree.org/resources/80-bith-to-3-months-your-baby-s-development

저자 소개

샐리 골드버그(Sally Goldberg, Dr. Sally)

교육학 교수, 육아서 작가, 육아 잡지 칼럼니스트
코넬 대학교 학사 및 석사
마이애미 대학교 박사
www.earlychildhoodnews.net 운영
Child-Centered Divorce Network 설립자
노바 사우스이스턴 대학교, 배리 대학교, 포닉스 대학교 학부 등에서 유아교육 강의
유아의 자존감 발달을 위한 도구와 전략 개발
미국 국가 회의 발표자
유아 관련 전문가로 미국 TV와 라디오 출연

〈저서〉

Baby and Toddler Learning Fun: 50 Interactive and Developmental Activities to Enjoy with
Your Child (Da capo Lifelong Books, 2007)
Make Your Own Preschool Games: A Personalized Play and Learn Program (Da capo Lifelong
Books, 2002)
Constructive Parenting (Allyn & Bacon, 2001)
Parent Involvement Begins at Birth: Collaboration Between Parents and Teachers of Children
in the Early Years (Allyn & Bacon, 1997)

역자 소개

김주현(Kim, Juhyun)

단국대학교 특수교육학과 학사
단국대학교 대학원 특수교육학과 학습장애전공 석사
울산대학교 대학원 아동가정복지학과 박사
전 울산대학교 생활과학부 및 교육대학원 강사
　　마이스토리 심리상담센터 부원장
현 세이지심리상담센터 원장

〈저작물〉

아이세상 우리아이 발달이정표(울산 중구 · 울주군 육아종합지원센터 발간물, 2021)

최한나(Choi, Hanna)

단국대학교 대학원 특수교육학과 학습장애전공 석사
전 오은영지능개발연구소 인지치료사
　　이화아동발달연구소 인지치료사
현 밝은아이아동발달센터 대야점 원장

〈저작물〉
지역사회 사회성 기술훈련 프로그램 '마트에 간 궁금이' '영화관에 간 궁금이'(크래커플러스, 2019)

박혜원(Park, Hyewon)

서울대학교 가정관리학과 학사
서울대학교 심리학과 석사
미국 매사추세츠 대학교 애머스트 캠퍼스 심리학과 박사
전 인지발달중재학회, 한국발달심리학회, 한국아동학회 회장
현 울산대학교 아동가정복지학과 명예교수

〈저작물〉
한국 베일리 영유아 발달검사 2판, 4판(K-BSID-Ⅱ, Ⅳ)
한국 웩슬러 유아지능검사 4판(K-WPPSI-IV)
한국 웩슬러 아동지능검사 3판(K-WISC-Ⅲ)
한국 비언어 지능검사 2판(K-CTONI-2)
발달장애 아동의 지능수행 특성과 인지중재 프로그램(울산대학교출판부, 2018)
다문화가정 아동의 언어 발달(울산대학교출판부, 2013)
영재 아동의 이해와 지도의 실제(서림출판사, 2008)

5가지 영역을 키워 주는

발달놀이게임
- 발달 촉진 활동 200가지 -

Fun Baby Learning Games:
Activities to Support Development in
Infants, Toddlers, and Two-Year Olds

2025년 1월 10일 1판 1쇄 인쇄
2025년 1월 15일 1판 1쇄 발행

지은이 • Sally Goldberg
옮긴이 • 김주현 · 최한나 · 박혜원
펴낸이 • 김진환
펴낸곳 • (주) 학지사
　　　　04031 서울특별시 마포구 양화로 15길 20 마인드월드빌딩
대 표 전 화 • 02)330-5114　　팩스 • 02)324-2345
등 록 번 호 • 제313-2006-000265호

홈 페 이 지 • http://www.hakjisa.co.kr
인스타그램 • https://www.instagram.com/hakjisabook

ISBN 978-89-997-3066-5　93370

정가 27,000원

출판미디어기업 학지사

간호보건의학출판 **학지사메디컬** www.hakjisamd.co.kr
심리검사연구소 **인싸이트** www.inpsyt.co.kr
학술논문서비스 **뉴논문** www.newnonmun.com
교육연수원 **카운피아** www.counpia.com
대학교재전자책플랫폼 **캠퍼스북** www.campusbook.co.kr